대관재난고

한국고전번역원 한국문집번역총서

대관재난고 2

大觀齋亂稿

심의 지음
沈義

이상현 옮김

일러두기

1. 이 책의 번역 대본은 한국고전번역원에서 간행한 한국문집총간 19집 소재 《대관재난고(大觀齋亂稿)》로 하였다. 번역 대본의 원문 텍스트와 원문 이미지는 한국고전종합DB(http://db.itkc.or.kr)에서 확인할 수 있다.
2. 역주는 내용이 간단하면 간주(間註)로, 길면 각주(脚註)로 처리하였다.
3. 한자는 필요한 경우 이해를 돕기 위하여 넣었으며, 운문(韻文)은 원문을 병기하였다.
4. 원문의 오류를 수정하였거나 오류가 의심되는 경우, 교감자료와 중요한 자구(字句)에서 차이가 있는 경우에는 그 내용을 각주로 밝혔다.
5. '한글 맞춤법'의 용법과 다르거나 새로 만든 문장 부호는 다음과 같다.

「 」: ' ' 안의 재인용을 나타낼 때 사용한다.

『 』: 「 」 안의 재인용을 나타낼 때 사용한다.

…… : 원문의 '云云'을 처리할 때, 각주에서 긴 인용문을 처리할 때, 각주의 표제어가 네 어절 이상일 경우 생략되는 말을 처리할 때 사용한다.

- - : 본문에서 소자(小字) 원문 주(註)의 처음과 끝에 사용한다.

□ : 원문의 글자가 빠진 빈 난을 표기하거나 '결락과 판독 불가 글자에 대한 지침'에 따라 번역할 때 사용한다.

▨ : 훼손 등으로 인해 판독이 불가능한 원문을 표기할 때 사용한다.

차례

대관재난고 제3권

오언절구 五言絶句

육언절구 六言絶句

칠언절구 七言絶句

대관재난고 제4권

잡저 雜著

대관재난고

제3권

오언절구 五言絶句

육언절구 六言絶句

칠언절구 七言絶句

오언절구 五言絶句

교우의 도를 논하며 절구 네 수를 지어서 박공근[1]에게 증정하다

交道四絶贈朴公瑾

교우의 도를 흙같이 버리는 세상	交道棄如土
뇌진[2]의 뼈도 이미 썩어 버린 때	雷陳骨已朽
눈과 서리 속에 외로운 솔을 보았나니	雪霜見孤松
오래 견디며 응당 저버리지 않으리라	耐久應不負

삼척의 거미줄을 퉁기나니	三尺拂蛛絲
희음을 듣는 자 누구이신가	希音聽者誰
가을비 내린다고 말하지 마오	莫言秋雨至
천주에 달이 지금 기막히니까[3]	天柱月方奇

1 박공근(朴公瑾) : 박유(朴瑜)로, 공근은 그의 자이다.

2 뇌진(雷陳) : 후한(後漢)의 뇌의(雷義)와 진중(陳重)의 병칭으로, 교의(交誼)가 심후한 붕우를 비유하는 말이다. 같은 고향 출신으로 벼슬을 서로 양보하는 등 우정이 돈독하였으므로 향리 사람들이 "교칠(膠漆)이 스스로 견고하다고 하지만, 뇌의와 진중의 관계만은 못할 것이다."라고 말했다 한다. 《後漢書 獨行列傳 雷義》

삽상한 바람 소리 이미 거두어져서　爽籟聲已收
옆에 들을 것도 볼 것도 없는 시절　傍無耳目謀
벌레들은 무슨 사정이 있기에　群蟲有底事
한밤중에 분분하게 울어 대는지　夜半紛啾啾

낙봉을 마음 내키는 대로 돌아다니는 분　駱峯蔚狂走
끊어진 산기슭에 별난 취미도 많으셔라　斷麓多異趣
버티고 서서 홍진 세상 내려다보기보단　軒昂俯塵寰
몇 말 술을 함께 통음(痛飮)하심이 어떨는지[4]　何如飮數斗

공의 저택이 낙산(駱山) 아래에 있었다.

3 삼척(三尺)의……기막히니까 : 대관재가 박유와 함께 낙봉(駱峯)에서 현악(絃樂)을 감상하면서 달구경하는 신선의 흥치를 느꼈다는 말이다. 삼척의 거미줄은 석 자 크기 가야금의 가느다란 줄을 말한다. 희음(希音)은 사람이 좀처럼 들을 수 없는 귀한 음악 소리를 말하는데, 《노자(老子)》의 "대음(大音)은 소리를 들을 수 없다."라는 말에서 나왔다. 천주(天柱)는 천주봉(天柱峯)을 말한다. 조지미(趙知微)라는 도사(道士)가 장맛비가 내리는 중추절에 천주봉으로 달구경을 가자면서 밤중에 제자들을 이끌고 문을 나서자마자 비가 그쳐 하늘이 쾌청해지며 둥근 달이 대낮처럼 환하였는데, 여기에서 한바탕 노닐며 곽박(郭璞)의 〈유선시(游仙詩)〉를 읊다가 집으로 내려오니 예전처럼 풍우가 몰아치며 캄캄하더라는 천주봉완월(天柱峯翫月)의 이야기가 전한다. 《太平廣記 卷85 趙知微》

4 몇……어떨는지 : 《대관재난고》 권3 칠언절구 중 〈다시 앞의 운을 써서 그의 맏아들 민헌에게 주다〔復用前韻贈其胤民獻〕〉에 "내가 공근과 함께 통음을 할 때면 사람들이 쌍둥이 술고래라고 불렀다."라는 자주(自註)가 붙어 있다.

농장의 소와 말이 모두 늙어 쓸모없어졌기에 나의 뜻을 부쳐 용재[5]에게 증정하다

農莊牛馬俱老無用仍寓意贈容齋

헐떡거리며 그림자와 서로 위로할 따름　　虛喘影相弔
해 저물 녘에 어쩌다 한번 풀을 뜯어 먹네　　日昏時一嚍
시골 아이가 코뚜레 줄을 끌고 가나니　　村童引鼻繩
모가지 뻣센 것이 젊은 시절 같을 수야　　項直能如少

이것은 늙은 소에 대한 것이다.

비쩍 말라 괜히 밤에 울어 댈 따름　　瘦骨空嘶夜
태두[6]를 싣고 다닐 마음도 없네　　無心泰豆駕
황금대 지을 때가 행여나 있으려나　　築金尙有時
죽어서 그래도 좋은 값 받으련마는[7]　　死亦存榮價

이것은 늙은 말에 대한 것이다.

5 용재(容齋) : 이행(李荇, 1478～1534)의 호이다.

6 태두(泰豆) : 거마(車馬)를 잘 몰았다는 전설 속의 인물이다.

7 황금대(黃金臺)……받으련마는 : 전국 시대 연 소왕(燕昭王)이 황금대를 지어 놓고는 곽외(郭隗)에게 현재(賢才)를 천거해 달라고 청하자, 곽외가 '천금(千金)을 가지고 천리마를 사려고 했으나 이미 죽어서 그 뼈를 오백 금에 사 오니 그 소문을 듣고 진짜 천리마가 제 발로 찾아왔다'는 이야기를 소개하면서 자기부터 먼저 귀하게 쓰면 진짜 현재가 찾아올 것이라고 설득한 고사를 인용한 것이다. 《戰國策 燕策1》 진가를 인정받지 못한 채 속수무책으로 늙어 가는 대관재의 애절한 심정이 느껴진다.

차운하다 次韻

용재(容齋)

천금의 고삐가 없다고 해도 雖無千金轡
물가의 풀 역시 뜯어 먹을 만하네[8] 水草亦堪噍
뿔 두드리는 자[9]와 때로 어울리니 時從扣角人
알아주는 이 없다고 말하지 마오 莫謂知音少

젊어서 천리마의 자태 드러내더니 少年千里姿
늙어서도 수레 뒤엎을 기백이로세 老氣猶覂駕
이별의 길 앞에서 다시 한 번 우는 것은 臨路更一鳴
비싼 값 받으려 해서가 아니고말고 非緣取高價

8 천금의……만하네 : 조정에서 높은 벼슬을 차지하진 못했어도 전원의 자유로운 생활 역시 귀중한 것이 아니겠느냐는 뜻으로, 소를 매개로 하여 비유한 해학적인 표현이다.

9 뿔 두드리는 자 : 우의정 벼슬을 지낸 이행 자신을 비유한다. 춘추 시대에 영척(甯戚)이 소의 뿔을 두드리면서 노래를 불러 제 환공(齊桓公)의 재상이 된 고사를 인용한 것이다. 《呂氏春秋 擧難》

오 조대의 작품을 읽고 감흥이 일어나서 짓다

讀吳措大高作感發有題

이름은 세우(世遇)이고, 자는 군경(君卿)이다.

호해를 왕래하는 것도 싫증이 나고	湖海嫌來往
인간 세상 취하고 깸도 졸업을 했네	人間了醉醒
두 눈동자 옛날에 흰 종이책 꿰뚫더니	雙明曾透白
지금은 한 편의 청사(靑史)를 향하는구나	今向一編靑

김국경에게 봉정하다

奉贈金國卿

휘(諱)는 안국(安國)이다. 이때 판서로 있다가 그만두고 이천(利川)의 농장으로 돌아갔다.

애써 찾아가네, 초목 무성한 오솔길	强尋蹊徑茂
나의 세 이랑 콩밭을 김매 주려고	理我三頃豆
난초 떨기 부러져서 초췌해졌나니	憔悴折叢蘭
눈서리 지금 한창 기승을 부려서	雪霜方貿貿
그대의 경륜은 묵은 부채가 있나니	經綸有宿債
은거함이 정녕 능사가 아니고말고	丘壑良非快
배를 타고 가는 여행 또한 길기만 하니	航海路更長
험한 길 조심해서 잘 다녀오시기를	崎嶇愼行邁
돌아가 휴식하는 큰 원칙 세웠나니	歸休作大閑
오직 청산에게만 출입을 허가하기로	許可唯青山
궤석에 초청하는 까닭이라면	所以邀几席
항상 얼굴이 환하게 펴지니까	無時不怡顏

양주의 새 누대에 제하다

題楊州新樓

푹푹 찌는 인간 세상 어디나 불속인데	苦熱人皆火
높은 누대 오르니 뼛골이 오히려 으스스	危樓骨尙氷
동쪽 창가 베개 기대고 누운 곳으로	東牕欹枕處
바람이 시냇물 소리 이끌고 올라오네	風引澗聲登

입춘첩자

立春帖字

대궐에 써 붙인 것이다.

붉은 섬돌에는 상서로운 흰 눈이요	丹墀祥英產
금원(禁苑)에는 서운이 자욱하도다	禁籞瑞雲深
코에 가득 맑은 향기 진동하면서	滿鼻淸香動
궁중 매화가 세밑의 음기를 깨뜨리네	宮梅破臘陰

한가한 날에 공암에 들러 시를 지어서 가형에게 보여 주다
暇日歷投孔嵒示家兄

호당이 외진 곳에 있는지라 湖堂在僻處
번뇌 씻어 내기엔 그저 그만 秖可滌煩襟
샘물 떠 마시며 눈물 떨구나니 數掬窮泉淚
해마다 오직 이런 심정이라오 年年唯此心

서로 만나 속마음 보여 줬나니 相逢見方寸
말 없어도 가슴이 벅차오르네 默默已盈襟
호수[10]가 오는 것은 끝이 없건만 湖水來無盡
석양은 홀로 떠나갈 심산이로세 斜陽獨去心

10 호수(湖水) : 빙호(氷湖)의 물을 말한다. 《대관재난고》 권2 〈가형의 공암 별서에 제하다〔題家兄孔嵒別墅〕〉라는 오언율시에 "빙호의 물기가 촉촉이 좌석을 적셔 준다.〔氷湖涵坐席〕"라는 구절이 있다. 빙호는 동빙고(東氷庫)와 서빙고(西氷庫) 앞의 한강 물을 가리킨다.

촌설의 시를 지어 번중[11]의 적소(謫所)에 보내다

寸舌投贈蕃仲謫居

세 치의 혀로 평지풍파 일으키고	寸舌風波起
일엽편주에 몸 실은 고단한 신세	孤身一葉舟
기우뚱기우뚱 천 리 먼 곳으로	搖搖千里遠
배 저어 줄 사공이 어디 있을까	何處有黃頭

11 번중(蕃仲) : 성세창(成世昌, 1481~1548)의 자이다. 호는 둔재(遯齋)이다.

장한이 강동으로 돌아가는 그림에 제하다

題張翰歸江東圖

어느 곳이든 순로[12]의 맛이 좋다면	何處蓴鱸好
찾고픈 마음이야 그대와 같다마는	歸心與子同
천년 전 그 정서도 이미 식어서	千年魂已冷
가을바람 느껴 볼 여지가 없구나	無地見秋風

12 순로(蓴鱸) : 순챗국과 농어회라는 뜻의 순갱노회(蓴羹鱸膾)의 준말이다. 진(晉)나라 장한(張翰)이 낙양(洛陽)에서 동조연(東曹掾)으로 근무하다가 어느 날 가을바람이 불어오자 고향인 강동(江東) 오중(吳中)의 순챗국과 농어회가 생각나서 "인생은 자기 뜻에 맞게 사는 것이 귀중하니, 어찌 수천 리 떨어진 타향에서 벼슬에 얽매여 명성과 작위를 구해서야 되겠는가."라고 하고는 곧바로 귀향한 고사에서 유래하였다. 《晉書 文苑列傳 張翰》 보통 고향이 그리워 벼슬을 그만두고 떠나는 것을 비유하는 말로 쓰이는데, 대관재는 특별한 향토 음식의 대명사로 사용하였다.

적벽의 그림에 제하다

題赤壁圖

소선의 뼈는 강물 속에 숨겨지고[13]	泉閉蘇仙骨
적벽의 얼굴은 구름에 묻혔는데	雲埋赤壁顔
오늘 아침 눈곱 떼고 자세히 보니	今朝開眯眼
옛날의 그 청산이 비로소 드러나네	始見舊靑山

13 소선(蘇仙)의……숨겨지고 : 불어난 강물 속에 돌이 감춰졌다는 말이다. 소선은 소식(蘇軾)의 별칭이다. 그의 〈후적벽부(後赤壁賦)〉에 "강물이 줄어들어 돌이 드러났다.〔水落石出〕"라는 말이 나오는데, 대관재가 이 말을 전용(轉用)한 것이다. 골(骨)에는 '돌'의 뜻이 들어 있다. 일례로 산중의 암석을 산골(山骨)이라고 한다.

오죽으로 만든 지팡이

烏竹杖

백이는 죽어 이미 흙이 되었으니	伯夷死已土
혼백은 정녕 어디에 깃들었을까	魂魄定何棲
뼈마디를 그래도 기욱[14]에 남겨 두어	骨節遺淇澳
지금 손 아래 지팡이가 되었구나	今爲手下藜

14 기욱(淇澳) : 기수(淇水) 물가 후미진 곳이라는 뜻이다. 《시경》 〈위풍(衛風) 기욱〉에 "저 기수 물가 후미진 곳을 보니, 푸른 대나무가 아름답도다.〔瞻彼淇澳, 綠竹猗猗.〕"라는 말이 나온다.

번중이 오래도록 해남에 유배되었다가 금년에 부름을 받고 판서에 임명되다

蕃仲久竄海南今年召拜判書

아홉 해를 오직 팔 베고 누워 九載唯曲肱
초가 마을 비친 한 점의 등불 茅村一點燈
길손이여, 가는 길 묻지를 마오 征夫休問路
빙설이 켜켜이 남모르게 쌓였으니 氷雪暗稜層

그대에게 연성벽[15]을 내려 준 것은 贈子連城璧
만호봉[16]보다도 영광스러운 일이지만 光生萬戶封
상전이 여전히 벽해로 바뀌지 않았으니[17] 桑田猶不轉
백번 단련한 강철처럼 다시 상종하자구요 百鍊更相從

15 연성벽(連城璧) : 몇 개의 성과 맞바꿔도 아깝지 않은 벽옥(璧玉)을 말하는데, 여기서는 번중(蕃仲) 즉 성세창(成世昌)이 제수받은 판서의 직위를 말한다.

16 만호봉(萬戶封) : 식읍(食邑) 1만 호의 후(侯)에 봉해진다는 뜻으로, 여기서는 판서보다 높은 고위직을 말한다.

17 상전(桑田)이……않았으니 : 적폐가 청산되지 않아 대관재와 성세창이 바라는 새로운 세상이 아직 도래하지 않았다는 말이다.

한 쌍의 대나무 그림을 그려 신원량에게 사례하다

畫竹一雙謝申元亮

이름은 잠(潛)이다. 묵죽(墨竹)을 그렸다.

가슴속에 걸리는 물건이 없이　　無物掛胸次
오직 남은 건 묽은 먹의 향기　　唯餘淡墨馨
청창에서 때로 한 번씩 토해 내나니　　晴窓時一吐
일만 그루 대에 서린 푸르른 정기　　蟠屈萬竿青

소로의 뼈도 응당 신선이 됐으리니　　蘇老骨應仙
그 누가 묵죽의 자취를 전했으리오[18]　　阿誰墨迹傳
눈서리에 마음은 곧음을 지향해서　　雪霜心尙直
비바람에도 의연한 자태 끄떡없다오　　風雨態能全

18 소로(蘇老)의……전했으리오 : 묵죽을 잘 그리던 소식(蘇軾)이 죽은 뒤로 전통이 끊겼다가 신잠(申潛)이 계승하여 명화(名畫)를 재현했다는 말이다. 소식이 묵죽의 대가인 절친한 벗 문동(文同)에게 화법(畫法)을 배워 대나무 그림을 잘 그리게 되었다는 고사를 인용한 것이다.《東坡全集 卷36 文與可畫篔簹谷偃竹記》

경천사의 불탑

敬天寺浮圖塔

중국의 장인(匠人)이 조각하였는데, 그 기예가 지극히 교묘하여 조물의 솜씨라 칭할 만하였다.

오래도록 하늘에 닿는 칼날을 쥐고	久把磨天刃
삼 년에 시 한 수씩 조각해 내는데	三年琢一詩
아무도 교묘한 솜씨 알지를 못해	無人能解妙
탑을 이룬 기이한 고사 말해 줬노라[19]	說與塔成奇

시를 조각해 내는 교묘한 기예도 탑과 다를 것이 없다.

19 오래도록……줬노라 : 송도(松都) 경천사의 석탑을 조각한 원(元)나라의 기술자처럼 대관재 자신의 시도 조물의 작품이라고 일컬어도 좋을 정도로 뛰어나다는 자부심 넘치는 표현이다. 한유(韓愈)가 이백(李白)과 두보(杜甫)를 찬미하면서 옛날 홍수를 다스리던 하우(夏禹)처럼 "큰 칼날을 하늘에 닿게 높이 휘둘렀다.〔巨刃磨天揚〕"라고 표현한 구절이 있는데, 대관재가 또 마천인(磨天刃)이라는 단어를 구사함으로써 은근히 자신을 이두(李杜)에 견주는 오연(傲然)한 자세를 보여 주고 있다. 마천(磨天)은 마천(摩天)과 통한다. 《韓昌黎集 卷5 調張籍》

제생에게 보여 주다

示諸生

제군들 권면하며 열심히 배양하여	勉汝勤培養
경책과 사랑을 넉넉하게 내렸으니	斧斤雨露餘
거울 상자 오래도록 먼지 속에 묻혔다가	塵埋奩鑑久
이제는 바다 뒤집으며 아침 해로 솟으리라	海涌日輪初

본심(本心)의 밝음을 말한 것이다.

강가 정자에서 우연히 흥이 일다

江亭偶興

백로는 물가 버들 뚫고 멀리 날아가고 鷺穿汀柳遠
배는 기다란 수평선 너머로 들어가네 舟落海天長
알겠노라, 어촌이 가까이 있음을 知有漁村近
밥 짓는 연기 석양에 일어나니까 炊煙起夕陽

금천 현감 강사청에게 주다

贈衿川太守姜士清

난간 밖엔 냇물이 울어 대는 밤이요　　欄外溪鳴夜
산 앞에는 빗발이 뿌려 대는 때로다　　山前雨灑時
서로 재회할 날이 있을 줄 아노니　　相逢知有日
베개 기대어 함께 술잔 기울입시다　　欹枕共傾巵

유인(幽人)의 거소에서

幽居

밤 깊어 바야흐로 달은 중천에　　夜深方月午
솔 이슬방울 뚝뚝 방한복 위에　　松露滴寒衣
날아오를 비결을 알려 주려 했는데　　欲贈飛昇訣
유인이 안 돌아오니 이를 어쩌나　　幽人嘆未歸

내방해 준 유자진에게 사례하다

謝柳子晉來訪

이름은 순원(順源)이다.

상봉하니 뼈만 남은 수척한 모습　相逢瘦唯骨
세상맛이 지독히도 시고 매워서　世味劇酸辛
술잔 들며 홀연히 말을 잊었나니　擧杯忽忘語
옛정이 진실했음을 알게 되어서　從知舊意眞

풍설 속에 같은 절간에 기거하며　風雪同蕭寺
등잔불 아래 함께 고서를 뒤적였지　陳編共一燈
꿈을 꾸면 지금도 옥 같은 자태　夢魂今尙玉
일천 겹 포갠 삼각산 푸른 봉우리　三角碧千層

소싯적에 공과 함께 삼각산의 절간에서 글을 읽었다.

고주의 시를 지어 모재[20]에게 증정하다

孤舟呈慕齋

국경(國卿)이다.

외로운 배가 풍랑으로 혼자 고립되었으니 孤舟風自阻
조각 돛을 누군가는 들어 줘야 하고말고 片帆須人擧
내가 뱃사공을 불러 모으려 하노니 我欲招黃頭
한강의 근원 어딘가에 있을 테니까 河源在何所

장공[21]이 구름 산의 표상이 되셨나니 長公表雲山
그 위에 천년 만의 봉황으로 계시니까 上有千歲鸞
뒤늦게 둥지 쳤다면서 안주하지 마오 棲托休嫌晩
채색 깃털 구름 위로 솟구쳐야 할 테니 凌雲有彩翰

20 모재(慕齋) : 김안국(金安國)의 호이다. 국경은 자이다.

21 장공(長公) : 김안국이 사재(思齋) 김정국(金正國)의 형이기 때문에 이렇게 부른 것이다. 송나라 소순(蘇洵)의 장자(長子)인 소식(蘇軾)을 장공, 그의 아우 소철(蘇轍)을 소공(少公)이라고 칭한 고사가 있다.

강남의 여인

江南女

다정하고 싹싹한 강남의 여인	昵昵江南女
가늘고 보드라운 옥 같은 두 손	纖纖雙玉手
이마를 숙이고서 자고[22]를 노래하며	低眉唱鷓鴣
장대의 버들가지 남몰래 꺾어 주네[23]	暗折章臺柳

22 자고(鷓鴣) : 자고사(鷓鴣詞) 즉 기녀들이 배우던 음악 과목의 하나이다. 산자고(山鷓鴣)라고도 한다.

23 장대(章臺)의……주네 : 화류계의 여성이 대관재와의 이별을 아쉬워한다는 말이다. 장대는 장안(長安)의 궁전 이름으로, 그 주변에 버드나무가 많이 늘어서 있고 창기촌(娼妓村)이 형성되어 있었다고 한다. 옛사람들은 석별의 마음을 전할 때 버들가지를 꺾어 주는 풍습이 있었다.

조카 사공의 집에 가서 술에 취해 그의 아들 수정에게 시를 지어 주다

到猶子思恭家醉贈其子守精

너의 빼어난 신골을 사랑하노니 愛汝神骨秀
남전[24]에서 생산되는 아름다운 옥이라서 良玉產藍田
만권의 서책을 열심히 독파할지니 萬卷勤須破
가문의 명성을 연장할 수 있도록 家聲庶可延

너에게 충과 효를 선물하노니 贈汝忠與孝
성심껏 가슴에 잘 간직하도록 拳拳好佩胸
세한의 맹약[25]은 푸름을 변치 않나니 寒盟青不變
섬돌 위에 한 쌍의 솔이 있지 않더냐 階上有雙松

정승(政丞)인 형이 손수 심은 것이다.

24 남전(藍田) : 미옥(美玉)의 생산지로 유명한 중국 섬서성(陝西省)의 고을 이름이다. 심정(沈貞)에서 심사공(沈思恭)으로 이어지는 풍산 심씨(豐山沈氏) 집안을 비유한 말이다.

25 세한(歲寒)의 맹약 : 풍상이 몰아치는 험한 세상길에서 자신의 절조를 굳게 지켜 나가는 것을 말한다. 《논어》 〈자한(子罕)〉의 "날씨가 추워진 뒤에야 송백이 늦게 시듦을 알 수 있다.〔歲寒然後知松柏之後彫也〕"라는 공자의 말에서 비롯된 것이다.

도연명의 사시영을 조롱하다[26]

調陶淵明四時詠

봄엔 섬돌이 분칠한 얼굴을 드러내고 春階露粉面

　　꽃 색깔이다.

여름엔 동산을 푸른 장막이 에워싸네 夏園圍翠幄

　　나무 그늘이다.

가을엔 누런 구름 들판이 펼쳐지고 秋設黃雲坰

　　볏단 더미이다.

겨울엔 봉우리마다 백옥을 치켜드네 冬擎白玉嶽

　　눈이 쌓인 것이다.

26 도연명(陶淵明)의 사시영(四時詠)을 조롱하다 : 사시의 대표적 풍광을 도잠(陶潛)보다 훨씬 낫게 지을 수 있다는 뜻의 호방한 시 제목이다. 사시영은 도잠의 "봄엔 물이 사방의 못을 가득 채우고, 여름엔 구름에 기이한 봉우리가 많네. 가을엔 달이 밝은 빛을 드날리고, 겨울엔 고갯마루에 외로운 소나무 빼어났네.〔春水滿四澤, 夏雲多奇峯. 秋月揚明輝, 冬嶺秀孤松.〕"라는 오언절구를 말한다.《陶淵明集 卷3 四時》

서당의 옛일을 추억하며 기록해서 강 판상[27]에게 드리다
追記書堂舊事呈姜判相

휘(諱)는 혼(渾)이다. 내가 소싯적에 강(姜) 및 신공 용개(申公用漑), 김공 일손(金公馹孫)에게 배웠다. 서당은 용산강(龍山江)에 있었다.

현우는 끝내 점치기가 어렵나니	賢愚竟難卜
뒤집혀서 지금 이 꼴이 되었네요	翻覆今如斯
머리 숙여 애써 세속을 추종할 뿐	低首强趨俗
옛사람 된다는 목표는 난망이네요	古人難自期
제가 신 제학에게 가르침 받을 때는	我受申提學
그 말씀이 참으로 패옥과 같았는데	厥辭眞佩玉
참소에 걸려 유배지에서 돌아온 뒤론	罹讒自謫還
나라 걱정에 야위어 뼈만 남으셨지요	憂國瘦唯骨
뜻밖의 변이 유림에서 발생하여	無妄自儒林
눈물 콧물이 제 옷깃을 적셨나니	涕泗沾我襟
김공께서 세상에 안 계신 지금	金公今已矣

27 강 판상(姜判相) : 강혼(姜渾)의 최종 직위가 판중추부사였기 때문에 이렇게 말한 것이다. 대관재가 그에게 배우긴 하였지만 그의 행동거지가 형편없어서 사림(士林)의 질타를 받기도 하고 중종반정 후에는 폐조(廢朝)의 행신(倖臣)이라는 탄핵을 받기까지 하였으므로, 다른 선생에게는 자주(自註)에서 공(公)이라는 호칭을 붙이면서 그에 대해서는 그냥 강(姜)이라고 성씨만 언급한 것으로 보인다.

김공은 무오사화(戊午士禍) 때에 목숨을 잃었다.

홀로 앉아 문짝 거문고 탈 뿐이네요　　獨坐彈扉琴

서당에서 문짝으로 거문고 통을 만들었다.

장생은 얼마나 다행이라고 할는지요　　張生何自幸

일찍이 한공의 은혜를 받았으니까요[28]　　早受韓公恩

지금도 기억나네요, 구의하던 날에　　尙記摳衣日

간곡히 일러 주시던 바른 말씀들이[29]　　辛勤吐格言

28 장생(張生)은……받았으니까요 : 장생은 장적(張籍)을, 한공(韓公)은 한유(韓愈)를 말한다. 장적이 한유의 문인이었으므로 대관재가 자신을 장적에, 강혼을 한유에 견주어 말한 것이다.

29 지금도……말씀들이 : 강혼이 사석(師席)에서는 곧잘 옳은 소리를 해 주었는데, 정작 본인의 행동은 그 뒤에 어떠했는지 돌아보게 하는 뼈 있는 한마디가 아닌가 한다. 장적이 혹 한유를 비판하며 충고하기도 한 내용이 한유의 《답장적서(答張籍書)》와 《중답장적서(重答張籍書)》 등에 보인다. 구의(摳衣)는 옷자락을 치켜든다는 뜻으로, 스승 등 윗사람에게 경의를 표하는 것을 말한다.

출처에 대해 절구 다섯 수를 지어서 번중에게 증정하다
出處五絶贈蕃仲

출처에 대해 옛날에 일찍이 따져 보았는데　出處昔曾料
공명이란 나에게 아무런 의미가 없었다네　功名於我何
고전에 나오는 선성의 말씀을 살펴보니　陳編見先聖
생각에 삿됨이 없어야 함을 일러 주셨다네　訓以思無邪

어버이 늙으시매 기쁘면서도 두려워서　親老兼喜懼
지는 해 머리 들어 바라보며 탄식하네　擧頭嘆西飛
뻔뻔한 얼굴로 세상일 쫓아다니는 몸　强顏趨世事
시간 허비하기보단 얼른 돌아가야겠네　虛負不如歸

나라의 일 걱정할 직분은 아니지만　憂國非職分
국가의 안위가 묘당에 달려 있기에　安危在廟堂
밤새우며 날을 다해 아무 말 없이　終宵竟默默
홀로 앉아 아양곡[30]을 뜯었더라오　獨坐彈峨洋

30 아양곡(峨洋曲) : 지기(知己)가 서로 알아주는 음악을 말한다. 백아(伯牙)가 고산(高山)을 두고 연주하면 종자기(鍾子期)가 "아아(峨峨)하여 태산(泰山)과 같다."라고 평하고, 유수(流水)에 뜻을 두고 연주하면 "양양(洋洋)하여 강하(江河)와 같다."라고 평했다는 고사에서 나온 것이다. 《列子 湯問》

귀를 먹게 하니 무슨 수로 깨우치랴　聾耳何由醒
시끄러운 아쟁 피리 난장판 속에서　紛紛箏笛場
주금할 날이 언젠가는 있겠지　鑄金知幾日
가수만은 잊기 어려울 테니까[31]　嘉樹只難忘

일찍이 듣건대 돌을 쌓아 만든 산이　曾聞山石假
오악의 형상으로 높이 솟구쳤다 하니　五嶽狀穹崇
초승달 떠오를 때를 기다렸다가　爲待來初月
그 안에서 취해 봄이 어떠할는지　何如醉其中

공의 숙부인 성임(成任)의 저택에 석가산(石假山)이 있다.

31 주금(鑄金)할……테니까 : 지금은 왕이 번중 즉 성세창(成世昌)을 멀리하고 있지만, 천지(天地)의 수기(秀氣)를 품수(稟受)한 그를 중용할 날이 머지않아 있을 것이라는 뜻의 위로하는 표현이다. 주금은 쇠를 주조한다는 뜻으로, 뛰어난 인물의 동상을 만들어 좌우에 놔두고 국가 정책을 결정할 때에 귀감으로 삼는 것을 말한다. 월왕(越王) 구천(句踐)이 범려(范蠡)의 형상을 빚게 한 뒤에 곁에 두고는 조석으로 정사를 논하였다는 고사에서 유래한 것이다.《吳越春秋 卷6 句踐伐吳外傳》 가수(嘉樹)는 황천(皇天) 후토(后土) 즉 천지가 내놓은 나무 중에 특히 멋있는 나무라는 뜻의 후황가수(后皇嘉樹)의 준말로 귤나무를 가리키는데, 여기서는 대관재가 '국가의 충신으로 모함을 받고 곤욕을 치르고 있는 성세창'이라는 뜻으로 빗대어 사용하였다. 전국 시대 초 회왕(楚懷王)의 충신 굴원(屈原)이 조정에서 쫓겨나 방황하면서 지은 〈귤송(橘頌)〉의 첫머리에 "후황의 가수인 귤나무가, 남쪽의 이 땅을 사모해 찾아왔네.〔后皇嘉樹, 橘徠服兮.〕"라는 말이 나오고, 마지막에 "나이는 비록 어려도, 어른으로 본받을 만하고, 행실은 백이와 견줄 만해서, 표상으로 삼을 만하네.〔年歲雖少, 可師長兮. 行比伯夷, 置以爲像兮.〕"라는 말이 나온다.《楚辭 卷4》

서가구[32]에게 증정하다

贈徐可久

먼지 낀 궤에 티 없는 옥을 간직하고	塵櫝藏良玉
거적문 안에 온 우주를 접수하신 분	繩樞納八荒
단표가 오히려 집안을 윤택하게 하나니	簞瓢還潤屋
벼슬은 바다에 부침하는 꺼끄러기일 뿐	宦海一毫芒

32 서가구(徐可久) : 서경덕(徐敬德)으로, 가구는 그의 자이다.

온양으로 부임하는 사공과 작별하며 주다

贈別思恭赴溫陽

내가 개성(開城)에 있어서 서로 만날 기약이 없기에 비통한 심정으로 썼다.

화복은 원래 정해진 게 없나니	倚伏元無定
행장은 때를 기다림이 중요하지	行藏尙待時
서로 떨어지는 날 있음을 알겠거니	相離知有日
손 안의 술잔을 들이켜야 하고말고	須盡手中巵

빗속에 지어 의중[33]에게 주다

雨中贈宜仲

분홍빛 자줏빛 꽃들 이미 흙이 되고	紅紫已成土
푸른 그늘 속에 한창 꾀꼬리 노랫소리	綠陰方囀鸎
일 년의 절반을 오직 베개에 기대 누워	判年唯欹枕
홍진 세상에 홀로 깨어 있는 심정이로세	塵世獨醒情

말없이 군을 생각하는 때에	默默憶君時
비가 오니 한번 웃을 만해라	雨來堪一笑
시 지어 생각나는 군에게 주며	詩成贈所思
그냥 나의 속마음 내보이노라	秖把心肝照

33 의중(宜仲) : 대관재의 형 심정(沈貞)의 아들인 심사순(沈思順)의 자이다.

수경[34]의 시에 차운하다
次守慶韻

몇천 년을 예로부터 전하고 받은 것은　傳授幾千古
위태하고 은미한 이 하나의 마음인데[35]　危微秖一心
조존[36]의 도리를 이제 이해했거든　操存方理會
싫어하지 말고 깊이 공부해 보거라　莫厭用功深

수경의 시를 붙임 附守慶詩
역사를 읽으면 옛일을 알 수 있고　讀史能知古
경전을 담론하면 마음을 잡을 수 있으니　談經可正心
경전과 역사 속에 차분히 몰입하면　沈潛經史內
학문이 나날이 정밀하고 깊어지리　學問日精深

34 수경(守慶) : 조카 심사손(沈思遜)의 아들이다.

35 위태하고……마음인데 : 《서경》 〈대우모(大禹謨)〉에 "인심은 위태하고 도심은 은미하니, 오직 정밀하고 전일하게 해야만 참으로 그 중(中)을 잡을 것이다.〔人心惟危, 道心惟微, 惟精惟一, 允執厥中.〕"라는 이른바 유가(儒家)의 16자 심전(心傳)이 나온다.

36 조존(操存) : 조즉존(操則存)의 준말로, 도망가지 못하게 마음을 붙잡아 보존하는 것을 말한다. 《맹자》 〈고자 상(告子上)〉의 "잡으면 있다가 놓으면 없어지고, 일정한 때가 없이 들락날락하면서 어디로 가는지 종잡을 수가 없는 것, 이것이 바로 마음이라는 것이다.〔操則存, 舍則亡, 出入無時, 莫知其鄉, 惟心之謂與.〕"라는 말에서 나온 것이다.

금릉의 별장에 제하다

題金陵別業

강물은 맑은 거울을 열어 놓고	江水開淸鑑
산봉우리는 화폭을 펼쳐 놓았네	山峯展畫圖
연무가 깊어 사람은 보이지 않고	煙深人不見
삐걱삐걱 노 젓는 소리만 외로워라	軋軋櫓聲孤

내가 헌관의 신분으로 강화 참성대에서 비를 빌다

余以獻官祈雨于江華塹城臺

푸른 하늘과는 한 줌의 거리	靑天離一握
대지가 한꺼번에 두 눈 안으로	大地入雙眸
이 신세 과거의 내가 아닌 듯	身世疑非我
망연히 개미 한 마리 떠 있구나	茫然蟻子浮

연꽃 화분을 준 박국형에게 사례하다

謝朴國衡惠蓮盆

이름은 세평(世泙)이다.

그대 마음 참으로 오염되지 않았으니	君心眞不染
탁한 세속이 어떻게 더럽힐 수 있으리오	濁俗豈能塵
염계[37]가 떠났다고 한탄하지 마오	莫恨濂溪逝
두 화분에 연꽃이 아직도 싱싱하니까	雙盆艶尙新

37 염계(濂溪) : 송유(宋儒) 주돈이(周敦頤)의 호이다. 그가 〈애련설(愛蓮說)〉에서 "연꽃은 꽃 중의 군자이다.〔蓮, 花之君子者也.〕"라고 하였다.

매성유[38]의 시체(詩體)를 본떠 나정원에게 수답하다

酬羅正源效梅聖兪體

이름은 식(湜)이다.

매 노인의 뼈는 이미 이끼가 되었으니	梅老骨成苔
아무도 그를 불러내 살릴 수 없겠지만	無人喚得回
전생의 몸은 어쩌면 마술처럼 바뀌어서	前身應幻化
매화나무 몇 가지를 단장하고 있는지도	粧點數枝梅

38 매성유(梅聖兪) : 송(宋)나라 때의 시인인 매요신(梅堯臣)으로, 성유는 그의 자이다. 구양수(歐陽脩)의 추천으로 중앙의 관리인 국자감 직강(國子監直講)이 되었다. 성당(盛唐)의 시를 본받아 시구가 세련되고 정밀한 것이 특징이며, 두보(杜甫) 이후 최고의 시인이라는 평가를 받았다.

정언 심희안이 지은 〈적벽도〉 시에 차운하다

次沈正言希安赤壁圖詩韻

수경(守慶)의 자(字)이다.

간언하는 종이에 상설이 깔린 듯 諫紙灑霜雪
소름이 돋아나는 급직[39]의 풍도로다 寒生汲直風
알겠도다, 산처럼 선 군의 초상화가 知君山立像
명리 사이에 우뚝 걸리리라는 것을 突兀利名中

희안의 시를 붙임 附希安詩

시월에 일어난 가없는 흥취 十月無邊興
천년토록 길이 전해질 풍도 千秋不泯風
소 선인과 그리고 두 분 손님이 蘇仙與二客
그림 속에서 서로 마주하고 있네[40] 相對畫圖中

39 급직(汲直) : 급암(汲黯)을 가리킨다. 한 무제(漢武帝) 때에 성품이 강직하여 과감하게 황제의 면전에서 직간을 하였으므로 세상에서 급직이라고 불렀다. 후대에는 쟁신(諍臣)의 별칭으로 쓰였다.

40 시월에……있네 : 소식(蘇軾)의 〈후적벽부(後赤壁賦)〉가 "임술년 시월 보름에 설당(雪堂)에서 도보로 임고정(臨皐亭)으로 돌아가려 할 즈음에 두 분 손님이 뒤따라왔다."라는 말로 시작되기 때문에 이렇게 말한 것이다. 《東坡全集 卷33》

통진의 박 태수에게 주다

贈通津朴太守

이름은 ▨이다.

그대 만나니 머리칼 아직 늙지 않아　逢君鬢未翁
담소하며 기운이 무지개처럼 뻗쳤는데　談笑氣如虹
술에 취해 누운 전원의 저녁에는　醉臥田園暮
호수와 산의 흥치도 이미 다했네　湖山興已窮

중국 사신의 태평관 시에 차운하다

次天使太平館韻

남산이 빈객의 연회를 마주하고서　終南對賓筵
난만히 비췻빛을 반사해 보내오니　爛熳送晴翠
기쁜 기색이 선인의 얼굴에 떠오르며　喜色起仙顏
약간 취한 두 뺨에 홍조가 붉게 이네　紅潮帶微醉

난간 밖 손으로 가리키는 곳　指點欄干外
저녁 햇빛 아래 험한 바위산　孱顏夕照下
싱그런 술잔에 신선의 술 따라 마시며　芳尊酌流霞
촛불 쥐고 어둠 밝혀 긴 밤 놀아 보고저　秉燭期永夜

묵은 자취 묻노니 누가 찾아왔나　陳跡問誰尋
교주를 분칠한 벽에 싸 놓은 이곳　鮫珠籠粉壁
사탕수수 씹는 맛이 또한 좋아서　啖蔗味亦佳
성사의 빈객 찬미하며 노래하노라[41]　贊詠星槎客

41 묵은……노래하노라 : 역대 중국 사신들이 태평관에서 지은 시들이 고이 간직되어 있는데, 그 시들을 처음부터 감상해 보노라면 이번에 와서 지은 사신의 시가 제일 좋더라는 뜻의 은근히 아부하는 발언이다. 교주(鮫珠)는 교인(鮫人)이 사람들과 작별할 때 흘린 눈물방울이 진주로 변했다는 전설에서 유래한 것으로, 조선을 떠나며 석별의 정을 표시한 중국 사신들의 시를 가리킨다. 사탕수수 운운은 진(晉)나라 고개지(顧愷之)가 사탕수수를 먹을 때마다 상단부터 먹어 들어가자 어떤 이가 그 이유를 물으니

황상의 은택이 원근에 두루 미치니 皇恩徧遠近
어찌 동쪽 서쪽에 차이가 있으랴만 豈有間東西
홀연히 중국 도성 단꿈을 깨 버리는 忽破淸都夢
새벽닭 소리에 행장이 멀어져 가네 行裝隔曉鷄

채운이 황상의 하늘로 돌아갈 적에 雲錦還九天
가고 가며 어느 곳에서 묵으실는지 行行底處宿
사람 대신해 눈물을 쌍으로 흘리면서 替人淚雙流
동틀 때까지 납촉이 제 몸을 태우네 待曉燃蠟燭

"맛난 부위에 점점 가까워지기 때문이다."라고 대답한 고사에서 유래한 것으로, 중국 사신의 시가 후대로 갈수록 더욱 매혹적이라는 뜻을 표현한 말이다. 《晉書 顧愷之列傳》《世說新語 排調》 성사(星槎)는 황하의 근원을 찾으러 은하수까지 올라갔다는 뗏목으로, 일반적으로 사행(使行)을 가리킨다.

내가 도회의 시관으로 인천에 한 달을 머물렀는데, 《논어》의 "군자로다, 이 사람이여."라는 말을 외우면서 운을 나눠 시를 지어 부백인 정경응 세웅 에게 증정하다

余以都會試官留仁川一朔誦論語君子哉若人分韻爲詩贈府伯鄭景應 世雄

얼마나 맑은 분에게 흉금을 텄느냐면	披襟淸幾分
요망한 기운 하나 없는 맑게 갠 달님	霽月無纖氛
서로 비슷한 이 없는 고고한 절조	孤操少相似
마음 알아주는 것은 오직 차군뿐	知心唯此君

공이 거소에 대나무를 많이 심었다.

어버이를 위해서 외방으로 나온 원님	爲親屈百里
소송이 없는 뜰은 물처럼 고요하기만 하네	牒訴寂如水
거문고와 학으로 한가한 틈을 메우나니	琴鶴秖偸閑
누가 그대에게 욕을 잘 참는다 말하리오[42]	誰言耐辱子

42 누가……말하리오 : 정세웅이 의식적으로 욕(辱)을 잘 참기 위해 노력한 것이 아니라 자연스럽게 영욕(榮辱)을 초월한 높은 경지를 지녔다는 말이다. 심지(心志)가 굳었던 당나라 사공도(司空圖)가 난리를 피해 벼슬을 그만두고 중조산(中條山) 왕관곡(王官谷)에 은거하면서 내욕거사(耐辱居士)라고 자호(自號)했는데, 그가 지은 〈내욕거사가(耐辱居士歌)〉 중에 "당신은 무얼 잘하느냐 물어본다면, 욕을 잘 참는다고 대답하리라.〔若曰爾何能, 答言耐辱莫.〕"라는 말이 들어 있다. 《全唐詩 卷634》《舊唐書 文苑列傳 司空圖》

대폿잔 가져오라 누차 불러 대다가 屢呼太白來
문득 되레 취해 먼저 쓰러지며 輒倒醉先頹
뒷날 서로 저버리지 말자고 한 他日勿相負
그 말씀이 얼마나 아름다운지 此言眞旨哉

공이 말하기를 "반드시 뒷날 저버리지 않을 것이다."라고 하였다.

몇 순 내내 비바람이 오락가락해서 連旬風雨錯
무릎 맞대고 각자의 회포 얘기했나니 促膝談懷各
어떻게 신지의 기쁨[43]을 얻게 됐냐면 何以樂新知
지음은 원래 서로 비슷한 법이라서 知音故相若

서로들 기약하며 술자리를 자주 갖고 相約設筵頻
담소하며 이제는 속마음을 알았나니 笑談方見眞
내일 밤 혼자 누운 신세가 되면 來宵成獨臥
꿈속에서 이 사람을 찾아가리라 夢裏尋斯人

43 신지(新知)의 기쁨 : 신지는 새로 교분을 맺은 지기(知己)를 말한다. 굴원(屈原)의 "최고의 슬픔은 살아서 이별, 최고의 기쁨은 새로 지기 얻는 것.〔悲莫悲兮生別離, 樂莫樂兮新相知.〕"이라는 시구를 압축한 것이다. 《楚辭 九歌 少司命》

용인 현판의 시에 차운하다

次龍仁板上韻

흐르고 부딪치며 옥돌 구르는 소리	流激琤琮響
배반(杯盤)에 잠긴, 눈처럼 맑은 달빛	盤涵雪月淸
탐오와 청렴은 물의 성질과 무관하니	貪廉非水性
정자의 이름을 바꾼다고 바뀌겠는가	遮莫換亭名

정자의 옛 이름은 신정(新亭)이다.

정자의 초청에 맑은 바람 절로 오고	亭招風自至
못에 비춰 보니 얼굴이 먼저 서늘해라	池照面先淸
가없는 흥취를 음미하면 그뿐이니	秪挹無邊趣
옛 이름 굳이 바꿀 것이 있으리오	休煩更舊名

육언절구 六言絶句

어촌
漁村

짙은 안개는 외딴 섬 -원문 2자 판독 불가-	暝靄▨▨斷島
찬 밀물은 은밀히 빈 성을 때리는데	寒潮暗打空城
어부가 저녁에 어디에 배 대는지	漁舟晩泊何處
문밖에 노 젓는 소리만 들려오네	門外唯聞櫓聲
생선 파는 어시장은 흩어지지 않았는데	賣魚未散海市
고각 소리에 강의 성문이 닫히려 하네	鼓角欲閉江城
버들 언덕에 어부가 도롱이 반쯤 벗고	柳岸漁蓑半脫
강 너머에서 홀연히 노랫소리 보내오네	隔江忽送歌聲

우연히 시상이 떠올라서 읊다[44]

偶吟

도하를 하매 하늘이 상서를 보여 주고	導河天乃呈瑞
절필하여 성인이 획린을 슬퍼하였는데	絶筆聖悲獲麟
물어보세, 장저 걸닉은 무슨 이유로	借問長沮桀溺
당년에 나루 못 찾는다 비웃었는지[45]	當年謾笑迷津

44 우연히……읊다 : 이 육언절구 두 수는 김정(金淨)의 《충암집(冲庵集)》 권2에 〈차의지운(次義之韻)〉이라는 제목으로 실려 있다. 실제로 누구의 작품인지는 미상이나 《대관재난고》에 타인의 시문이 다수 혼입되어 있는 점을 감안하면 이 역시 대관재의 작품이 아닐 수도 있다.

45 도하(導河)를……비웃었는지 : 난세에 유가(儒家)의 이념대로 정치에 참여하여 사회 개혁을 이루어야 할지, 아니면 개인의 자유를 중시하며 은자(隱者)의 삶을 추구하는 도가(道家)의 세계를 지향할지, 심리적 갈등을 유발할 만한 양자의 충돌 사이에서 그래도 전자를 편드는 경향성을 보여 주고 있다. 도하는 황하의 물길을 인도하여 바다로 들어가게 한다는 뜻으로, 홍수를 다스린 우(禹)의 치적을 말하는데 《서경》 〈우공(禹貢)〉에 그 내용이 상세히 나온다. 상서(祥瑞)를 보여 줬다는 것은 상제(上帝)가 우에게 홍범구주(洪範九疇)를 내려 줘 이륜(彝倫)을 펴게 했다는 고사를 말하는데, 《서경》 〈홍범〉에 기자(箕子)의 말로 그 내용이 소개되어 있다. 또 《춘추(春秋)》 애공(哀公) 14년의 "서쪽 교외로 사냥을 나가서 기린을 잡았다.〔西狩獲麟〕"라는 대목에 이르러 공자가 절필을 하였는데, 그 이유는 성왕(聖王)의 시대에나 출현하는 기린이 난세에 나와 잡혀 죽었기 때문이라고 전한다. 또 공자가 자로(子路)를 시켜 밭갈이하는 장저(長沮)와 걸닉(桀溺)이라는 두 은자에게 나루터 가는 길을 묻자, 난세에 세상을 바꾸겠다고 천하를 주유하는 공자를 비웃으며 "당신의 선생이 잘 알 것이다."라면서 가르쳐 주지 않았던 고사가 《논어》 〈미자(微子)〉에 나온다.

북명(北溟)의 대붕은 구만리 여행이요	▨▨鵬程九萬
봉래산 신선 길엔 동남동녀 삼천이라	蓬萊仙路三千
나는야 빈산에 천지를 이부자리 삼아	空山衾枕天地
시 읊으며 한 몸뚱이 술 취해 꿈나라로[46]	▨▨一身醉眠

46 북명(北溟)의……꿈나라로 : 《충암집》에는 "溟海鵬程九萬, 蓬萊仙路三千. 空山衾枕天地, 日日昏昏醉眠."으로 되어 있다. 그래서 제1구의 '▨▨'는 '溟海'로 복원하여 번역하였으나, 제4구는 《충암집》의 원문과는 전혀 다르기에 최대한 비슷한 글자를 유추하여 '吟詩'의 뜻으로 번역하였다. 대붕의 이야기는 《장자(莊子)》 〈소요유(逍遙遊)〉 첫머리에 나온다.

칠언절구 七言絶句

금릉의 별장으로 향하다

向金陵別業

홍곡은 고공비행하니 다른 새들과 다르지만	鴻鵠冥冥本異群
배는 채워야 하니까 그냥 뒤섞여 있을 따름	秖緣口腹謾紛紜
도량을 먹고 살찌우려 함이 아니오라	稻粱不是謀身物
어딘가 강남의 수운[47]을 찾으려고 한다오	何處江南有水雲

47 수운(水雲) : 수운향(水雲鄕)의 준말로, 은자(隱者)가 사는 청유(淸幽)한 지방을 가리킨다.

파주 영월대에서 국경의 시에 차운하다

坡州迎月臺次國卿韻

누대 안에 은행나무가 다수 서 있다.

바람 불면 가지에서 찬 이슬이 건에 뚝뚝
절반 지난 달빛은 사람을 따를 심산인 듯
밤 깊어 진기하고 절묘한 광경을 보시려오
맑은 술잔 찰랑찰랑 달빛이 일렁이는 것을

風枝露下冷沾巾
一半蟾光欲趁人
請看夜深奇絶處
淸尊灩灩浸孤輪

상산사호의 그림에 제하다

商山四皓圖

장자의 흉중에는 한나라 기업이 들어 있어	張子胸中漢業基
한마디 말로 소양의 부족함을 메워 주었는데[48]	片言能補少陽虧
당년에 공을 이루고 돌아간 것[49]은 비웃고	當年却笑成功復
상안산의 이 노인들 기이함만 알았다네	只識商顔此老奇

48 장자(張子)의……주었는데 : 한 고조(漢高祖)가 여후(呂后)의 아들이면서 태자(太子)로 있던 혜제(惠帝) 대신에 자기가 총애하는 척 부인(戚夫人)의 소생인 조왕(趙王)을 후계자로 삼으려 하였다. 이때 80여 세로 그동안 고조의 초빙에도 전혀 응하지 않고 상안산(商顔山)에 숨어 살던 네 명의 은자 즉 사호(四皓)가 장량(張良)의 간곡한 권유를 받고는 비로소 조정에 나와서 태자를 보필하자, 고조가 태자의 우익(羽翼)이 이미 이루어졌다면서 계획을 포기한 결과 혜제가 등극하게 된 고사를 말한다. 소양(少陽)은 태자의 별칭이다. 《史記 留侯世家》《漢書 張良傳》

49 당년에……것 : 장량이 고조를 도와 천하를 통일하고 유후(留侯)에 봉해진 뒤에 "이제는 인간 세상의 일을 버리고 신선인 적송자(赤松子)를 따라 노닐고 싶다."라면서 산속에 들어가 벽곡(辟穀), 도인(導引), 경신(輕身)의 술법을 행하는 등 도가(道家)의 양생술을 닦았던 것을 말한다.

죽림칠현의 그림에 제하다

竹林七賢圖

세간의 예법은 사람을 장애인으로 만드는 것　世間名教摠籧篨
산하에 눈길을 주는 것도 일단 취하고 나서　擧眼山河一醉餘
출처는 강좌의 -원문 1자 판독 불가- 임을 일찍이 알았다만
出處早知江左▨
죽림의 청허를 박차고 오를 땅이 없구나[50]　竹林無地搏淸虛

50 출처(出處)는……없구나 : 죽림칠현이 만약 정계에 진출하여 개혁을 단행하였다면 강좌(江左) 즉 강동(江東)의 위기를 타개하고 중원을 회복할 계기를 만드는 것도 가능했을 터인데, 죽림 속에서 청담(淸談)을 논하는 그들에게는 《장자(莊子)》〈소요유(逍遙遊)〉의 이른바 '붕새가 회오리바람을 박차고 구만리 창공으로 올라가는 것'과 같은 기회가 주어지지 않았다는 말이다.

은호의 전기를 읽다

讀殷浩傳

왕사의 풍류를 사업에 적용한답시고	王謝風流事業將
눈길을 잘못 돌려 이 사람에게 맡겼네[51]	枉將阿睹屬斯人
은둔하며 여묘살이로 마칠 줄 알았는데	早知遯世終廬墓
강동의 흥망을 한 몸에 가지게 되었구나	江左興亡在一身

51 왕사(王謝)의……맡겼네 : 청담(淸談)을 잘한다고 해서 현실 문제를 잘 처리한다는 보장이 없는데, 그냥 무턱대고 세상에 떠도는 은호(殷浩)의 허명(虛名)만 믿고 중책을 맡긴 나머지 동진(東晉)의 사직을 위태롭게 하였다는 말이다. 왕사는 육조(六朝)의 망족(望族)인 왕씨(王氏)와 사씨(謝氏)의 병칭인데, 여기서는 동진의 귀족 출신인 은호의 가문을 지칭하는 말로 쓰였다. 은호는 대신(大臣)이며 청담가(淸談家)인 은선(殷羨)의 아들로 어려서부터 견식이 고명하다는 평판을 받았으며, 특히 《노자(老子)》와 《역경(易經)》에 능통하여 청담 제일이라는 명성을 떨쳤다. 《晉書 殷浩列傳》

중학에서 숙직하며 제생에게 보여 주다
直宿中學示諸生

말세의 미친 물결을 되돌리기 어려운지라	狂瀾末世苦難回
옛글 노상 안고서 도가 식은 걸 흐느끼네	長抱塵編泣道灰
한 치 마음이 돌아가 묵는 곳 알고 싶은가	欲識寸心歸宿處
이우는 등불 한 점이 어둠 속에서 열어 주리	殘燈一點暗中開

버들은 바람 거두어 사람이 적적하고	楊柳收風人寂寂
오동엔 달이 없어 야밤이 침침한 때	梧桐無月夜沈沈

뜰 안에 버들이 있고, 섬돌 위에 오동이 있다.

제군에게 권하노니 성성법[52]을 배우도록	勸君須學惺惺法
우리 몸속에 분명히 한 마음이 있으니까	腔子分明有一心

52 성성법(惺惺法) : 마음이 깨어 있게 하는 법이라는 뜻이다. 원래 "나의 주인공이 항상 성성(惺惺)하면서도 적적(寂寂)하고 적적하면서도 성성하게 해야 한다."라는 선불교의 말에서 나온 것인데, 송유(宋儒)인 상채(上蔡) 사양좌(謝良佐)가 "경(敬)은 항상 깨어 있게 하는 방법이다."라고 말한 뒤로부터 유가에서 경(敬)을 해석하는 하나의 유력한 용어가 되었다. 《상채선생어록(上蔡先生語錄)》 권중(卷中)에 이 말이 나오는데, 《심경부주(心經附註)》 권1 경이직내장(敬以直內章)에서도 이를 인용하여 소개하고 있다. 이 시에서 대관재는 무명(無明)의 바람이 불어오지 않는 때를 적적으로, 자성(自性)의 달빛이 비치는 때를 성성과 관련지어 표현한 것으로 보인다.

정승 형의 소요당에 제하다
題政丞兄逍遙堂

장자가 좋은 일로 〈소요유〉를 저술해서	蒙莊好事著逍遙
뭇 소음을 수습하여 적요함에 부쳤고	收拾群囂付寂寥
일신이 오상아임을 일찍이 파악하였으니	早把一身吾喪我
붕료를 분변하려고 애써 고생을 한대서야[53]	不應勤苦辨鵬鷯
박천이나 공지나 각자는 서로들 월등하니	摶天控地各相超
만물의 변화 분분한 속에 도가 절로 풍요롭네	物化紛紛道自饒
한 틀을 가지고 피아의 우열을 따지지 마오	莫把一機論彼我
이 몸이 있는 곳이 바로 소요인 것이니까[54]	此身存處卽逍遙

53 장자(莊子)가……한대서야 : 장자의 가르침대로 만물의 다양성 그 자체를 소요유(逍遙遊)의 세계로 인정하고서, 외물을 굳이 대상화하여 차별적인 인식을 가하려고 애쓰는 세상 사람들의 분분한 주장에 귀 기울일 필요가 없다는 말이다. 오상아(吾喪我)는 오(吾)가 물아(物我)의 아(我)를 잊었다는 뜻으로, 주객을 초월한 경지를 말하며 《장자》〈제물론(齊物論)〉에 나오는 지인(至人) 남곽자기(南郭子綦)의 말을 인용한 것이다. 붕료(鵬鷯)는 구만리 창공을 날아가는 붕새와 나뭇가지 사이를 왕래하는 뱁새라는 뜻으로, 세상에 존재하는 대소(大小)의 다양한 외물의 현상을 지칭하며 《장자》〈소요유〉에 이에 대한 언급이 나온다.

54 박천(摶天)이나……것이니까 : 각자 다채롭게 변화하며 이 세상에 존재하는 것들은 고하(高下), 심천(深淺), 우열(優劣)의 차이가 없이 모두 평등한 지위를 부여받고서 소요유를 누리고 있는 것이니, 어느 하나의 측면에서 다른 것들을 제멋대로 재단하는 오류를 범하면 안 된다는 말이다. 박천은 회오리바람을 타고 하늘 높이 솟구치는 붕새를 말하고, 공지(控地)는 약간 높은 나무 위에도 오르지 못한 채 땅바닥에 나뒹구는 뱁새를

소요의 높은 경지는 아득해 잡기 어렵나니	逍遙高趣杳難攀
속세에 있지도 않고 산속에 있지도 않다오	不在塵區不在山
우리 형 진짜 낙이 어디 있는지 물어보니	爲問吾兄眞樂處
말 잊고 웃으면서 묵존[55]의 사이를 가리키네	忘言笑指默存間

학문이 소요에 도달하면 낙도 온전해지나니	學到逍遙樂又全
회심을 하고 은궤를 함이 본디 선이 아니니라[56]	灰心隱几本非禪
한가해도 그중에 또 분망한 일이 있는 법	閑中亦有奔忙事
가랑비에 도롱이 걸치고 낚싯배를 띄웠노라	細雨蓑衣放釣船

주렴을 걷자 뭉게뭉게 봉우리 구름이 한가하고	靄靄捲簾雲岫閑
베개가 놀라게 쏴아쏴아 바다 밀물이 돌아오네	蓬蓬驚枕海潮還
정신을 노닐어 곧바로 소요의 경계에 이르러서	神遊直到逍遙境

말하며 역시 《장자》 〈소요유〉에 이에 대한 설명이 나온다.

55 묵존(默存) : 보통은 '존'을 성찰의 뜻으로 해석하는데, 대관재는 존재의 뜻으로 사용한 것이 아닌가 한다. 따라서 묵존의 사이란 말없이 존재하며 우리 눈앞에 자신의 모습을 그대로 왜곡 없이 현현(顯現)하는 자연 현상, 불교식으로 말하면 제법실상(諸法實相)의 세계를 가리키지 않나 유추해 본다.

56 회심(灰心)을……아니니라 : 일체 마음의 작용을 끊어 버리고 목석처럼 가부좌를 틀고 앉아 있는 것이 진정한 선(禪)의 수행은 아니라는 말이다. 회심은 마음을 재처럼 만든다는 뜻이고, 은궤(隱几)는 궤안에 기대어 앉는다는 뜻이다. 남곽자기가 궤안에 기대어 앉아 있을 때에 제자 안성자유(顔成子游)가 "육신을 고목처럼 만들 수 있고, 마음을 불 꺼진 재처럼 만들 수 있는 것입니까?〔形固可使如槁木, 而心固可使如死灰乎?〕"라고 찬미하며 물어본 대목을 부정적인 의미로 단장취의(斷章取義)한 것이다. 《莊子 齊物論》

하루살이 금방 났다 금방 죽는 세계를 굽어보네　俯視蜉蝣起滅關

반쯤 지난 비낀 해가 낚시터를 감싸고　一半斜陽護釣磯
구름산이 그림처럼 울 앞에 서 있는 속에　雲山如畫當藩籬
어옹이 잠을 자다 장주의 꿈에서 깨어나니　漁翁喚醒莊周夢
지금이 바로 소요하며 뜻에 딱 맞는 때로다[57]　政是逍遙適志時

57 어옹(漁翁)이……때로다 : 장주(莊周)의 꿈은 현실과 동떨어진 허환(虛幻)한 꿈속의 세계를 말한다. 장주가 꿈속에 나비가 되어 훨훨 날아다니다가 꿈을 깨고 보니 인간인 장주더라는《장자》〈제물론(齊物論)〉 말미의 호접몽(蝴蝶夢) 이야기를 인용한 것이다. 그런데 거기에서는 나비가 되었을 때 "스스로 유쾌하여 뜻에 딱 맞았고", "조금 뒤에 꿈을 깨어 보니 뻣뻣하게 누워 있는 부자유스러운 인간의 몸인 장주였다."라고 서술하였는데, 대관재는 이것을 뒤집어서 어옹 즉 자기가 인간의 몸으로 되돌아왔을 때 오히려 뜻에 딱 맞게 소요하는 경지를 맛보게 되었다면서 인간 실존의 자유와 해방의 세계를 노래하고 있다.

이중경의 집에 가서 우연히 읊다

到李重卿家偶吟

휘(諱)는 사균(思鈞)이다. 집은 남산(南山)에 있다.

공이 거하는 계곡을 골 구름이 옹위하여	公居澗谷洞雲圍
지척의 세상 먼지 날리지 않게 막아 주네	咫尺囂塵隔不飛
관아 파하고 돌아오면 산이 어둑어둑	衙罷歸來山欲暝
다락마루 솔 이슬방울이 관복을 적시네	一軒松露濕朝衣
송죽의 푸른 그림자 빈번히 침범하여	松竹侵凌翠影繁
주인이 퇴근하면 기어서 난간 앞에까지	主人公退臥當軒
밤 깊으면 맑은 바람 울어 댔다 잠잠했다	夜深爽籟鳴還靜
단지 보이는 건 층계에 달 하나의 자취	秪有層階月一痕

능금을 따서 용재에게 드리다

來檎摘呈容齋

성긴 잎 붉은 열매 뜰 그늘을 비추나니 葉稀朱實映庭陰
산새가 쪼아 먹다 남겨 둔 것이 아니라오 不是幽禽啄食餘
저작하며 아무 맛 없다 저어하지 마오 咀嚼莫嫌無一味
차고 시어서 낮잠이 후딱 달아날 테니 冷酸堪破黑甜初

차운하다 次韻

용재(容齋)

머리 쳐들고 오늘 숙취에서 깨어난 건 擧頭今日宿酲除
단지 진귀한 과일 한번 맛본 여운 때문 秪緣珍果一嘗餘
우리 집의 하액[58]을 그대는 아는지 몰라 吾家霞液君知否
함께 기울여 형체 잊고 태고의 처음으로 共倒忘形太古初

58 하액(霞液) : 도교에서 선로(仙露)라고 칭하며 마시는 새벽이슬을 말하는데, 보통 신선이 마실 정도로 좋은 명주라는 뜻으로 쓰인다.

의중에게 부치다

寄宜仲

도를 배움은 다름이 아니라 날로 강건해지는 것	學道非他在日强
정미한 대목을 만날 때마다 상량해야 하고말고	精微到處要商量
머리맡의 해와 달이 모년을 다투며 치달리니	頭邊歲月爭遲暮
젊어서 이룸이 없으면 늙어서 더욱 황량하리	少壯無成老益荒
문장을 예로부터 많이 추중하였지만	文章自古多推重
필경 그대는 알리라, 무얼 해야 할지를	畢竟君知底所爲
이두와 정주[59] 중에 누구를 취하고 버릴지	李杜程朱誰取舍
깊이 생각하면 활연히 통할 때 있으리라	深思應有豁然時

59 이두(李杜)와 정주(程朱) : 이백(李白) 및 두보(杜甫)로 대표되는 문장가와 정호(程顥)·정이(程頤) 형제 및 주희(朱熹)로 대표되는 도학자를 말한다. 대관재가 정주에 역점을 두고 있음은 물론이다.

사기 화분에 담은 기괴한 형태의 소나무가 말라 죽으면서도 가지 몇 개는 여전히 푸르기에 읊다

沙盆怪松枯死數枝尙靑

바람서리가 기승부려도 부러뜨리기 어려워서	風霜貿貿尙難摧
잎과 가지 무성하여 푸르게 무더기 지었는데	密葉繁枝翠作堆
초췌해진 지금의 모습 어떻게 차마 대하랴만	憔悴如今那忍對
그래도 한심[60]은 남아 완전히 꺼지지 않았으니	寒心唯存未全灰

60 한심(寒心) : 세한(歲寒)의 마음, 즉 엄동설한에도 꺾이지 않는 송백의 굳센 의지를 말한다.

전원에서

田園

전원의 세모에 어찌 그리도 어려움 많은지	田園歲莫奈多難
산굴 나온 구름처럼 한가한 데가 어디일까	何處浮雲出岫閑
강에는 교룡이 있고 산에는 맹수가 있으니	江有蛟龍山虎豹
발 저는 나귀 속절없이 채찍질하며 돌아올 뿐	蹇驢空把一鞭還

굉지[61] 선생의 집에서 술을 마시다

飮硡之先生家

성시의 먼지바람 속에 눈이 번쩍 뜨이는 곳 城市風埃撥眼醒
문 안으로 들어오니 교외에 나온 느낌일세 入門疑是到郊坰
주렴을 들어 올리니 서쪽 창에 맑은 새벽 경치 捲簾淸曉開西牖
골짝 산 눈이 다 녹아 자리 가득 송백의 푸르름 雪盡溪山滿席靑

반쯤 솟은 아침 해 벌써 처마 비추는데 一半朝暾已映簷
원주를 불러내 더 마셔도 기쁘고말고[62] 喜將袁酒喚仍添
서쪽 창가의 절승은 그림으로 그릴 만도 西窓勝絶堪成畫
시내 골짝 솔가지에 눈이 아직도 붙었느니 磵壑松枝雪尙黏

61 굉지(硡之) : 허굉(許硡, 1471~1529)의 자이다.

62 반쯤……기쁘고말고 : 원주(袁酒)의 고사를 환기하며 아침에 해장술 겸 다시 2차를 시작하는 것도 대환영이라는 말이다. 원주는 원소(袁紹)의 술이라는 뜻으로, 밤낮없이 마셔 대는 술을 말한다. 후한(後漢) 말에 유송(劉松)이 삼복 무렵에 피서를 한답시고 원소의 자제들과 하삭(河朔)에서 밤낮으로 정신없이 퍼마시며 곤드레만드레 취한 하삭음(河朔飮)의 고사가 전한다.《初學記 歲時部上 夏避暑飮》

금릉으로 떠나며 박중열[63]에게 작별 선물로 주다

向金陵留別朴仲說

문밖에 봄바람이 날마다 불어닥치니	門外東風日日吹
장차 꽃과 버들 갈수록 들쭉날쭉하리	行看花柳轉參差
돌아올 때면 동이 술이 행여 익을까	歸來尊酒倘相熟
늦어도 녹음 속에 꾀꼬리 울 때쯤엔	猶及綠陰黃鳥時

63 박중열(朴仲說) : 박은(朴誾, 1479~1504)으로, 중열은 그의 자이다.

중경에게 주다

贈重卿

집에 더해진 오동 그늘 아래 어린 잎 향기롭나니 齋益桐陰嫩葉芳

공의 조상인 이제현(李齊賢)의 호가 익재(益齋)이다.

자손의 가지가 몇 년이나 풍상 속에서 자라났나 孫枝幾歲長風霜

깎아서 소월을 이룬 것이 지금의 음악 아니니 斲成疏越非今樂

누가 현가를 청묘의 악장으로 올라가게 할까[64] 誰遣絃歌薦廟章

아침부터 삽상한 기운이 산 정상에서 내려와 朝來爽氣自山巓

64 깎아서……할까 : 외방의 목민관으로 나가 있는 중경(重卿) 즉 이사균(李思鈞)이 음악으로 말하면 청묘(淸廟)의 악장(樂章)과 같은 귀한 존재이니, 그를 조정의 고위직으로 불러올려 종묘사직을 위해 봉직하게 하면 좋겠다는 말이다. 소월(疏越)은 현악기의 밑바닥에 구멍을 뚫어 기운이 통하게 함으로써 소리가 완만하게 울려 퍼지게 하는 것을 말하는데, 《예기》〈악기(樂記)〉의 "종묘의 제사에서 청묘의 악장이 연주될 때 악기로 쓰이는 비파의 현은 붉은색이요 바닥에는 구멍을 뚫어서 소리를 유장하게 한다."라는 말에서 유래하여 종묘 제례악(宗廟祭禮樂)과 같은 장중한 고전 음악을 가리키는 말로 쓰인다. '지금의 음악'은 유행가와 같은 속악(俗樂)을 말한다. 제 선왕(齊宣王)이 맹자에게 "요순(堯舜)과 같은 선왕(先王)의 음악을 좋아하는 것이 아니라 세속의 음악을 좋아할 뿐이다."라고 말하며 부끄러워하자, 맹자가 백성과 더불어 좋아하기만 한다면 지금의 속악도 옛 선왕의 음악과 다를 것이 없다며 격려한 고사가 《맹자》〈양혜왕 하(梁惠王下)〉에 나온다. 현가(絃歌)는 공자의 제자 자유(子游)가 무성(武城)의 수재(守宰)로 나가서 현악(弦樂)에 맞춰 노래 부르는 소리를 듣고는 빙그레 웃으면서 "닭을 잡는 데 어찌 소 잡는 칼을 쓰리오."라고 농담을 한 고사에서 유래한 것으로, 목민관의 대칭으로 쓰인다. 현가(弦歌)라고도 한다. 《論語 陽貨》

긴 여름 창가 발에 달라붙는 모기도 줄어드네	長夏簾櫳省撲緣
빈객과 붕우에게 알리노니 문 두드리지 마오	爲報賓朋休剝啄
주인님이 배 문지르며 운무 속에 누웠으니	主翁捫腹臥雲煙

황산 향사의 신분으로 전산[65]에 가서 제사 지내며 입에서 나오는 대로 짓다

以黃山香使祭錢山口占

산의 해는 지려 하고 사람은 아무 소리 없고	山日欲殘人寂寂
독한 안개 가로 걸린 곳에 부슬부슬 비가 오네	瘴煙橫處雨冥冥
음양이 모이고 흩어짐이 그칠 때가 없나니	陰陽合散無時歇
신명을 감격시킬 것은 단지 나의 참마음뿐[66]	感激神明只此誠

65 전산(錢山) : 황해도 문화현(文化縣) 치소(治所)에서 북쪽으로 10리 지점에 있는데, 전염병이 창궐하면 이 산에 설치된 여제단(厲祭壇)에 사신을 보내 제사를 올렸다.

66 음양이……참마음뿐 : 사람의 마음은 영험한 만큼, 신명과 통할 수 있는 것은 진심뿐이라는 말이다. '음양이 모이고 흩어짐'은 귀신의 작용을 말한다. 정주학에서는 귀신을 이기(二氣) 즉 음기와 양기의 본연의 기능이요 영험한 부분이라고 정의하고, 또 음양의 합산(合散)으로 인해 생겨나는 것이라고 주장한다. 그리고 마음의 본체를 '텅 비고 신령스러우며 어둡지 않은 것〔虛靈不昧〕'으로 규정하고 있다.

중경에게 시를 보내 납약[67]을 구하다

贈重卿求臘藥

썰렁한 집에서 밝은 달이 고짐[68]의 짝이 될 뿐	寒齋雪月伴孤斟
병든 몸 어디 숨었는지 물어보는 사람도 없네	抱病無人問陸沈
구하는 것이 약물뿐인 걸 괴이하게 생각 마오	莫怪所須唯藥物
보약 한 숟가락이 최고급 황금과 맞먹으니까	刀圭一片敵南金

67 납약(臘藥) : 납일(臘日)에 제조한 약품, 혹은 그즈음에 임금이 근신(近臣)에게 하사하는 약물을 말하는데, 여기서는 전자의 뜻으로 쓰였다. 납일에 조제하면 약성(藥性)이 훨씬 좋아진다는 속설에 따른 것인데, 내의원에서도 보통 소합원(蘇合元), 안신원(安神元), 청심원(淸心元) 같은 보약을 이때 만들어서 임금에게 올렸다.

68 고짐(孤斟) : 고독하게 혼자서 술 마시는 것을 말한다. 소식(蘇軾)의 시에 "이미 서풍에 부쳐 절창의 시를 전해 놓고, 여기에 또 밝은 달 불러와 고짐의 짝이 되게 했네. 〔已託西風傳絶唱, 且邀明月伴孤斟.〕"라는 구절이 있는데, 대관재가 명월(明月)을 설월(雪月)로 바꿔서 차용한 것으로 보인다. 《東坡全集 卷17 次韻劉貢父所和韓康公憶持國》

가형이 약을 보내 준 것에 사례하다

謝家兄惠藥

배 채우려다 탈 날 줄 진작에 알았나니　　曾知口腹還爲祟
기름진 고기와 밥 모두가 잘못되었네요　　芻豢稻粱摠謬悠
신약 한 순갈 덕분에 뼈를 바꿀 수 있었으니　　賴有神圭能換骨
명의 보내 체질 바꿔 주려고 애쓰지 마오　　莫勞扁鵲貶剛柔

가형이 도미를 보내 주었기에 시를 지어 희학하다
家兄惠道味魚詩以戲之

바다 족속은 우둔해서 본시 영험치 못한데	海族頑冥本不靈
어떻게 너만 홀로 허명을 누리게 되었느냐	云胡汝獨享虛名
실빈 진가[69] 속에서 사람들 모두 취해 사는데	實賓眞假人皆醉
나만은 가슴속에서 도의 맛을 깨우치는구나	顧我胸中道味醒

69 실빈(實賓) 진가(眞假) : 실(實)에 대한 빈(賓), 진(眞)에 대한 가(假), 즉 실제가 아닌 손님, 진짜가 아닌 가짜라는 말이다. 실제가 아닌 손님이란 이름〔名〕을 말한다. 《장자(莊子)》 〈소요유(逍遙遊)〉에 "이름이란 실제에 대해서는 손님이라고 할 것인데, 나보고 장차 손님이 되라고 하는 말인가."라는 말이 나온다.

춘광 시 두 수를 지어 모재 국경에게 부치다

春光二首寄慕齋國卿

별안간 지나는 봄빛은 누가 주인인고　瞥眼春光誰是主
흐드러진 붉고 흰 꽃잎 셀 수도 없더니　紛紛紅白知無數
하루아침에 비바람이 미친 듯 불어닥치매　一朝風雨吹顚狂
어디서 나부껴 떨어져 와서 문을 두드리네　何處飄零來打戶

우스워라, 봄 경치가 어찌 이리도 초라한지　堪笑春光何草草
지금 이 술잔 그대를 떠올리며 기울일 따름　此時此盞憶君倒
그대 생각에 하룻밤 새 머리칼이 새하얗게　憶君一夜鬢成翁
봄 맞아 얼굴 아직 보기 좋다 말하지 마오　莫道逢春顔尙好

차운하다 次韻

모재(慕齋)

만년에 강산에 와서 주인 노릇 해 보니　晩歲江山來作主
눈앞에 경물이 수없이 다가와 시봉을 하네　眼前景物供難數
봄 석 달 술에 절지 않은 날이 없건마는　三春無日不沈酣
꽃이 지니 술이 깨어 시름 속에 문 닫았소　花落酒醒愁閉戶

오솔길엔 무성하게 초록색 풀들이 돋아나고　幽徑萋萋生綠草
낮은 층계는 비바람으로 꽃이 꺾여 쓰러졌네　小階風雨花摧[70]倒
봄이 돌아간다니 서운해도 어떻게 하나　春歸怊悵可如何

술이 아니면 회포를 풀어 볼 길이 없네　　除酒無由懷抱好

70 摧 : 대본에는 '催'로 되어 있는데, 《모재집(慕齋集)》 권5 〈차심의지운(次沈義之韻)〉에 근거하여 '摧'로 바로잡았다.

풍우에 시달린 것을 시로 지어 뜻을 말하다

困於風雨詩以言志

때는 기묘년(1519, 중종14)이었다.

구질구질 가을장마로 어두컴컴해진 것은	淫泆秋霖自晦冥
단지 하늘땅이 광명을 잃었기 때문이라	只緣天地失陽明
침몰한 땅 어디를 봐도 배와 노가 없는지라	陸沈處處無舟楫
잔챙이들이 멋대로 돌아다님을 웃으며 보노매라	笑看魚蝦恣意行
고지대를 압도하여 옛 언덕 침몰하였나니	勢壓高低沒舊堆
높은 산악도 결국에는 무너질까 의심되네	還疑喬嶽竟成頹
뜬구름 가르고 복판 끊을 장검이 없어서	決雲中斷無長劍
뭇 음기 밀어내도 걷히지 않게 만들었네[71]	坐使群陰撥不開
몰아치던 광풍도 형세 따라 안정되고	披拂狂風隨勢定
자욱이 내리던 폭우도 불시에 그쳤네	涳濛驟雨不時晴
우사와 풍백[72]은 관대히 용서할 수 없는데	雨師風伯無原赦

71 뜬구름……만들었네 : 제왕이 결단력이 없어서 소인들이 발호하며 기승을 부리게 하였다는 말이다. 《장자(莊子)》〈설검(說劍)〉에서 천자(天子)의 검에 대해 설명하며 "위로는 뜬구름을 가르고, 밑으로는 지축을 쪼갠다. 이 검을 한번 사용하면 제후들을 바로잡고 천하를 복종시킨다."라고 말한 대목이 나온다.

72 우사(雨師)와 풍백(風伯) : 비 귀신과 바람 귀신이라는 뜻으로, 기묘사화를 일으킨 남곤(南袞), 심정(沈貞), 홍경주(洪景舟) 등의 주모자를 비유한 말이다.

중천에 일월처럼 빛나는 것을 장차 보리 會見中天合璧明

병든 뼈가 가을 들어 솔가지처럼 말랐나니 病骨秋來瘦作松
염천엔 그래도 눈서리 속 모양을 지었었지 炎天尚有雪霜容
도목수가 안 돌아본다 한탄하지 말라 莫嗟匠石無來顧
긴 비늘 다듬으며 와룡처럼 지낼 테니[73] 且戢脩鱗擬臥龍

자주(自註)에 "전구(轉句)마다 '무(無)'라는 글자를 놓은 것은 주위를 둘러 봐도 특별히 의지할 만한 자가 없음을 한스럽게 여긴 것이다."라고 하였다.

73 도목수가……테니 : 구불구불한 소나무를 보고서 도목수가 쓸모없는 재목이라고 돌아보지 않는 것처럼 대관재 자신의 재능을 알아주는 사람이 없어서 한직에 머물고 있지만, 와룡처럼 누워 있는 노송(老松)의 비늘을 손질하듯 실력을 가다듬고 때를 기다리면서 당분간 휴식의 시간을 가지겠다는 말이다.

사순[74]과 함께 이정에서 술을 마시다

同思順飮梨亭

뜰 가운데 나앉아 지는 해 애석해하노니	露坐庭心惜晩暉
봄날의 일 돌아보매 모두가 잘못되었도다	回頭春事摠成非
어지러이 떨어지는 몇 그루 배나무 꽃잎이여	梨花數樹紛紛落
부축받는 취객의 옷에 망연히 눈발이 가득하네	扶醉茫然雪滿衣
한 창에서 고적하게 보내는 저녁 햇빛	一窓孤寂送斜暉
세상일 사람의 정 날마다 잘못되었도다	世事人情日日非
어디선가 울어 대는 강 하늘의 외기러기	何處江天鳴獨雁
몇 줄기 슬픈 눈물이 옷깃을 적시려 하네	數行哀淚欲沾衣

이때 정승 형이 강서현(江西縣)으로 귀양 갔다.

74 사순(思順) : 심정(沈貞)의 아들 심사순이다.

용재에게 주다

贈容齋

소시에 마음 논하면 송백처럼 향기로웠고	少歲論心松柏香
학천의 문원에서는 함께 연방을 했더랬지[75]	鶴天文苑共聯芳
공에게 진작에 경륜의 대책 있음을 알았노니	知公早有經綸策
응당 높은 관 쓰고 묘당에 앉아야 하고말고	端合峨冠坐廟堂
일이 많아야 시골집이 좋음을 안다는	多事始知田舍好
소선의 이 말씀이 잘못됐다고 못 하리라	蘇仙此語未應非
벼슬을 버리고 귀향을 함이 진정한 흥취	掛冠鄕國成眞趣
명철은 종래 기미 봄을 소중히 했느니	明哲從來貴見機

75 학천(鶴天)의……했더랬지 : 남산(南山) 아래 자리 잡은 이행의 청학동(靑鶴洞) 서당에서 형제처럼 함께 공부하며 과거에 급제했다는 말이다.

모재에게 주다

贈慕齋

공이 관심 기울여 병옹을 구제해 준 덕에	公昔恩關濟病翁
선계를 부여잡고 섬궁에 들 수 있었네요[76]	得攀仙桂入蟾宮
노을 타고 나는 옥대 지금 증정하오니	如今願贈飛霞佩
휘파람 불며 삼신산 딛고 오르시기를	騰踏三山嘯詠中

이때 발영시(拔英試)가 있었다.

차운하다 次韻

모재(慕齋)

외람되게 막학을 구쇠옹으로 허여하셨는데	猥卑莫學舊衰翁
선계 사다리 잘못 디뎌 하궁에 떨어졌다네요[77]	失脚仙梯謫下宮
제일의 계수나무 가지 가을에 정히 향기로우니	第一桂枝秋正馥
오색구름 속을 아무렴 먼저 밟고 오르셔야지요[78]	應須先踏五雲中

76 선계(仙桂)를……있었네요 : 대관재가 섬궁(蟾宮) 즉 두꺼비가 사는 월궁(月宮)의 계수나무 가지를 꺾었다는 뜻으로, 발영시에서 급제했다는 말이다. 진 무제(晉武帝) 때에 극선(郤詵)이 과거에 급제하고 나서 "달나라 계수나무 숲의 가지 하나를 꺾은 격이요, 곤륜산의 옥돌 한 조각을 캔 격이다.〔猶桂林之一枝, 崑山之片玉.〕"라고 소감을 밝힌 고사가 전한다. 《晉書 郤詵列傳》

77 외람되게……떨어졌다네요 : 김안국은 자신이 제대로 배우지 못했는데도 대관재로부터 황공하게 구면(舊面)의 늙은이로 대접을 받아 왔건만, 시험 성적이 좋지 않아서 자리가 그만 아래로 떨어졌다는 말이다. 막학은 《논어》 〈양화(陽貨)〉의 "너희들은 왜 시를 배우지 않느냐?〔小子, 何莫學夫詩?〕"라는 공자의 말에서 나온 것이다.

벼슬을 그만두고 이천의 별장으로 돌아가는 국경을 전송하다
送國卿罷歸利川別業

일신의 충효는 하늘이 응당 보호하고	一身忠孝天應護
말세의 뛰어난 문장은 귀신도 놀라네	末俗文章鬼亦驚
인끈 풀고 돌아간 뒤 북두를 바라보면	解組歸來看北斗
한밤중에 보검 기운 더욱 뻗쳐오르리라[79]	中宵劍氣轉崢嶸

분분한 청자들 참으로 비부라 할 것이니[80]	紛紛青紫信非夫

78 오색구름……오르셔야지요 : 이 구절이 《모재집(慕齋集)》 권8 〈차심의지운(次沈義之韻)〉에는 "보았네, 그대 먼저 오색구름 속에 꽂히는 것을.〔看君先挿五雲中〕"로 되어 있다.

79 인끈……뻗쳐오르리라 : 자가 국경인 김안국이 지금 벼슬을 그만두고 귀거래사를 읊었지만, 그의 재능이 워낙 뛰어난 만큼 조정에서도 앞으로 그를 다시 불러 크게 쓸 날이 올 것이라는 말이다. 진(晉)나라 무제(武帝) 때에 장화(張華)가 두우(斗牛) 즉 북두(北斗)와 견우(牽牛) 사이에 보랏빛 기운〔紫氣〕이 뻗쳐오르는 것을 보고 뇌환(雷煥)을 예장(豫章)의 풍성현(豐城縣)으로 보내 옛 옥사(獄舍) 터를 발굴하게 한 결과, 용천(龍泉)과 태아(太阿)라는 두 명검(名劍)을 발굴해 내었다는 고사가 전한다. 《晉書 張華列傳》

80 분분한……것이니 : 조정에 고관대작들이 헤아릴 수 없이 많지만 대장부라고 칭해질 만큼 담대하게 행동한 사람은 아무도 없다는 말이다. 청자(青紫)는 한나라 때 구경(九卿)이 허리에 차던 인끈을 말한다. 보통 공후(公侯)가 차던 자수(紫綬)와 함께 고위직을 뜻하는 말로 쓰인다. 비부(非夫)는 졸장부를 말한다. 《춘추좌씨전(春秋左氏傳)》 선공(宣公) 12년 조에 "일개 부대를 편성하여 나왔다가 적이 강하다는 말을 듣고 물러선다면, 그는 대장부가 아니다."라는 말이 나온다.

홀로 우뚝 헌걸차게 몸 가득 담기(膽氣)였네	獨立昂藏膽滿軀
고향 땅을 만년에 찾은 계서의 약속[81]이여	鄕國晩尋鷄黍[82]約
공을 아는 남녀노소 서로들 반겨 주리라	知公愚智也相偎

81 계서(鷄黍)의 약속 : 절친한 벗들끼리 기일을 정해 놓고 서로 방문하며 우호를 다지는 것을 말한다. 후한(後漢)의 범식(范式)이 태학에서 공부를 마치고 장소(張劭)와 헤어질 때, 2년 뒤 9월 15일에 시골집에 찾아가서 모친을 뵙겠다고 약속하였다. 그날 장소가 닭을 잡고 기장밥을 지어 놓고 기다리자 모친이 웃으면서 천 리 먼 곳에서 어떻게 날짜를 맞춰 올 수 있겠느냐며 반신반의하였으나, 그 말이 끝나기가 무섭게 범식이 과연 도착했다고 한다. 《後漢書 獨行列傳 范式》

82 黍 : 대본에는 '漆'로 되어 있는데, 문맥에 근거하여 '黍'로 바로잡았다.

술에 취해 쓰다

醉書

평생토록 호기롭게 머저리들을 제압하며	平生豪氣壓群蒙
누구라도 직시하며 무지개 기염 토했었지	直視無前氣吐虹
취중에 들으니 불평하며 울부짖는 소리	醉裏不平聞有吼
허리춤 쌍검의 칼날이 뾰족이 드러났네[83]	腰間雙劍露尖鋒
예봉을 감추고 처세하며 꽤나 속인 듯도 한데	藏鋒處世如多譎
양비를 하며 이름 피해도 재앙이 몸 가까이에[84]	攘臂逃名亦近殃
늘그막에야 편안히 살 도리를 알았나니	老大始知閑活計
이 한 몸 고향 땅에 눕히고 싶네	欲將身世臥桑鄉

83 취중에……드러났네 : 무력을 이용해서라도 현실을 개혁하고자 하는 대관재의 강력한 의지를 엿볼 수 있는 대목이 아닌가 한다. 전욱(顓頊)의 영검(靈劍)인 예영(曳影)은 사방에 전쟁이 일어났을 때 날아가서 한 방향을 가리키면 곧 이기곤 하였는데, 이 검이 쓰이지 않을 때는 궤 속에서 늘 용호(龍虎)의 울음소리를 냈다고 한다. 《拾遺記 1 顓頊》

84 양비(攘臂)를……가까이에 : 일부러 병신노릇을 하며 세상에 이름을 내지 않으려 해도 여러 가지 사정으로 인하여 자기도 모르게 어느새 재앙에 맞닥뜨리게 되었다는 말이다. 양비는 팔을 걷어붙이고 활개 치며 의기양양하게 걸어 다닌다는 뜻인데, 《장자(莊子)》 〈인간세(人間世)〉에서 꼽추인 지리소(支離疏)를 설명하며 "나라에서 군사를 징집하더라도 지리소는 그 사이에서 양비를 하였으며, 나라에서 큰 공사를 벌일 때에도 지리소는 병신이라는 이유로 제외되었다."라고 말한 대목이 나온다.

도토리
橡實

추풍을 맞고 덤불 속에 널브러진 일만 알갱이	秋風萬顆落榛荒
떨떠름한 참맛 속에 보존된 서릿발 기운이여	眞味酸津保雪霜
산 꿩은 끼룩거리며 부리로 열심히 쪼아 대고	粥粥山鷄勞啄觜
서민은 훌쩍거리며 주린 창자를 달래는구나	誓誓黎庶鎭飢腸

최 사문 부 의 《표해록》을 읽다
讀崔斯文 溥 漂海錄

헌걸찬 충신의 간담 정히 따라올 자 없어	昂藏忠膽正崢嶸
생사 걸린 바닷길도 하나의 노로 거뜬히	生死滄溟一棹輕
기행문을 점검하며 홀로 꿈을 꿀 때면	點檢紀行成獨夢
베개 옆에 여전히 낙조 소리 선연했으리[85]	枕邊猶傍落潮聲

85 베개……선연했으리 : 바다에 표류하기 시작한 그 순간의 위험했던 장면이 어제 일처럼 생생하게 떠올랐을 것이라는 말이다. 최부는 1487년(성종18) 9월에 추쇄경차관(推刷敬差官)으로 제주(濟州)에 갔다가, 이듬해 1월 부친의 부음을 듣고 일정을 앞당겨 해남(海南)으로 향하던 중 초란도(草蘭島) 해안에서 배를 대지 못하고 폭풍우에 휘말렸다. 14일간 표류한 끝에 명나라의 태주부(台州府) 임해현(臨海縣)에 도착하였고, 그 뒤에 갖은 고생을 하며 북경(北京)으로 호송되었다가 5개월 만에 귀국하여 성종의 명을 받고 그동안의 견문을 일기 형식으로 기록하여 《금남표해록(錦南漂海錄)》 3권을 남겼다. 금남은 그의 호이다.

숲속의 술자리를 추억하는 시를 지어서 사순에게 주다
追記林下飮贈思順

나무숲 짙푸른 그림자 빈틈없이 깔린 곳 樹林濃綠影扶疏
아이 때 손수 심은 나무 하나둘 꼽아 보았지 屈指兒時手植餘
술 들이켜 눈 녹듯이 시름 없애려 하였는데 擧白欲消愁似雪
취기 오르며 더욱 심란해져 못 견디겠더군 不堪乘醉更紛如

임정에 솥발처럼 둘러앉은 골육의 친지들 鼎坐林亭骨肉親
속마음 서로 비춰 주며 술로 입술 적셨지 肺肝相照酒沾脣
남은 해 즐거운 일을 군은 말하지 말라 餘年樂事君休說
무학의 깡촌이 꿈속에 자주 들 테니까 舞鶴窮村入夢頻

이때 정승 형이 강서(江西)로 귀양 갔는데, 무학(舞鶴)은 그 유배지의 마을 이름이다.

차운하다 次韻
사순(思順)

나무 그늘 듬성듬성 인적이 끊긴 오솔길로 幽蹊人絶樹陰疏
기러기 그림자 쌍으로 날아와 낮잠을 실컷[86] 雁影雙飛午睡餘

86 기러기……실컷 : 심사순(沈思順)과 그의 형 심사공(沈思恭)이 함께 찾아와서 오수(午睡)를 즐겼다는 말이다. 쌍 기러기는 형제를 비유하는 말이다. 두보(杜甫)가 한중왕(漢中王)에게 장난으로 지어 보낸 시에 "구름 속에 쌍 기러기 나란히 지나간단 말

부석[87]이 저녁에 와서 함께 머물러 계셨나니　　鳧舃晩來同住着
석양이 자리에 연한 광경이 그림과 같았지요　　夕陽連席畫圖如

시름 속에 술잔 드는 모두가 혈연의 친속　　愁邊把酒摠天親
남은 술까지 입에 죄다 털어 넣지 않을쏘냐　　餘瀝寧敎不入脣
이로부터 더욱 불안해질 저의 고독한 신세　　自是孤居增耿耿
자꾸만 따라다닌다고 귀찮아하지 마옵소서　　追陪杖屨莫辭頻

못 들었나니, 손바닥 안의 새 구슬 하나를 정신없이 보느라고.〔雲裏不聞雙雁過, 掌中貪看一珠新.〕"라는 표현이 있는데, 이는 우애 깊은 한중왕과 여양왕(汝陽王) 형제가 함께 모여 어울릴 틈이 없는 것은 한중왕이 새로 아들을 얻어서 그 기쁨에 푹 빠져 있기 때문이라는 뜻으로 한 말이다. 《杜少陵詩集 卷12 戲作寄上漢中王》

87 부석(鳧舃) : 신선의 오리 신발이라는 뜻으로, 여기서는 심사순이 대관재의 행차를 높여서 부른 말이다. 후한(後漢)의 왕교(王喬)가 신발을 오리로 바꾸어 타고 공중을 날아다녔다는 전설에서 나온 것이다. 《後漢書 王喬傳》

이백이 술잔을 들고 달에게 물어본 그림[88]에 제하다
題李白擧杯問月圖

도대체 무슨 말씀을 달님에게 물어볼까	强將何說問氷輪
가득 따라 죽자고 잔만 자꾸 돌릴 따름	擧白辛勤飮幾巡
계수 아래 항아는 응당 뜻이 있으련만[89]	桂下姮娥應有意
귀 기울여 진지하게 듣는 사람 없구나	無人屬耳聽諄諄

88 이백(李白)이……그림 : 이백의 〈파주문월(把酒問月)〉 시를 소재로 그린 그림을 말한다. 《李太白集 卷19》

89 계수(桂樹)……있으련만 : 여성인 항아(姮娥)의 입장에서는 하계(下界)에서 달을 쳐다보며 술 마시는 남성 중에 호감이 가는 사람이 있을지도 모르겠다는 뜻의 해학적인 표현이다.

신학의 시를 지어 반공보에게 증정하다

神鶴詩贈潘公父

휘(諱)는 석평(碩枰)이다. 학(鶴)이 말을 잘 듣고 따라다녔다.

수양에 인애를 남겨 사림이 경탄하고	首陽遺愛士林驚
여기에 또 선금까지 정을 붙이는 분[90]	况是仙禽亦有情
한번 작별에 시 남기자 혼자 신바람이 나서	一別留詩魂獨王
공이 시를 지어 학에게 주었다.	
잡소리들 옆에서 귓가에 쇳소리 쩌렁쩌렁	耳邊嘐亮傍餘聲

차운하다 次韻

공보(公父)

현주[91]를 홀연히 얻고는 병든 눈이 번쩍	玄珠忽得病眸驚
음미하며 읊노라니 특별히 정이 가네	雋永吟來別有情

90 수양(首陽)에……분 : 반석평이 수양산(首陽山)이 있는 황해도의 감사로 재직하며 은덕을 베풀어 사림의 찬사를 받은 것은 물론이요, 나아가서는 사람이 아닌 학에게까지 그 은혜가 미쳐서 자기에게 정을 느끼게 했다는 말이다. 선금(仙禽)은 선인(仙人)이 타고 다니는 새, 즉 학을 가리킨다. 수양산은 원래 주 무왕(周武王)이 신하의 신분으로 은(殷)나라를 정벌한 것을 부끄러워한 백이(伯夷)와 숙제(叔齊)가 고사리를 캐 먹다가 죽었다는 산 이름인데, 황해도 해주(海州)에도 수양산이 있어서 백이와 숙제를 모시는 사당을 세우기까지 하였으므로 수양이 해주 혹은 황해도의 별칭으로 쓰이게 되었다.

91 현주(玄珠) : 흑색의 구슬이라는 뜻으로, 도의 본체(本體), 제법실상(諸法實相), 포도(葡萄), 묵(墨) 등을 비유하는데, 여기서는 백지에 먹으로 쓴 대관재의 진귀한 시문이라는 뜻으로 쓰였다.

오랜 벗께서 학의 시로 나를 일으켜 주시다니	宿好奇毛詩起我
창가에 가만히 앉아 소리 없는 소리 듣소이다	窓間默坐聽無聲

송경
松京

송악이라 하늘 끝에 비췻빛 한 무더기	崧嶽天涯翠一堆
십 년 비바람 속에 꿈이 이제야 현실로	十年風雨夢初回
산 앞의 멋진 경치 누대 앞의 모임[92]이여	山前勝絶臺前會
솔 달이 창창하게 잔 속에 그림자 눕었네	松月蒼蒼影臥杯

92 누대 앞의 모임 : 대관재가 개성 교수(開城敎授)로 있을 적에 학생들과 만월대(滿月臺) 앞에서 가진 야유회를 추억하는 것으로 보인다. 《대관재난고》 권2 〈만월대에서 노닐다〔遊滿月臺〕〉에 "자리 옆엔 거나해 흐트러진 학당의 야유회요, 밥상 위엔 고기와 생선 비린내가 물씬해라.〔席邊顚倒菁莪會, 盤上淋漓海陸腥.〕"라는 구절이 있다.

정월 초하룻날 술에 취해서 새 책력에 쓰다
元日醉書新曆

차고 기울며 돌고 돌아 보름에서 하현 상현	盈朒循環望復弦
사시가 서로 바뀌어 마침내 한 해를 이루었네	四時相謝竟成年
맨 뒤에 도소주 마시는 일 사양하지 말라	莫辭最後屠蘇飲
이로부터 여생은 취해서 잠이나 잘 테니까[93]	從此餘生付醉眠

93 맨……테니까 : 설날에 사람들이 모여서 약주를 마실 적에 다른 사람들이 다 마시고 나서 맨 마지막에 마시게 되면 술이 많이 남아 있게 마련인데, 남은 술을 다 마시고 나서 그만 고꾸라져 영원히 잠들 수만 있다면 보기 싫은 광경을 더 이상 보지 않아도 될 것이라는 뜻의 해학적인 표현이다. 도소주(屠蘇酒)는 건강에 좋다는 약초로 빚은 술로, 악기(惡氣)를 없애고 원기를 소생시킨다는 뜻이 들어 있다. 정월 초하룻날 새벽에 온 가족이 모여서 나이 어린 사람부터 이 술을 차례로 마시며 신년을 축하하는 풍속이 있었다. 이때 연장자가 최후에 마시는 술을 남미주(藍尾酒)라고 하였는데, 남(藍)은 즉 남(婪)과 통하는 문자로서, 맨 마지막에는 얻는 것이 많아서 탐람(貪婪)의 뜻이 들어 있기 때문이라고 한다.

오언청에게 봉정하다

奉贈吳彦淸

휘(諱)는 결(潔)이다. 집이 성시(城市)에 있다.

성시의 왁자한 소리 빗장 걸어도 막지 못해　　城市囂塵散不扃
동틀 녘부터 조복 입고 꿈에서 막 깨어나네　　曉來簪笏夢初醒
툇마루는 병주의 가위[94]를 빌려 왔나 봐　　小軒擬借幷州翦
남산 반쪽 푸르름을 싹둑 베어 왔으니　　割盡南山一半靑

마루가 묘좌(卯坐)의 위치에서 남산을 바라보고 있다.

숲과 바위의 운무가 종남산으로부터　　林霏嵒靄自終南
퇴근하면 청허하여 도를 증삼과 함께[95]　　公退淸虛道竝參
문밖에 손님 오시거든 똑똑 두드리지 마오　　門外客來休剝啄
명리 요란한 곳에서 주인님 단잠에 빠졌으니　　利名喧處睡方酣

94 병주(幷州)의 가위 : 중국 병주는 명품 가위의 생산지로 유명하였는데, 두보(杜甫)의 시에 "어떡하면 병주 땅 잘 드는 가위를 빌려다가, 오송강 반쪽 물을 싹둑 베어 올거나.〔焉得幷州快翦刀, 翦取吳松半江水?〕"라는 구절이 있다.《杜少陵詩集 卷9 戲題王宰畫山水圖歌》

95 도(道)를 증삼(曾參)과 함께 : 모든 이치를 하나로 꿰뚫는 궁극의 경지를 체득한다는 말이다. 공자가 "삼아, 우리의 도는 하나로 모든 것을 꿰뚫는다.〔參乎! 吾道一以貫之.〕"라고 하자 증삼이 곧바로 '예' 하고 대답하였는데, 공자가 나간 뒤에 다른 문인(門人)이 무슨 뜻이냐고 묻자 증삼이 "선생님이 말씀하신 도는 충서(忠恕) 바로 그것이다."라고 말한 고사가 있다.《論語 里人》

전개지가 못 옆에서 만나자기에 시를 지어 건네주다

贈田漑之約會池邊

이름은 승개(承漑)이다.

한방에서 마음 재계[96] 여름날 긴데	一室齋心夏日長
산 가득 짙은 녹음에 새 소리 바쁘기만	滿山濃綠鳥聲忙
못 옆에서 만나자고 그대가 말해 준 덕분에	憑君說與池邊會
호상에서 물고기 보며 함께 좌망해 보기로[97]	濠上觀魚共坐忘

96 마음 재계 : 잡념을 제거하고 마음을 텅 비워 순일하게 하는 것을 말하는데, 《장자(莊子)》〈인간세(人間世)〉에 이 심재(心齋)와 관련하여 자세한 설명이 나온다.

97 호상(濠上)에서……보기로 : 주객(主客)의 대립을 지양한 물아일체(物我一體)의 경지에서 자득(自得)하는 일종의 선열(禪悅)의 경지를 느껴 보겠다는 말이다. 장자가 혜시(惠施)와 함께 호수(濠水)의 징검다리 위를 거닐다가 한가롭게 노니는 피라미를 보고는 "물고기가 즐겁다는 것을 인간인 내가 호수 위에서 알았다."라고 설파한 호상지어(濠上知魚)의 이야기가 《장자》〈추수(秋水)〉 말미에 나온다. 좌망(坐忘)은 물(物)과 아(我)의 구분을 잊어버린 고양된 정신 상태를 말하는데, 《장자》〈대종사(大宗師)〉에 이에 대한 자세한 설명이 나온다.

족질인 서 직장 필 의 휴정에 제하다

題族姪徐直長 弼 休亭

정자는 대구부(大丘府)에 있는데, 이곳이 바로 나의 외조(外祖)의 고향이다.

이 몸은 떠도나니 바다 위를 유유하게	此身漂泊海悠悠
정녕 뜰락 잠길락 매이지 않은 배로세	政是浮沈不繫舟
어딜 가나 위험한 때가 염여와 같아도	到底危時同灩澦
쉴 곳은 곧 안류임을 보아야 할지니라[98]	要看休處卽安流

98 이……할지니라 : 망망대해 위의 조각배처럼 정처 없이 떠돌아다니는 신세이지만 뜨든 잠기든 어디에 매인 곳 없이 자유인의 삶을 영위할 수 있는 만큼, 이런 생활이 비록 염여(灩澦)처럼 도처에 위험이 도사리고 있다고 하더라도 변덕스러운 임금을 믿고 의지하며 조정에 몸담고 있는 것보다는 훨씬 낫다는 말이다. 매이지 않은 배는 《장자(莊子)》 〈열어구(列禦寇)〉의 "교묘한 자는 수고롭고, 지혜로운 자는 근심스럽다. 그러나 아무 능함이 없는 도인은 아무것도 구하는 것 없이 배불리 먹고 즐거이 노니나니, 마치 매이지 않은 배가 물 위에 둥둥 떠 있듯이 마음을 텅 비우고 소요하는 것이다."라는 말에서 나온 것이다. 염여는 염여퇴(灩澦堆)의 준말로, 배를 타고 무사히 건너가기가 거의 불가능할 정도로 험하다는 장강(長江) 삼협(三峽)의 하나인 구당협(瞿塘峽)의 여울물 이름이다. 안류(安流)는 안온한 흐름이라는 뜻인데, 여기서는 역설적으로 염여 즉 떠돌이의 여정(旅程)인 풍파 속의 험난한 세상길을 말한다. 백거이(白居易)가 부부 관계를 빌려 군신(君臣)의 사이가 좋게 끝나기 어려움을 풍자한 〈태항로(太行路)〉라는 시에 "태항산의 산길이 수레를 잘도 부수지만, 당신의 마음에 견준다면 평탄한 길이요, 무협의 강물이 배를 잘도 뒤엎지만, 당신의 마음에 비긴다면 안온한 흐름이라. 당신의 마음은 너무도 호오의 변덕이 심해서, 좋아하면 털과 깃이 돋듯 치켜세우고 싫어하면 상처 만들듯 헐뜯는다오.〔太行之路能摧車, 若比君心是坦途. 巫峽之水能覆舟, 若比君心是安流. 君心好惡苦不常, 好生毛羽惡生瘡.〕"라는 말이 나오는데, 안류라는 말은 바로 여기에서 발췌한 것이다. 《白樂天詩集 卷3》

서씨 가문의 폐장과 심씨 집안의 비장에다	徐家之肺沈家脾
계산을 덤으로 얻었으니 이 무슨 횡재인가[99]	贏得溪山幾許奇
세간을 굽어보면 한번 침을 뱉을 만도 하지	俯視世間堪一唾
구구한 마의[100]들도 끝장날 때가 있으리니	區區磨蟻有休時

99 서씨(徐氏)……횡재인가 : 대관재의 심씨와 서필의 서씨는 원래 술 잘 먹는 집안으로 유명한데, 여기에 또 술자리에서 감상할 멋진 계곡과 산까지 곁들였으니 얼마나 신나는 일이냐는 말이다. 당나라 서회(徐晦)는 술을 좋아해서 날마다 취하도록 마셔도 몸이 멀쩡하였고 심부사(沈傅師)는 밥을 잘 먹어서 네댓 사람의 분량을 혼자 해치워도 탈이 나지 않았으므로, 양사복(楊嗣復)이 "서씨 가문의 폐장(肺臟)과 심씨 집안의 비장(脾臟)은 아직도 편히 잘 계신가."라고 놀렸다는 일화가 있다. 《唐語林 卷6 補遺》

100 마의(磨蟻) : 맷돌이 돌아가면 거기에 붙어서 함께 돌아가는 개미 떼라는 뜻으로, 권세가에 빌붙어 횡포를 부리는 사악한 무리를 비유한 말이다.

대관재에 제한 글을 사순에게 주다

題大觀齋贈思順

이제야 알았네, 인간 세상 하나의 빈 그릇에 　始識人間一罄器[101]
날파리 조석으로 날다 곧장 텅 비는 것을 　醯[102]鷄朝暮旋成空
빈집 툭 터진 곳 걸리는 데가 없이 　虛齋闢處無疆界
나는 천지 사이에 홀로 선 늙은이 　我是乾坤獨立翁

노오를 불러 한만의 놀이 기약해 볼까[103] 　欲喚盧敖汗[104]漫期
일생의 형적을 아는 이가 아무도 없네 　一生形埒沒人知
그대 만나 진인의 의취를 말해 주려고 　逢君說與眞人趣
말없이 앉아 오늘 처음 시를 지었다네 　默坐今朝始有詩

101 罄器 : 대본에는 '▨▨'로 되어 있는데, 문맥에 근거하여 '▨▨'에 '罄器'를 보충하였다.

102 醯 : 대본에는 '▨'로 되어 있는데, 문맥에 근거하여 '▨'에 '醯'를 보충하였다.

103 노오(盧敖)를……볼까 : 신선과 함께 세상 밖을 벗어나서 마음 내키는 대로 한가로이 노닐고 싶은 생각이 든다는 말이다. 노오는 진 시황(秦始皇) 때의 방사(方士)로 신선술을 수련하여 선인(仙人)이 되었다는 인물이다. 한만의 놀이는 세상 밖의 광대무변한 공간에서 노닌다는 뜻으로, 신선의 유람을 의미한다.

104 汗 : 대본에는 '▨'로 되어 있는데, 문맥에 근거하여 '▨'에 '汗'을 보충하였다.

차운하다 次韻

사순(思順)

왁자지껄 개구리들 하나의 우물 속에서	亂聒群蛙一井中
하늘 보고 이러쿵저러쿵 결국은 허튼소리	談天頭緖竟成空
위에서 홀로 내려다보는 청량한 경계여	高齋獨壓淸涼境
크든 작든 이 어른에게 필경 여쭤보아야	大小終須質此翁
해변에서 안기[105]를 방문할 길이 없어	海邊無路訪安期
빈집에 드러누워 세상 교유 끊으시고	臥着空齋絶世知
대관하며 방외의 즐거움 누리시면서	領得大觀方外樂
인간 세상에 몇 편의 시 남겨 주셨네	人間留寄數篇詩

105 안기(安期) : 동해에 살았다는 선인(仙人) 안기생(安期生)을 말한다. 진 시황이 동유(東游)할 때 함께 대화를 나누다가 자신을 보고 싶으면 수십 년 뒤에 봉래산(蓬萊山)으로 찾아오라고 하였으나, 그 뒤에 아무도 그의 자취를 찾을 수 없었다고 한다. 《史記 封禪書》《列仙傳》

인경[106]의 호당 시에 차운하다

次仁卿湖堂韻

호당은 두모포(豆毛浦)에 있다. 이곳이 바로 의성위(宜城尉)의 정자이다.

소쇄한 창문 발에 티끌 한 점 안 보이고 瀟[107]灑簾櫳絶點埃
비 그친 뒤 석양 속에 저녁 구름 걷힌 때 雨餘斜照暮雲開
주인은 내가 진작에 기심 잊은 걸 알아서 主人知我忘機久
도롱이 걸친 그대로 그물 걷어 돌아오네 披却蓑衣捲網回

연무는 물기 듬뿍 하늘에 잇닿아 하얗고 煙涵水氣連天白
이슬은 산빛 뚝뚝 자리를 감돌아 푸르네 露滴山光繞席青
홀연히 철퍽철퍽 끊겼다 이어지는 소리 忽有參差聲斷續
조각배가 어딘가 마름 물가 향하나 봐 片帆何處向蘋汀

106 인경(仁卿) : 성종(成宗)의 부마인 남치원(南致元)의 자이다. 성종의 넷째 딸 경순옹주(慶順翁主)와 결혼하여 의성위(宜城尉)에 봉해졌다.

107 瀟 : 대본에는 '蒲'로 되어 있는데, 문맥에 근거하여 '瀟'로 바로잡았다.

우암의 배꽃 아래에서 술을 마시다

寓庵梨花下飮酒

마당 한가운데 수북하게 눈꽃이 무덕무덕	庭心靄靄雪霙堆
처마 귀퉁이 선명하게 나비 날개 펄럭펄럭	簷角疏疏蝶翅摧

마침 센 바람이 불어 배꽃이 흩날려 떨어졌다.

해 저물어 술자리 손님들 흩어질까 저어하여	日晚淸尊嫌客散
바람 따라 술잔에 날아 들어와 빙빙 맴도누나	隨風飛入羽觴廻

조공량이 춘천 부사로 부임할 때 헤어지며 지어 주다

贈別曺公亮赴春川

이름은 한필(漢弼)이다.

깨끗한 가슴속은 활짝 갠 가을 하늘 皎皎雅抱開秋天
그야말로 공활하여 구름 한 점 없네 政是泬寥無點煙
긴 밤 벌레들이 사방 자리에 요란하니 永夜群蟲喧四座
오직 보는 것은 공중에 걸린 밝은 달뿐 唯看素月空中懸

이는 기개(氣槪)를 말한 것이다.

쇠와 돌도 뚫고 산도 옮길 수 있나니 金石可穿山可轉
지성이 닿는 곳에 하늘이 응원하고말고 至誠觸處天應援
피곤해서 궤안에 기대 꿈길에 접어들어 倦來隱几夢初交
하령을 묵수해야 마음이 비로소 펴진다오[108] 默受遐齡心始展

이는 효성(孝誠)을 말한 것이다.

오두막집 굼실굼실 무지한 백성들을 白屋魚蟲多蠢蠢
고통에서 구하려면 인으로 이끌어야 爲拯水火仁以引
넉넉하게 여유 있는 막 갈아 낸 칼날로 恢然餘地發硎新

108 피곤해서……펴진다오 : 어버이가 오래 사실 것이라는 계시를 꿈속에서 하늘로부터 받아야 마음이 편해질 정도로 지극한 효성을 지니고 있다는 말이다. 하령(遐齡)은 장수를 의미하고, 묵수(默受)는 조용히 받아들인다는 말이다.

관아가 적요해져야 한번 크게 웃으시리[109]　　鈴閣寂然方一矧

이는 치민(治民)을 말한 것이다.

허여하여 살아오며 친하게 지낸 이 드문데　　許與生來少相比
속마음 터놓을 때는 나이 차이도 잊는다오[110]　　肺肝開處忘吾齒
이심전심 두 마음이 우리 몸 안에 있으니　　兩心元是在吾身
앞으로 가슴에 품고 함께 찾아보십시다　　他日共尋懷抱裏

이는 이별(離別)을 말한 것이다.

109 넉넉하게……웃으시리 : 복잡한 관아의 일을 포정(庖丁)처럼 능수능란하게 처리하여 온 경내가 조용해져야 그때 비로소 마음 놓고 한번 껄껄 웃을 것이라는 말이다. 《장자(莊子)》 〈양생주(養生主)〉에 백정이 소를 잡는 포정해우(庖丁解牛)의 이야기가 실려 있는데, 포정이 자기 솜씨를 뽐내면서 "소의 마디와 마디 사이에는 틈새가 있고 나의 칼날은 두께가 없으니, 두께가 없는 것을 그 틈새에 밀어 넣으면 공간이 넉넉해서 칼을 놀릴 적에 반드시 여유가 있게 마련이다."라고 말한 내용과, 그렇기 때문에 오래도록 소를 잡았지만 칼이 마치 숫돌에서 금방 꺼낸 것처럼 항상 날이 서 있다고 말한 내용이 나온다.

110 속마음……잊는다오 : 조한필은 1486년생으로, 대관재보다 11년 연하이다.

구숙[111]과 함께 구기자 술을 마시다

同久叔飮枸杞酒

술 단지 막 익어서 옥 구더기 둥둥	甕頭初潑玉蛆濃
한 잔 들이켜자 핼쑥한 뺨이 불그레	一盞纔傾瘦頰紅
겨드랑이에 맑은 바람 일어남은 물론이요[112]	應有淸風生兩腋
구름 속에서 개 짖는 소리가 들리는 듯도[113]	似聞仙犬吠雲中

111 구숙(久叔) : 안처함(安處諴)의 자이다.

112 겨드랑이에……물론이요 : 우화등선(羽化登仙)하는 느낌이 든다는 말이다. 당나라 시인 노동(盧仝)의 〈다가(茶歌)〉에 "일곱째 잔에 이르면 다 비우기도 전에, 두 겨드랑이에 깃털이 돋아나 맑은 바람이 솔솔 이는 것을 느끼게 된다.〔七盌喫不得, 也唯覺兩腋習習淸風生.〕"라는 말이 나온다.

113 구름……듯도 : 바로 이 술자리가 천상 세계와 같은 선경(仙境)의 느낌이 든다는 말이다. 한(漢)나라 회남왕(淮南王) 유안(劉安)이 신선술을 터득하여 온 가족을 데리고 백일(白日)에 승천하였는데, 이때 그릇에 남아 있던 단약(丹藥)을 개와 닭이 핥아 먹고 함께 하늘로 올라가서 닭은 천상에서 울어 대고 개는 구름 속에서 짖어 대었다는 전설이 있다.《神仙傳 劉安》

풍덕의 원님 김덕소에게 주다

贈豐德倅金德紹

이름은 석윤(錫胤)이다.

산은 가까이 오려는데 구름장이 막아서고	山容近接雲容掩
빗기운 멀리 이어지며 겸하여 바다 기운까지	雨氣遙連海氣兼
종일토록 집무실에 뇌물 청탁이 없나니	竟日鈴軒關節少
주인님 잘하는 것이 공정과 청렴이니까	主人能事有公廉
지는 해는 황금과 같아 붉은빛이 어른어른	落照似金紅隱映
야윈 산은 옥돌과 같아 푸른빛이 번들번들	孱顏似玉碧璁瓏
송사 처리할 일이 없어 꾸벅꾸벅 조는 사이	訟庭寂歷成微睡
은행잎 무성한 그늘에 바람이 절로 일어나네	鴨脚陰森自起風

가난에 대한 시

貧詩

금년의 가난이 작년의 가난보다 심하니	今年貧甚昨年貧
가난의 진짜 맛을 해가 갈수록 알겠도다	貧入年年味始眞
세상과 서먹한 이유는 가난을 더 좋아해서	契闊只緣貧更好
시도 정신 번쩍 나게 가난해야 새로워지리라	詩成一轉到貧新

비 오는 것이 기뻐서 읊다
喜雨

하늘이 임금님 마음 비춰 보고 깊이 계합하여	天照宸衷默契深
기름진 비가 자욱하게 저녁에 내리게 하였네	能教膏雨晚森沈
농부는 앉아서 김매고 북돋는 이로움을 얻고	田家坐獲耘耔利
시인은 걸으며 취포의 노래[114] 많이 부르리	詩士行多醉飽吟

114 취포(醉飽)의 노래 : 태평 시대에 임금의 은혜를 기리는 노래라는 말이다. 취포는 술에 취하고 배가 불렀다는 뜻으로, 《시경》 〈대아(大雅) 기취(旣醉)〉의 "술에 흠뻑 취하였을 뿐만 아니라, 덕으로 이미 배가 불렀나니, 군자께서는 만년토록, 큰 복을 누리시기를.〔旣醉以酒, 旣飽以德, 君子萬年, 介爾景福.〕"이라는 말에서 나온 것이다.

박중열을 추도하다

追悼朴仲說

살아서는 강개하여 왕에게 바른말로 호소했고	生前慷慨叫君門
죽어서는 유고를 모은 바른 시가 전해지네[115]	死後詩編雅頌存
현을 끊은 지금[116] 눈물이 수건을 적실 듯	絃絶至今巾欲濕
청산 어느 곳에서 충신의 영혼을 달랠거나	青山何處酹忠魂

공의 호는 읍취헌(挹翠軒)이다. 경술(經術)과 문장(文章)이 있었는데, 비분강개하여 과감하게 말하다가 폐조(廢朝) 때에 죽었다.

115 살아서는……전해지네 : 박은(朴誾)은 1504년(연산군10)에 경연(經筵)에서 왕에게 직언을 했다가 갑자사화에 연루되어 동래(東萊)로 유배되었으며, 그 뒤에 다시 의금부에 투옥되어 26세의 젊은 나이로 사형당하였다. 그의 절친한 친구인 이행(李荇)이 그의 유고를 정리하여 《읍취헌유고(挹翠軒遺稿)》를 간행하였다.

116 현(絃)을 끊은 지금 : 지금도 지기(知己)를 잃은 슬픔에 젖어 있다는 말이다. 거문고의 명인인 백아(伯牙)가 지음(知音)인 종자기(鍾子期)를 잃은 뒤로는 자기 음악을 이해해 줄 사람이 없다고 하여 거문고 줄을 끊은 고사가 전한다. 《列子 湯問》

사순의 〈유송도록〉에 쓰다
書思順遊松都錄

듣자니 봉래에서 한가한 세월 보내면서	聞說蓬萊歲月閑
영단과 요초로 홍안을 머물게 하였다지[117]	靈丹瑤草駐朱顔
고도(古都)의 승경 탐방했다 자랑 말게나	莫誇故國探幽勝
반은 산간이요 반은 세상 속이니까	半是山間半世間

시집 중에 〈도중이산록(都中二山錄)〉이 있기에 이를 언급하였다.

117 영단(靈丹)과……하였다지 : 신령스러운 금단과 선경의 기화요초 덕분에 심사순의 청춘이 흘러가지 않게 세월을 붙잡아 두었다는 말인데, 백거이(白居易)의 "긴 노끈으로 세월을 잡아맬 수 없을 뿐만 아니라, 금단으로 홍안을 머물게 할 수도 없네.〔旣無長繩繫白日, 又無大藥駐朱顔.〕"라는 시구를 역으로 차용한 느낌이 든다.《白樂天詩集 卷12 浩歌行》

소요당에 화재가 발생했기에 시를 지어 스스로 위로하다
逍遙堂災詩以自解

진짜 집은 하늘 위에 있다고 들은 듯도	似聞眞宅在圜蒼
굽어보면 괴소[118]가 바삐 생겼다 없어지리	俯視塊蘇起滅忙
소요를 물아의 관점에서 나눠 보지 말라	莫把逍遙分物我
우주를 몽땅 몽장[119]의 손에 맡겨 버릴 테니	都將宇宙寄蒙莊
일신의 혼백이 하나의 원기(元氣)에서 나왔으니	一身魂魄一元餘
주류하며 자약(自若)하지 못할 곳이 없고말고	無處周流不自如
형적이 어찌 불탄 재 따라 없어지겠는가	形影豈隨灰燼逝
운수가 거저가 되었다 말하지 말지어다[120]	莫言雲水作籧篨

118 괴소(塊蘇) : 흙덩어리와 장작더미라는 뜻으로, 조잡하고 저열한 물건을 비유하는 말로 쓰인다. 주 목왕(周穆王)이 화인(化人)의 궁전에 올라가서 아래를 굽어보니 자기의 궁궐이 마치 괴소를 겹쳐서 쌓아 놓은 것처럼 보였다는 기록이 있다. 《列子 周穆王》

119 몽장(蒙莊) : 몽읍(蒙邑)의 칠원리(漆園吏)를 지낸 장주(莊周)를 가리킨다. 그는 《장자(莊子)》라는 저서를 통해서 물아, 주객, 생사, 시비 등을 일체시(一體視)하며 하나로 통합하는 주장을 펼쳤다.

120 운수(雲水)가……말지어다 : 소요당 건물은 비록 화재를 당해서 없어졌다 하더라도 그 주변의 구름과 물은 전혀 손상을 받지 않았으니 크게 실망할 것은 없다는 말이다. 거저(籧篨)는 허리를 굽히지 못하는 장애인을 말한다.

조자앙의 〈수묵산수도〉에 제하다

題趙子昂水墨山水圖

경계 나누는 긴 냇물은 찜통더위를 말끔히　　一界長川洗鬱蒸
일천 그루 늙은 나무는 지붕 모퉁이에 빼곡히　　千章老樹露觚稜
도끼를 휘둘러 이런 기교는 부릴 수 없을 터　　定非斧呪能施巧
그 누가 공중 가로질러 철벽을 층층이 깎았을까　　誰斲橫空鐵壁層

안견의 산수화 족자에 제하다

題安堅畫山水簇

넓은 들 망망하게 길이 몇 번 굽이돌아	平楚茫茫路幾彎
상안[121]이 점점이 연무 낀 봉우리 드러내네	商顏點點露煙鬟
구름 숲 바람 이는 곳 가리키며 웃는 것은	雲林笑指風生處
표범 가죽 무늬 하나 바위 사이에 보이기에[122]	應有喦間豹一斑

121 상안(商顏) : 상안산(商顏山), 즉 한 고조(漢高祖) 때에 사호(四皓)가 숨어 살았다는 상산(商山)을 말한다. 이 그림 속에 네 명의 노인이 등장하지 않았나 싶다.

122 표범……보이기에 : 남산(南山)의 검은 표범은 안개가 짙게 끼어 있는 동안에는 먹을 것이 없어도 자신의 아름다운 털 무늬를 보전하기 위하여 산 아래로 내려오지 않았다는 남산현표(南山玄豹)의 고사를 해학적으로 인용한 것이다.《列女傳 卷2 陶答子妻》

서학에서 근무하며 제생에게 보여 주다

仕西學示諸生

한바탕 비바람에 정원에 이끼 가득	一番風雨滿庭苔
늙은 나무 짙은 그늘 낮잠에서 퍼뜩	老樹陰濃午睡回
강석 집어치운 나를 일으킬 사람 없으니	倚席無人能起我
학교 어느 곳에서 꺼진 불 다시 찾아볼까	杏壇何處撥寒灰

국경의 집에 나귀가 있기에 시를 지어 구하다

國卿宅有驢子詩以求之

횡거를 읽고 나서 비로소 얼굴이 활짝	讀了橫渠始解顔
어떤 사람이 벌거벗은 우산을 걱정하랴[123]	何人濯濯患牛山
창 앞의 풀을 보고 가슴에 생의가 가득	滿腔生意窓前草
나귀 울음도 매일반임을 알아주셨으면[124]	看取驢鳴揔一般

장자후(張子厚)[125]가 나귀 울음소리를 들은 본래의 뜻을 설파하였다.

123 횡거(橫渠)를……걱정하랴 : 횡거 장재(張載)가 당나귀 울음소리를 듣고 천지간에 인(仁)이 충만한 생의(生意)를 느끼면서 "천지를 위해 마음을 세우고, 생민을 위해 명을 세우고, 과거의 성인을 위해 끊어진 학문을 잇고, 만세를 위해 태평을 연다.〔爲天地立心, 爲生民立命, 爲往聖繼絶學, 爲萬世開太平.〕"라는 이른바 '횡거 4구'를 계발해 냈다고 하는데, 이 정신에 입각한다면 어떤 사람도 대낮의 불선(不善)한 행위로 인해 벌거벗겨진 우산(牛山)처럼 청명한 야기(夜氣)가 없어져서 생생지의(生生之意)가 메말라 버리는 불상사는 없게 될 것이라는 말이다. 《近思錄集解 卷14 觀聖賢》《張子全書 卷14 近思錄拾遺》《孟子 告子上》

124 창……알아주셨으면 : 주돈이(周敦頤)가 푸릇푸릇 돋아나는 창문 앞의 풀들을 보고 가슴속에 생기가 충만해짐을 느꼈던 것처럼, 대관재도 국경 즉 김안국(金安國)의 집에서 당나귀가 우는 소리를 듣고는 똑같은 느낌을 받았으니, 이 점을 무시하지 말고 잘 감안해서 선처해 주기 바란다는 뜻의 해학적인 표현이다.

125 장자후(張子厚) : 자후는 장재의 자이다.

제릉의 연경사에서 국경의 시에 차운하다

齊陵衍慶寺次國卿韻

몇 차례 때아닌 닭 소리에 잠을 깨고서	夢破荒鷄振數聲
하늘 위를 쳐다보니 밝은 별빛 흩어지네	仰瞻瑤宇散明星
관복 입고 절을 하는 찬 재각 고요한데	峨冠拜向寒齋靜
소나무 달이 산에 지며 오경이 다해 가네	松月低岑盡五更

유회시(幽懷詩)를 수경[126]에게 주어 뜻을 면려하게 하다
幽懷贈守慶使勉其志云

원숭이가 치달리면 대로를 찾기 어렵고[127]	大路難尋猿走後
거울이 밝을 때엔 먼지가 끼기 쉽나니	飛塵易掩鏡明時
정녕 말해 주고 싶은 것은 성성하는 법[128]	叮嚀說與惺惺法
귀숙하는 공부는 한번 바꿈에 있느니라	歸宿功夫在一移

이는 기질의 변화를 말한 것이다.

비실비실한 일개 썩은 유자가 되지 말지니	莫作龍鍾一腐儒
공경하고 방자함이 현우에 있음을 알지니라	須知敬肆在賢愚
심령의 관문 자물쇠 푸는 사람이 없나니	靈關鎖鑰無人解
오직 잔등을 밤에 홀로 밝힘에 있느니라	唯有殘燈照夜孤

이는 본심의 밝음을 말한 것이다.

묻노라, 연원을 찾아 몇 물결 거슬러 올랐는고	爲問淵源溯幾波

126 수경(守慶) : 대관재의 조카 심사손(沈思遜)의 아들이다.

127 원숭이가……어렵고 : 마음이 외물(外物)의 경계를 접하고서 안정되지 못한 채 원숭이처럼 날뛰어 동요하면 대도(大道)를 찾기 어렵다는 말이다. 《대일경(大日經)》 〈주심품(住心品)〉에서 설명하는 60종(種)의 심상(心相) 가운데 원후심(猿猴心)이 나온다. 또 심신이 산란하여 제어하기 어려울 때 심원의마(心猿意馬)라는 비유를 쓰기도 한다.

128 성성(惺惺)하는 법 : 마음이 깨어 있게 하는 법을 말한다. 73쪽 주52 참조.

십능에 그래도 백을 하며 많음을 꺼리지 말라[129] 十能猶百莫嫌多
머리맡의 세월을 속절없이 손님처럼 보낸다면 頭邊歲月空賓送
홀로 탄식하는 오두막의 노년을 어찌하겠느냐 獨嘯窮廬奈老何

이는 공부를 폐기하는 해로움을 말한 것이다.

129 십능(十能)에……말라 : 남이 열 번에 잘하면 나는 비록 천 번은 못 하더라도 백 번은 더 한다는 뜻으로, 남보다 더 열심히 노력해야 한다는 말이다. 《중용장구(中庸章句)》 제20장에 "남이 한 번에 잘하면 나는 그것을 백 번이라도 하고, 남이 열 번에 잘하면 나는 그것을 천 번이라도 할 것이다. 과연 이 방법대로 잘 행하기만 한다면 아무리 어리석은 사람이라도 반드시 밝아지고, 아무리 유약한 사람이라도 반드시 강해질 것이다."라고 하였다.

은락정에 제하다

題恩樂亭

정자는 통진(通津)에 있다. 현감(縣監) 신광국(申匡國)이 세운 것이다.

떡과 비단 넘쳐 나는 풍성한 수확의 계절[130]	餠餌羅紈歲有秋
취해 잠들어 포와 홀이 상머리에 버려졌네	醉眠袍笏棄床頭
성은으로 계산의 승경을 몽땅 차지하였으니	聖恩籠盡溪山勝
인간 세상 고관대작이 부러울 게 무엇이랴	何羨人間萬戶侯

130 떡과……계절 : 한 해 풍년이 든 기쁨을 묘사한 것이다. 소식(蘇軾)의 시에 "봄밭둑에 비가 지나니 비단의 윤기가 자르르, 보리밭에 바람이 부니 떡 향기가 솔솔.〔春疇雨過羅紈膩, 麥壟風來餠餌香.〕"이라는 표현이 있다. 여기서 비단은 비단의 재료인 뽕나무를 가리키고, 떡은 곡식을 가리킨다.《蘇東坡詩集 卷14 南園》

유회
幽懷

단표와 옥백은 차이가 많다고 해도	簞瓢玉帛多輕重
도시와 숲속은 어디가 얕고 깊은가	朝市雲林孰淺深
우스워라, 인산인해 이루는 벼슬길이여	堪笑名途人似海
똑같은 몸뚱이에 일만 가지 욕심일세	一般身是萬般心
배를 저어 바다에 나가 깊이를 헤아려 보고	操舟入海經深淺
지팡이 짚고 산에 올라 험난함을 시험한 뒤	扶杖登山試險夷
작은 서재로 돌아와 누워 다시 문을 닫으니	歸臥小齋還掩戶
걸리적거리는 물건 없이 눈앞이 환하구나	瞭然無物掛雙眉
은궤명심하는 것으로 대원칙을 삼노니[131]	隱几冥心作大閑
높은 산 고생하며 굳이 오를 필요 없지	不須勤苦上高山

131 은궤명심(隱几冥心)하는……삼노니 : 지인(至人)인 남곽자기(南郭子綦)가 보여 준 방법대로 실행해 보겠다는 말이다. 은궤명심은 궤안에 기대어 외물을 좇는 마음을 불 꺼진 재처럼 식혀 보겠다는 말이다. 《장자(莊子)》〈제물론(齊物論)〉 첫머리에 "남곽자기가 궤안에 기대어 앉아 하늘을 우러러 숨을 내쉬는 그 모습이 마치 물아의 경계를 모두 잊은 듯 무심하기만 하였다."라는 말이 나오고, 곧이어 제자 안성자유(顔成子游)가 "육신을 고목처럼 만들 수 있고, 마음을 불 꺼진 재처럼 만들 수 있는 것입니까?"라고 찬미하며 물어보는 대목이 나온다. 도가의 글에서 명(冥)은 대체로 무(無)의 개념과 통용된다.

또 아노니, 산 정상에는 별다른 물건 없이 也知冢頂無餘物

해 달 바람 구름이 그저 왕래하는 것을 日月風雲只往還

둔재의 〈우중〉 시에 차운하다

次遯齋雨中韻

오솔길 비탈져 나뉜 버들 어둑한 마을	細路斜分柳暗村
유거를 반쯤 가린 꽃 빛 어린 사립문	幽居半掩映花門
몇십 일 누워 지낸 사이 봄이 지려 하니	數旬高臥春將晚
풍류를 한 도가지 술에 몽땅 맡길 밖에	都付風流酒一尊

정원에서 내금을 따서 맛보다

摘嘗園上來禽

큰 열매 빨갛게 늘어지고 나뭇잎은 빽빽	大實駢紅樹葉稠
가끔 새도 날아와서 훔쳐 먹을 줄 안다네[132]	有時禽鳥亦知偸
잠을 퍼뜩 깨우는 신맛은 없을지라도	縱無酸味能驚睡
깼을 때 마른 목젖 적시기엔 그만일세	也合醒時潤渴喉

132 가끔……안다네 : 내금(來禽)은 내금(來檎) 즉 능금의 별칭이다. 능금은 맛이 달아서 새들을 불러들이기 때문에 내금이라고 이름 붙였다는 설이 있다.

정승 형이 꽃병에 꽃가지를 꽂고 헌수한 것을 경하하다
賀政丞兄挿花獻壽

두주는 넘실거리고 녹의는 둥둥 뜨고[133]	杜酒盈盈浮綠蟻
병 속의 꽃은 맥맥이 꽃 시절을 다투네	甁花脈脈鬪芳辰
풍류를 특별히 동군이 관장함이 있어	風流別有東君管
고당에 축수하는 봄날을 머물게 하였네	留得高堂萬壽春
병 속의 농염한 꽃들 한결같이 산뜻	甁花穠艶一般新
즐거운 일이 해마다 이 좋은 시절에	樂事年年及此辰
흠뻑 취해서 제대로 춤이나 추었는지	爛醉不知成舞蹈
맑은 그늘 유독 좋은 자형[134]의 봄날이여	淸陰偏好紫荊春
원정의 연회 성대해라, 부귀한 신분이요	高會園亭富貴身
형제들 화락해라, 마침 꽃 피는 시절일세	怡怡兄弟正花辰

133 두주(杜酒)는……뜨고 : 잘 익은 술이 가득 차서 넘실거린다는 말이다. 두주는 두강(杜康)이 처음 만든 술이라는 뜻으로, 술의 별칭이다. 녹의(綠蟻)는 초록 개미라는 뜻으로, 술이 익어 가면서 쌀알 같은 거품이 떠오르는 것을 비유한 말이다.

134 자형(紫荊) : 형제간의 우애를 상징하는 나무 이름이다. 남조(南朝) 양(梁)나라의 전진(田眞) 형제 3인이 분가하려고 재산을 나눈 뒤에 정원의 자형나무 한 그루까지도 삼등분할 목적으로 쪼개려고 하였는데, 그 이튿날 자형나무가 도끼를 대기도 전에 말라 죽어 있자 형제들이 크게 뉘우치고 분가하기로 한 결정을 철회하니 자형나무가 다시 살아났다는 이야기에서 유래한 것이다. 《續齊諧記 紫荊樹》

반도[135] 열매 맺으면 응당 바칠 줄 알겠노니	蟠桃結實知應獻
지금부터 천년 동안은 봄을 세지 않으리라	從此千年不計春

135 반도(蟠桃) : 동해 속의 도삭산(度朔山)에 열리는 복숭아나무로, 이 과일을 먹으면 불로장생한다고 한다. 3000년에 한 번씩 꽃이 피고 열매를 맺는다는 전설이 있다.

시를 지어 준 상공들에게 사례하다

謝諸相公贈詩

전령의 공업을 모두 장황하게 말할 뿐	前靈功業摠張皇
수박 겉핥기라 방향도 여태 못 잡았소[136]	磨痒靴邊未有方
월로의 정미함은 구역이 절로 나뉘는데	月露精微區自別
누가 절류를 가지고 궁상에게 아뢰는지[137]	誰將折柳奏宮商
국정을 논하는 여가에 시문을 농하시어	都兪暇日弄詩章
군옥의 떨기 이뤄 준 향기로운 성함이여	群玉成叢姓字芳
산골의 비 봄바람 속에 낮잠에서 깨어나	溪雨蕙風驚晝寢
읊다 보니 입안이 서리보다도 시원하네	吟餘牙頰冷於霜

136 전령(前靈)의……잡았소 : 대관재가 선현(先賢)을 공부하면서도 입으로만 떠들 뿐 내용 면으로는 보잘것없어서 방황하고 있다는 뜻의 겸사이다. 전령은 전현(前賢)과 같다.

137 월로(月露)의……아뢰는지 : 대관재의 시문은 겉만 그럴듯할 뿐 내용은 공허한 월로지체(月露之體)와 같아서 감히 대가(大家)의 구역에 범접할 수가 없으니, 자신의 사례하는 시는 마치 버들가지를 꺾어서 부는 가늘고 여린 소리를 내어 궁상각치우의 오음(五音)을 정식으로 갖춘 정대한 음률 앞에 바치는 것과 진배없다는 뜻의 겸사이다. 정미(精微)는 여기서는 자질구레하다는 뜻의 미세(微細)와 같다. 절류(折柳)는 보통 이별가를 의미하지만, 여기서는 대관재가 버들피리라는 뜻으로 사용하였다.

연안 부사 윤호보에게 주다

贈延安尹使君浩甫

나를 보내는 두 눈동자 바다와 산에 두루	送我雙眸遍海山
배천에서 전송하고 곧바로 또 연안에서	白川才了更延安
몇 잔 들고 가없는 멋을 말해 주나니	數杯說與無邊趣
우정에서 취해 누운 흥이 만 가지라네	醉臥郵亭興萬般

분분한 쟁적은 스스로 꾀하기 어려워	紛紛箏笛自難謀
한 곡조 희성을 몇 날 밤 훔쳐 들었다네	一曲希聲數夜偸
귀먹었다 홀연히 깨어 아직도 심취했나니	聾耳忽醒心尙醉
미인은 서추 너머 어느 곳에 계시는지[138]	美人何處隔西陬

138 분분한……계시는지 : 귀를 먹게 하는 시끄러운 아쟁 피리 등 풍악 소리 대신 며칠 밤 계속해서 시문을 접하며 마음속으로 도취하였는데, 이런 인재를 알아보지 못하고 서쪽의 조그만 고을에 방치한 조정이 야속하다는 뜻의 풍자적 표현이다. 희성(希聲)은 소리 없는 소리라는 뜻으로, 보통 세상에서 듣지 못하는 뛰어난 작품을 말한다. 《노자(老子)》 41장의 "큰 소리는 소리가 없고, 큰 형상은 모양이 없다.〔大音希聲, 大象無形.〕"라는 말에서 유래하였다. 미인(美人)은 왕, 조정을 비유한 말이다. 서추(西陬)는 서쪽 모퉁이라는 뜻으로, 해서(海西)의 연안(延安) 지역을 가리킨다.

몽접의 시를 보충하다

足夢蝶詩

남화는 본래 정이 없는 물건이라서	南華本是無情物
하나의 꽃 속에서 한바탕 꿈꿨다나	一箇花中夢一場

당(唐)나라 시이다.

나비는 정이 없어도 사람은 정이 있으니	蝶是無情人有意
나비를 상망에 붙이는 것은 잘못이로세[139]	枉將胡蝶付相忘

139 남화(南華)는……잘못이로세 : 장자(莊子)가 무심하기 때문에 무심한 나비가 되어 꽃 속을 훨훨 날아다니는 꿈을 꾸었다고 당나라 시인은 말했는데, 대관재가 보기에는 나비와 사람은 무정(無情)과 유정(有情)의 차이가 있으니 그 둘을 한데 합쳐서 서로 잊고 사는 막역한 관계로 여기는 것은 잘못이라는 말이다. 남화는 남화진인(南華眞人) 즉 장자의 별칭이다. 나비의 꿈은 《장자》 〈제물론(齊物論)〉 말미에 나오는 호접몽(蝴蝶夢)의 이야기를 말한다. 상망(相忘)은 피차 망각한다는 뜻으로, 각자의 형적(形迹)에 구애받지 않고 유유자적하게 함께 노니는 것을 말하는데, "물고기들이……강과 호수에서 서로 잊고 살아간다.〔魚……相忘於江湖〕"라는 말에서 나온 것이다. 《莊子 大宗師》

온양 시판의 시에 차운하다
次溫陽詩板韻

비 갠 뒤에 바위산이 열 배나 더 맑은데　雨後孱顔十倍淸
푸른 숲이 두 눈을 막는 것이 흠이랄까　却嫌[140]蒼翠礙雙明
온천물이 금단 익힘보다 훨씬 나아서　靈泉絶勝金丹熟
문득 신선 되어 지상을 걸어 다닌다오　便作神仙地上行

이때 내가 이 고을의 온천에서 목욕하였다.

높은 마루 단청 기둥 한결 처절하게 맑고　層軒畫棟轉凄淸
나무가 빽빽해도 한 치 푸름이 그 사이로　樹密猶偸寸碧明
가리켜 점을 찍나니 앞산에 구름 이는 곳　指點前山雲起處
먼 마을은 가랑비 뿌려 행인이 안 보이네　遠村疏雨少人行

140 嫌 : 대본에는 '▨'로 되어 있는데, 문맥에 근거하여 '▨'에 '嫌'을 보충하였다.

반도를 보내 준 김 훈도 현령 에게 사례하다
謝金訓導 玄齡 惠蟠桃

잠에서 깨어나 높은 다락에 누워 한 입 깨무니	睡餘咀嚼臥高樓
홀연히 느끼겠네, 신 진액이 마른 목젖 적심을	忽覺酸津潤渴喉
타방의 시골 들판에서 생산된 것이 아니라	不是他邦村野産
몰래 훔쳐 오는 것을 방삭에게서 배웠으리[141]	應從方朔學潛偸

141 타방(他邦)의……배웠으리 : 보통 복숭아가 아니라 신선들이 먹는 선도(仙桃)와 같다는 말이다. 방삭(方朔)은 동방삭(東方朔)이다. 동방국(東方國)에서 온 난쟁이가 한 무제(漢武帝)에게 동방삭에 대해서 "서왕모(西王母)가 심은 복숭아나무가 3000년에 한 번씩 열매를 맺는데, 이 아이가 불량해서 그동안 세 차례나 훔쳐 먹어 서왕모의 뜻을 저버린 결과 이곳에 귀양 오게 되었다."라고 말한 고사가 《한무고사(漢武故事)》에 실려 있다.

사계화[142]

四季花

지금은 진초록빛이 이웃집 진하게 드리운 때	如今濃綠暗隣家
요위[143]가 티끌 되었으니 무엇이 호사를 다투리오	姚魏成塵孰鬪奢
된서리 이기는 송백의 자질은 없다 하더라도	縱乏凌霜松柏質
사계절 내내 봄날처럼 피는 꽃이 또 있느니	四時還有艶陽花

142 사계화(四季花) : 사계절 내내 달마다 피는 장미과의 꽃으로, 월계화(月季花)라고도 하며 장춘화(長春花), 월월홍(月月紅) 등의 별명이 있다.

143 요위(姚魏) : 요황위자(姚黃魏紫)의 준말로 모란(牡丹)의 별칭이다. 옛날 낙양(洛陽)의 요씨와 위씨 집에서 각각 황색과 자주색의 진귀한 모란이 피어났다는 고사에서 나온 것이다. 《洛陽牡丹記 卷2 花釋名》

천민[144]의 시에 차운하여 신기재에게 증정하다

次天民韻呈申企齋

기재의 휘(諱)는 광한(光漢)이다. 일찍이 이천(利川)에서 살다가 소명(召命)을 받고 판서에 임명되었다.

몇 년을 물고기 낚는 유민으로 있다가	幾年漁釣一遺民
문득 급류 속의 지주[145]의 신하가 되셨네	便作奔流砥柱臣
퇴청하면 동구 문 두드리는 소리 없나니	公退洞門無剝啄
도리[146]가 사람을 놀라게 하지 않을 테니	不應桃李要驚人

144 천민(天民) : 해동 제일의 문장이라는 칭송을 받은 고려의 시인 김황원(金黃元, 1045~1117)의 자이다.

145 지주(砥柱) : 황하의 급류 속에 우뚝 서 있다는 지주산(砥柱山)을 말하는데, 보통 중책을 떠맡고서 위국(危局)을 타개하는 사람을 비유할 때 지주중류(砥柱中流)라는 말을 쓴다.

146 도리(桃李) : 복사꽃과 오얏꽃이라는 뜻으로, 여러 가지 비유로 사용되지만 여기서는 시류에 편승하는 소인배를 가리키는 말로 쓰였다. 참다운 동지를 만나기 어려움을 토로한 이백(李白)의 시에 "꽃을 피웠다가는 으레 일찍 져 버리니, 복사꽃과 오얏꽃은 소나무와 같지 않네. 관중(管仲)과 포숙(鮑叔)은 오래전에 죽었으니, 어떤 사람이 그 자취를 이으리오.〔開花必早落, 桃李不如松. 管鮑久已死, 何人繼其蹤?〕"라는 표현이 있다.《李太白詩集 卷2 箜篌謠》

자미화 시를 지어 기재에게 증정하다

紫薇花贈企齋

속명은 백일홍이다.

모란이 봄을 맞아 호사(豪奢)를 경쟁하더니　　姚魏當春競鬪奢
한 번의 비바람에 모조리 먼지 모래 속으로　　一番風雨摠塵沙
어여뻐라, 된서리 이기는 절조는 없다고 해도　　憐渠縱乏凌霜節
백 일 동안 일만 찬화를 능히 머금고 있으니[147]　　百日能含萬粲花

복사꽃이 봄바람에 아첨함을 본받기 싫어　　厭學夭桃媚暖風
두어 떨기 옮겼네 낙봉 어른에게로　　數叢移向駱峯翁

공이 낙봉 아래에 집을 지었다.

청탁하러 오는 사람조차 없는 게 혐의스러워　　似嫌關節無人到
해마다 층계에 요염한 붉은 꽃 올리는가 봐　　年上層階耀艷紅

차운하다 次韻

기재(企齋)

비단 이끼 아롱아롱 호사함을 본받아서　　斕斑苔錦效豪奢[148]

147 백……있으니 : 자미화가 백 일 동안 꽃피우면서 마치 이백(李白)처럼 사람들에게 여러 가지 아름답고 미묘한 이야기를 속삭여 주고 있다는 말이다. 찬화(粲花)는 봄꽃처럼 피어나는 미담(美談)을 말한다. 이백이 사람들과 담론할 때면 "마치 봄꽃이 화려하게 치아 사이에 피어나는 것과 같아서 당시 사람들이 '이백찬화지론(李白粲花之論)'이라고 불렀다."라는 기록이 전한다. 《開元天寶遺事 粲花之論》

모래 기슭 타고 올라 몇 척의 섬돌 위로　　數尺階因岸上沙
담박한 생애를 달갑게 여길 줄 알지 못해서　　未分生涯甘淡泊
봄이 오자 다시금 자미의 꽃술을 달았구나　　春來還着紫薇花

옛날에 떨친 재명 아랫자리에서 들었는데　　舊日才名聽下風
지금은 쇠하고 병들어 우리 둘 다 늙은이　　只今衰病兩成翁
그대 빙자해 다시금 봄빛을 빌려 살펴보니　　憑君更借春光觀
묘한 뜻이 부질없이 내구의 붉은 꽃 속에[149]　　妙意空存耐久紅

148　着 : 대본에는 '▨'로 되어 있는데, 《대관재난고》 권3 〈자미화 시를 지어 기재에게 증정하다〔紫薇花贈企齋〕〉에 근거하여 '▨'에 '着'를 보충하였다.

149　묘한……속에 : 백일홍을 빌려서 오래 교분을 맺은 두 사람 사이에 말없이 통하는 묘한 교감을 표현한 것이다. 내구는 원래 내구붕(耐久朋)의 준말로 장기간 우정을 나눈 붕우를 말하는데, 붕(朋)을 홍(紅)으로 바꿔 표현한 수법이 주목된다. 당나라 위현동(魏玄同)과 배염(裴炎)이 우정을 맺고 끝까지 변하지 않자 당시 사람들이 내구붕이라고 불렀던 고사가 있다. 《舊唐書 魏玄同列傳》

진위 현판의 시에 차운하다

次振威板上韻

봄 지난 뒤 비가 내리자 땅에 깔린 암향[150]이요	撲地暗香春後雨
잠 깨우는 바람이 불자 창에 드는 농취[151]로다	滴窓濃翠睡餘風
마음 알고 말없이 대하는 지조 높은 벗들이여	知心默對氷霜友
담장 아래 벽옥색 대나무 묻노라 몇 떨기인고	墻底琅玕問幾叢

150 암향(暗香) : 은은한 향기라는 뜻으로, 매화 향기를 말한다. 북송(北宋)의 은사(隱士)인 임포(林逋)의 〈산원소매(山園小梅)〉 시에 나오는 "맑고 얕은 물 위에 가로 비낀 성긴 그림자요, 황혼 녘 달빛 속에 떠도는 은은한 향기로다.〔疎影橫斜水淸淺, 暗香浮動月黃昏.〕"라는 구절은 매화를 표현한 명구로 인구에 회자되었다. 《宋史 林逋列傳》

151 농취(濃翠) : 진초록이라는 뜻으로, 사철 푸른 대나무를 가리킨다. 당(唐)나라 허혼(許渾)이 대나무를 읊은 〈추일중철관대죽(秋日衆哲館對竹)〉 시에 "눈과 서리 이겨 내는 소소한 자태요, 소상반죽(瀟湘斑竹)과 다른 농취의 빛이로다.〔蕭蕭凌雪霜, 濃翠異三湘.〕"라는 표현이 있다. 《全唐詩 卷529》

가을 부채

秋扇

연한 살과 약한 뼈가 무덥고 서늘함 알아서	輕肌弱骨識炎涼
손 안에선 잘 행하고 궤 안에선 잘 숨나니[152]	手裏能行篋裏藏
시절 따라 잘 변화하는 너를 보면 흐뭇한데	喜汝隨時能變化
첩여[153]는 무슨 일로 공연히 서글퍼하였는지	婕妤何事浪悲傷

152 연한……숨나니 : 부채가 행장(行藏)의 도리를 잘 알아서 상황에 따라 처신을 잘한다는 말이다. 행장은 용행사장(用行舍藏)의 준말로, 자신의 도를 펼 수 있느냐 없느냐에 따라 거취를 결정하여 조정에 나아가기도 하고 은퇴하기도 하는 것을 말하는데, 《논어》〈술이(述而)〉의 "써 주면 나의 도를 행하고 써 주지 않으면 숨는다.〔用之則行, 舍之則藏.〕"라는 말에서 유래하였다.

153 첩여(婕妤) : 궁녀의 관명이다. 한 무제(漢武帝) 때 처음 설치되었는데, 지위는 상경(上卿)에 해당하고 직질은 열후(列侯)와 대등하다. 첩여(倢伃)라고도 한다. 한 성제(漢成帝)의 궁녀인 반 첩여(班婕妤)가 시가에 능하여 총애를 받다가 허 태후(許太后)와 함께 조비연(趙飛燕)의 참소를 받고는 물러나 장신궁(長信宮)에서 폐위된 태후를 모시고 시부를 읊으며 슬픈 나날을 보냈는데, 단선시(團扇詩)를 지어서 여름철에는 사랑을 받다가 가을이 되면 버려지는 부채에 자신의 처지를 비유한 추선(秋扇)의 고사가 있다. 《문선(文選)》 권27에 〈원가행(怨歌行)〉이라는 제목으로 이 시가 수록되어 있다. 《漢書 外戚傳下 孝成班婕妤》

기중의 청허정[154]에 제하다

題機仲淸虛亭

짙푸른 물 깊고 푸르게 혼자 보전하면 그뿐　　爛碧深靑秖自珍
이런 생활 뭉개려고 정신을 허비하지 말라　　莫將批抹費精神
공명의 맛을 좀 보려고 손가락 혹시 담글라[155]　　却疑染指功名味
청허를 보고 나서야 진짜 도가 된다네　　看取淸虛道始眞

집터는 숨기에 좋고 지세는 웅장하고　　卜宅幽貞地勢雄
잔잔한 물결과 멈춘 구름이 주렴 안으로　　浪齊雲歇屬簾櫳
두건 벗고 뜨락에서 천 겹의 경치 거두니　　岸巾庭戶收千重
대번에 호수와 산의 부귀한 늙은이 되었네　　便作湖山富貴翁

앉아서 바위산 마주하니 화폭을 펼쳐 놓은 듯　　坐對孱顔撥畫圖
-원문 1자 판독 불가- 바다 위에 연무가 개니 대여[156]가 외로워라

154 기중(機仲)의 청허정(淸虛亭) : 기록에 의하면 청허정은 여산(礪山) 객관 동쪽에 있는 정자와 해미(海美) 읍성에 있는 정자 등 두 곳이 있는데, 이 둘 중 하나라면 본시(本詩)의 내용으로 볼 때 해미의 정자일 가능성이 높다. 아니면 이것 말고 기중이라는 사람의 또 다른 정자인지도 모르겠는데, 기중 역시 누구인지 불분명하다.

155 손가락 혹시 담글라 : 먹고 싶은 욕심에 입맛을 다시면서 군침을 흘리는 것을 말한다. 춘추 시대 정(鄭)나라 공자 자공(子公)이 자라 요리를 먹지 못하게 되자 자라 삶은 솥 속에 손가락을 담갔다가 그 손가락을 빨면서 나갔다는 이야기가 전한다.《春秋左氏傳 宣公4年》

煙啓▨海岱輿孤

서로 만나 놀라 흩어진 군산의 술자리여 相逢驚散君山酒

지척의 명승지도 하나의 추구일 따름일세[157] 咫尺名區一狗芻

156 대여(岱輿) : 발해 동쪽에 있다는 전설 속의 선산(仙山) 이름이다.

157 서로……따름일세 : 대관재가 분위기를 압도한 가운데 술자리가 파하였고, 그런 뒤에는 주위의 아름다운 경치도 다 쓰고 버려진 물건처럼 되고 말았다는 뜻의 해학적인 표현이다. 군산(君山)은 동정호(洞庭湖)에 있는 산 이름이다. 동정호의 가객(賈客)인 여향균(呂鄕筠)이 어느 봄날 밤에 군산의 옆에 배를 정박해 놓고 달빛 아래에서 술을 마시며 피리를 불고 있을 적에 홀연히 한 노부(老父)가 배를 타고 다가와서 그와 함께 술을 마시며 유쾌하게 이야기를 나누다가 소매 속에서 피리를 꺼내어 불기 시작하였는데, 한 곡조가 미처 끝나기도 전에 군산의 조수(鳥獸)들이 놀라 울부짖으며 달빛까지 어두워지자 뱃사람이 크게 두려워하니 이에 노부가 술을 몇 잔 더 마시고는 뱃전을 치며 떠나갔다는 군산노부(君山老父)의 일화가 전한다. 《博異志 呂鄕筠》

의중[158]에게 주다

贈宜仲

이때 다릿병을 앓고 있었다.

지팡이 짚고 걸음마 배우면 갈수록 힘들어져	扶藜學步轉艱關
평평한 길도 촉도처럼 험준하기 그지없을 터	平陳極成蜀道難
곧장 부요를 기다려서 다리를 붙일지니[159]	直待扶搖應着脚
옆 사람은 한단의 잃음[160]을 말하지 말라	旁人休道失邯鄲
대소의 분분한 것들이 한 하늘을 공유한다고	大小紛紛共一天
장자가 사물을 소화한 그 생각이 유연하도다	蒙莊餐物思悠然
자네 빙자해 서까래 같은 붓[161] 빌리고 싶나니	憑君欲借如椽筆

158 의중(宜仲) : 조카 심사순(沈思順)의 자이다.

159 곧장……붙일지니 : 이 어려운 시기에 높이 날아오를 수 있는 기회가 오면 놓치지 말고 포착하여, 《장자(莊子)》 〈소요유(逍遙遊)〉에 나오는 대로 대붕이 회오리바람〔扶搖〕을 타고 구만리 창공으로 치솟는 것처럼 상승해 보라는 말이다.

160 한단(邯鄲)의 잃음 ; 예전의 걸음걸이마저 잃어버린다는 뜻으로, 그동안 유지했던 지위도 위태로울 것이라는 뜻을 내포하고 있다. 연(燕)나라 수릉(壽陵) 땅의 청년이 조(趙)나라 서울 한단에 가서 그곳의 걸음걸이를 배우려다가 제대로 배우지도 못한 채 본래의 자기 걸음걸이마저 잊어버린 나머지 엉금엉금 기어서 돌아올 수밖에 없었다는 한단학보(邯鄲學步)의 이야기가 《장자》 〈추수(秋水)〉에 나온다.

161 서까래 같은 붓 : 뛰어난 문장력을 비유한 말이다. 동진(東晉)의 왕순(王珣)이 서까래처럼 큰 붓을 받는 꿈을 꾸었는데, 얼마 뒤에 효무제(孝武帝)가 죽어서 애책(哀冊)과 시의(諡議)를 모두 왕순이 작성했다는 고사가 있다. 《晉書 王珣列傳》

달관편을 이루면 도가 비로소 온전해지리라 達觀篇成道始全

내가 〈달관부(達觀賦)〉에 착안(着眼)해 보도록 청하였다.

이재 한치규에게 지어 주다

題頤齋韓稚圭

이름은 경기(景琦)이다.

노생과 노력[162] 양쪽 다 육신의 수고로움	勞生勞力兩勞形
남은 생애는 우선 성령을 기르는 방향으로	姑把餘生養性靈
무릎 모은 맑은 밤에 옷이 젖을 듯	斂膝淸宵衣欲濕
새벽 창가 《주역》에 찬 이슬 뚝뚝	曉窓寒露點羲經

162 노생(勞生)과 노력(勞力) : 인간의 힘든 삶 전체를 철학적으로 규정하여 노생이라 하고 실제로 노동하는 고된 현실을 표현하여 노력이라고 하였는데, 이 두 개는 모두 우리의 육체와 관련이 있는 것이라는 말이 아닌가 한다. 《장자(莊子)》〈대종사(大宗師)〉에 "위대한 땅덩어리가 형체를 주어 나를 그 위에 실어 주었고, 생을 주어 나를 수고롭게 하였다.〔夫大塊載我以形, 勞我以生.〕"라는 말이 있고, 《춘추좌씨전(春秋左氏傳)》 양공(襄公) 9년에 "통치하는 자는 마음을 수고롭게 하고, 일반 대중은 몸을 수고롭게 한다.〔君子勞心, 小人勞力.〕"라는 말이 있다.

서호에서 유자진[163]과 작별하다

西湖別柳子晉

동산 숲 이슬 아래 귀뚜라미 울음소리	園林露下泣莎鷄
돌아갈 꿈속 고향 길 갈수록 아득하기만	歸夢鄕關路轉迷
단지 서호의 물이 벽옥처럼 흐를 따름	秖有西湖流碧玉
사람으로 하여금 유우계[164] 떠올리게 하네	令人遙憶柳愚溪

163 유자진(柳子晉) : 유순원(柳順源)으로, 자진은 그의 자이다.

164 유우계(柳愚溪) : 유종원(柳宗元)의 우계(愚溪)라는 말이다. 우계는 중국 호남성(湖南省) 영주시(永州市) 서남쪽에 있는 시냇물이다. 본래 이름은 염계(冉溪)였는데, 유종원이 이곳에 귀양 와 살면서 자신이 이렇게 불우하게 된 것은 모두 자신의 어리석음 때문이라고 자책하며 우계라고 개명하고는 그곳에서 유유자적하였다는 이야기가 그의 〈우계시서(愚溪詩序)〉와 〈우계대(愚溪對)〉에 나온다. 《柳河東集 卷24》

남쪽 오랑캐가 기승을 부려 분한 심정을 토로하다
南蠻孔熾攄憤

큰 바다에 해가 뜨고 개펄이 휘감아 도는 곳	瀛海榑[165]桑浦漵回
오랑캐 활시위 소리에 변방 백성들 자주 놀라네	邊氓頻患虜絃開
대책 없이 수서를 해서 그럴 뿐이니	只緣首鼠無長策
조정에 장군감 없다고 말하지 말라	莫道朝家欠將才

165 榑 : 대본에는 '搏'으로 되어 있는데, 문맥에 근거하여 '榑'로 바로잡았다.

부마 임광재의 〈영남기행록〉에 제하다
題駙馬任 光載 嶺南紀行錄

휴양차 목욕하러 강남으로 몇천 리 길	休沐江南路幾千
풍류도 음중선[166]보다 훨씬 뛰어나신 분	風流絶勝飮中仙
시어로 외람되게 어필의 영광 받았으니	謏敎詩語回宸翰
세상에 남겨 두면 만 전의 값이 나가리라	留與人間直萬錢

166 음중선(飮中仙) : 술 잘 마시는 신선이라는 뜻으로, 이백(李白), 하지장(賀知章) 등 두보(杜甫)의 〈음중팔선가(飮中八仙歌)〉에 나오는 주호(酒豪)들을 말한다. 《杜少陵集 卷2》

연성군[167]의 저택에 가서 술을 마시다

到燕城君宅飲酒

복우를 제기하는 범상한 객이라 부끄럽고[168]	覆盂提起愧凡賓
백발 소소히 나부끼는 주인님은 귀한 신분	皓鬢飄蕭貴主人
취한 몸 실려 돌아올 때 비바람이 지나가서	馱醉歸來風雨過
길가의 천홍만자(千紅萬紫) 벌써 티끌 속으로	陌頭紅紫已成塵
대폿잔 들이켜며 속마음 토로해 놀라웠고	驚倒深杯露肺肝
주렴 너머 꽃잎이 젖는 남은 봄날 아쉬웠네	隔簾花濕惜春殘
금성에 우박이 쏟아져도 모이는 사람 없다니	金城雨雹無人會
《춘추》를 펼쳐 들고 자세히 살펴봐야겠네[169]	須把麟經子細看

이때 마침 우박이 크게 내렸다.

167 연성군(燕城君) : 김준손(金俊孫, 1454~1525)의 봉호이다. 중종반정에 공을 세워 분의정국 사등공신(奮義靖國四等功臣)으로 연성군에 봉해지고, 연기 김씨(燕岐金氏)의 시조가 되었다. 연성은 연기의 옛 이름이다.

168 복우(覆盂)를……부끄럽고 : 누가 보아도 안정된 현 시국에 대해서, 아무 힘도 없이 범상한 객의 입장에서 논의를 제기하는 대관재 자신이 부끄럽게 느껴진다는 말이다. 복우는 엎어 놓은 사발이라는 뜻으로, 매우 안정된 형세를 비유하는 말로 쓰인다.

169 춘추(春秋)를……살펴봐야겠네 : 《춘추좌씨전(春秋左氏傳)》 소공(昭公) 4년 경문(經文)에 "크게 우박이 내렸다.〔大雨雹〕"라고 하였다. 이는 눈이 내릴 시기에 우박이 내린 것은 재변이기 때문에 기록한 것인데, 이에 대해 좌씨가 "성인이 윗자리에 있을 때는 우박이 없었고, 있었더라도 재해가 되지 않았다."라고 하고는 그동안의 실정(失政)을 설명한 뒤에 "지금 우박이 내린 이 재앙을 누가 막을 수 있겠느냐."라고 하였다.

가형이 사은사로 연경에 가게 되었으므로 시를 주어 송별하다

家兄以謝恩使赴京詩以贐別

멈추는 것이나 가는 것이나 나의 자유 아니니　止且行焉非我由
이 몸은 이 일에 하나의 빈 배일 뿐[170]　此身於此一虛舟
타향도 우리 고향 땅과 다를 바 없나니　他鄉等是吾鄉土
잠깐 머무는 걸 탄식하는 왕공들 우스워라　堪笑王公歎少留

소년 시절 재명이 사림에 파다하더니　少日才名播士林
지금 왕명을 받들고 서둘러 달려가네　今承綸命走駸駸
시인의 가장 큰 괴로움은 살아서 이별　騷人最苦生離別
더군다나 구구한 골육의 마음 어떠할까　況乃區區骨肉心

모이고 흩어짐 파도 같아 견제하기 어려운데　聚散如波難自牽
잠깐 동안 만난 것도 배보다 빨리 지나가네　斯須會合疾於船
어머님 호호백발 생각이 끝이 없어　北堂霜髮思無盡
그저 떠날 임시에 눈물만 흘릴 따름　秖爲臨行一泫然

170 멈추는……뿐 : 물결 따라 흘러가는 사람 없는 빈 배처럼, 조정의 명령에 따라서 가라면 가고 멈추라면 멈출 뿐 나의 자유 의지와는 하등 관련이 없다는 말이다.

장단에서 태수 이대련의 시에 차운하다

長湍次李太守大連韻

이름은 사종(嗣宗)이다.

녹음 짙게 깔린 정원에 나뭇잎이 무성하고	庭院陰濃樹葉榮
북에서 내려온 청산은 처마 기둥에 꽂혔네	北來靑嶂揷簷楹
앉아서 읊조려 민폐를 끼친다 말하지 마오	莫言坐嘯妨民瘼
촌마을에서 불평을 호소하는 사람 없으니까[171]	村巷無人訴不平

171 앉아서……없으니까 : 지방관이 인재를 등용하여 선정을 베푸는 것을 비유한 말이다. 후한(後漢) 성진(成瑨)이 남양 태수(南陽太守)로 부임하여 현능한 잠질(岑晊)을 공조(功曹)로 삼아 공무를 처리하게 하자, 민간에서 "남양 태수가 실제로는 잠공효이니, 홍농 출신 성진은 앉아서 읊조리기만 한다네.〔南陽太守岑公孝, 弘農成瑨但坐嘯.〕"라고 찬미했다는 고사에서 나온 말이다. 공효(公孝)는 잠질의 자이다. 《後漢書 黨錮列傳》

치청이 아들을 잃었다는 말을 듣고 시를 지어 원망하는 심정을 위로하다

聞稚淸喪兒詩以解冤

이 몸은 허물을 맡김이니 내 소유가 아니요	此身委蛻非吾有
현부라고 배사한다면 이 또한 불공정한 일[172]	拜謝玄夫亦不公
형양 땅 기러기 소리 반복해서 듣지 말고	歸雁衡陽休復聽
아무쪼록 꿈속에서 다시 곰을 점치시기를[173]	好將魂夢更占熊

공이 새로 후실(後室)을 얻었다.

172 이……일 : 인간의 몸은 천지자연이 남겨 놓은 허물과 같은 것으로서 자기의 소유가 아니고 자손 역시 이와 마찬가지인 만큼, 남의 자식은 그렇지 않은데 자기 아들만 효자라면서 천지에 절하며 감사드린다면 이 또한 공평하지 못한 일이라는 뜻의 해학적이면서도 위로 섞인 표현이다. 《장자(莊子)》 〈지북유(知北遊)〉에 "당신의 몸은 당신의 소유가 아니라 천지가 자기 모습을 맡겨 놓은 것이고, 자손도 당신의 것이 아니라 천지가 자기 허물〔蛻〕을 맡겨 놓은 것이다."라는 말이 있다. 현부(玄夫)는 효자의 이름이다. 《동국신속삼강행실도(東國新續三綱行實圖)》 제1권에 "사직(司直) 하현부(河玄夫)는 진주(晉州) 사람이다. 어머니가 병들자 똥을 맛보고 종기를 입으로 빨았으며, 부모상에 여묘살이를 6년 동안 하였다."라고 하였다.

173 형양(衡陽)……점치시기를 : 자식이 기러기처럼 자기를 버리고 떠났다고 계속 되뇌며 슬퍼만 하지 말고, 다시 아들을 얻을 좋은 태몽을 꿈꿔 보라는 말이다. 두보(杜甫)의 시에 "만 리 밖 형양 땅 기러기, 금년에 또 북쪽으로 돌아가네. 쌍쌍이 길손을 보며 날아올라, 일일이 사람을 등지고 날아가네.〔萬里衡陽雁, 今年又北歸. 雙雙瞻客上, 一一背人飛.〕"라는 구절이 있다. 《杜少陵詩集 卷23 歸雁》 또 《시경》 〈소아(小雅) 사간(斯干)〉에 "태인이 꿈을 점치니, 곰과 큰곰은 아들 낳을 상서요, 큰뱀과 뱀의 꿈은 딸을 낳을 상서로다.〔大人占之, 維熊維羆, 男子之祥. 維虺維蛇, 女子之祥.〕"라는 말이 있다.

태상시에서 숙직하며 입으로 읊다

直宿太常口占

야박한 풍속, 나라에 몸 바친 정을 누가 알랴　薄俗誰知許國情
충성과 정의의 참마음은 갈수록 깊어지는데　忠肝義膽轉崢嶸
사람은 털끝만큼도 도움이 못 됨이 부끄러워　空慙人乏絲毫補
한밤중 밝혀 놓은 가물가물한 등불 홀로 대하노라　獨對殘燈半夜明

헌관의 신분으로 강화의 참성대에 가서 비를 빌다
余以獻官祈雨于江華塹城臺

험준한 산길 다 지나고 나니 시야가 활짝　歷盡崎嶇眼界恢
동쪽 바다를 아래로 굽어보니 술잔보다 작아라　俯看東海少於杯
예전에도 운무 뿜어내는 영험을 보이더니　噴雲洩霧靈曾驗
성단을 내려가자마자 빗발이 듣기 시작하네　纔下星壇雨脚開

봄날에 마을 길을 걷다

春日村行

회화 버들 그늘 짙은 오솔길 비스듬히	槐柳陰陰小徑斜
띠풀 엮어 대숲 속에 인가가 자리했네	編茆竹裏有人家
새벽부터 불던 비바람 어디론가 돌아가고	曉來風雨歸何處
울타리 주변 붉은 살구꽃 모조리 흩어졌네	散盡籬邊紅杏花

국경의 은일정 시에 차운하다

次國卿恩逸亭韻

이때 공이 이천(利川)의 별장에 있었다.

초봄 맞을 때마다 새로운 시구 얻으면서　每到初春得句新

입춘일(立春日)이 되면 공이 시를 지어서 벽에 붙였다.

칠 년 세월 감내하며 누워 있는 용의 신세　七年堪作臥龍身
곧장 운수를 가져다가 천군의 신뢰를 채운다면　直將雲水充君信
응당 하늘 조정에 기쁜 기운이 흘러넘치련마는[174]　應有天庭喜氣津

날마다 요서[175]를 하며 차마 잠들지 못하는 건　日日澆書不忍眠
단지 꿈길에 들어서면 시름에 휘감길 뿐이니까　秖緣魂夢繞愁邊
이 정자에 높이 누우면 천지처럼 널찍해서　一亭高臥寬天地
백발로 잘 이겨 내며 이렇게 해를 보낸다오　白首能堪此送年

174 곧장……흘러넘치련마는 : 용이 떨쳐 일어나 구름과 비를 몰고 와서 메마른 대지를 적셔 주는 것처럼, 국경(國卿) 즉 김안국(金安國)이 조정에 진출하여 단비를 내리는 용처럼 임금의 신임을 받는다면 나라를 위해서도 그렇게 기쁜 일이 없을 것이라는 말이다.

175 요서(澆書) : 새벽 술을 마시는 것을 말한다. 송나라 육유(陸游)의 시에 "새벽에 잔 가득 술 마시네 거품 둥둥 뜬 술 단지에서, 식곤증에 늘어지게 낮잠 자네 호접몽 꾸는 침상에서.〔澆書滿挹浮蛆甕, 攤飯橫眠夢蝶床.〕"라는 구절이 있는데, 자주(自注)에서 "동파(東坡) 선생은 새벽 술 마시는 것을 요서라고 했고, 이 황문(李黃門)은 낮잠 자는 것을 탄반(攤飯)이라고 했다."라고 하였다. 《劍南詩稿 卷24 春晚村居雜賦》

고향에 돌아와 쉬는 것도 은혜로운 영광	歸休鄕國亦恩榮
감히 청명한 시대에 불평을 호소하리오	敢向明時訴不平
가장 아끼는 건 주머니 속의 많은 처방전	最愛囊中多祕訣
약숟가락이 노년의 건강을 관리해 주리	刀圭應是制頹齡
시골 뽕나무 우거진 곳에 원로 명신 거하나니	一村桑柘老名臣
한가히 노닐 뿐 불우함을 탄식한 적 있으리오	優逸何曾歎不辰
사관이 특기하여 능히 후세에 빛나리니	太史特書能耀後
공업이 끝내 매몰되게 놔두지 마시기를	莫敎功業竟沈淪
욕심 없으면 얼굴이 항상 좋다고 들은 듯도	似聞無慾顔常好
귀밑머리가 완전히 청장년 시절과 똑같구려	兩鬢渾如少壯時
농촌이나 조정이나 예전 모습 그대로	畎畝腰金依舊樣
세상에서 뭐 하려고 스스로 뻐기리오	自多於世欲何爲
호해에서 서로 만난 우리는 오래된 친구	湖海相逢是故人
백 년 곤궁과 영달 속에 참우정 지켜 왔지	百年窮達保吾眞
부끄러운 건 반생에 광적인 흥취가 없었던 것	却慙半世無狂興
이끼 잔뜩 낀 고목에 어찌 봄날이 있을거나	老樹封苔豈有春

조 참봉에게 주다

贈趙參奉

이름은 응세(應世)이다. 나의 동년우(同年友)인 준(俊)[176]의 아들이다.

어여뻐라, 자네 눈동자 물처럼 맑은 것이	愛君眸子水如淸
문장과 담론의 기상이 이미 원숙한 경지로	詞氣談鋒已老成
앞으로 붕새가 한번 일어날 때를 기다려서	直待他時鵬一擧
회오리바람 올라타면 가문의 명성 떨치리라	扶搖從此振家聲

176 준(俊) : 대본에는 '▨'로 되어 있다. 《가정 13년 갑오 윤2월 초2일 생원진사방〔嘉靖十三年甲午閏二月初二日生員進士榜〕》에 근거하여 '▨'에 '俊'을 보충하여 번역하였다.

김자통의 시에 차운하다

次金子通韻

이름은 형(泂)이다.

알고 지내는 별의별 사람 눈앞에 가득하지만	常識紛紛滿眼前
마음 알고서 뜻이 통하는 이는 오직 그대뿐	知心唯子意相連
이제부터는 형해의 굴레를 벗어 버리고	從今擺落形骸累
비바람 속 차가운 밤 베개 함께 잠들기로	風雨寒宵共枕眠

늙어 가며 쇠한 얼굴 전과 다름을 느끼면서	老覺衰顔已換前
동해의 구름과 물 서로들 꿈속에 통한다오	東溟雲水夢相連
공이 원주(原州)에 살았다.	
만나기로 한 못가의 약속 서로 잊지 맙시다	相逢莫負池邊會
그대의 봄 술 기다리며 더욱 잠들지 못한다오	待子春壺尙未眠

오가피주를 보내 준 가형에게 사례하다

謝家兄送五加皮酒

이 몸 장기간 병을 안고 지리하게 지내면서	此身長抱病支離
필요한 물건 주는 사람 없다고 탄식하였는데	久嘆無人供所須
홀연히 느끼겠네, 몇 잔에 폐간이 훈훈해지며	忽覺肺肝薰數盞
응어리 금방 풀어지고 기가 치달듯 하는 것을	沈痾纔釋氣如馳

영천으로 부처된 정승 형을 전송하다

送政丞兄貶永川

저쪽 물의가 지극히 너절해진 뒤로부터	從他物議極紛如
공명은 모두 취몽의 나머지로 돌렸다오	都付功名醉夢餘
옛 시구 읊조리기 전에 눈을 씻으시고	古句吟來先洗眼
대숲 깊은 곳에 누워 책이나 보시기를	竹林深處臥看書

나의 별장이 영천(永川)에 있는데, 거기에 높이 자란 대나무 100여 그루가 있다.

박공근[177]의 〈고양 농장〉 시에 차운하다
次朴公瑾高陽農莊韻

꿈속에 언제나 수석을 찾아다니나니　魂夢長尋水石間
공명은 그림의 떡 어떻게 얼굴 들까　功名畫餠若爲顔
부럽소 그대, 탄복[178]을 하는 전원의 저녁이여　羨君坦腹田園暮
어느 산인가 돌아가는 구름 누워서 볼 터이니　臥見歸雲何處山

공근의 시를 붙임 附公瑾詩

한가한 날 몇 칸짜리 가옥에 돌아오니　暇日歸來屋數間
옛 동산 그윽한 흥취 얼굴 펴기 족하네　故園幽趣足怡顔
이 시절 별미 무어냐고 그대여 묻지 마오　此時勝味君休問
물고기가 시내에, 나물이 산에 있다니까　魚在溪中蔬在山

177 박공근(朴公瑾) : 박유(朴瑜)로, 공근은 그의 자이다.

178 탄복(坦腹) : 복부를 노출한다는 뜻으로, 부귀공명 따위엔 아랑곳하지 않고 유유자적하는 것을 말한다. 진(晉)나라 태위(太尉) 치감(郗鑒)이 사윗감을 고르려고 왕승상(王丞相) 집에 문생을 보내자, 다른 자제들은 긴장을 하며 의복을 정제하고 영접하였으나 왕희지(王羲之)만은 배를 드러내 놓고 동상(東床) 위에 누워서 태연자약하였으므로 치감이 그 기개를 높이 사서 왕희지를 사위로 택했다는 고사에서 나온 것이다. 《世說新語 雅量》

다시 앞의 운을 써서 그의 맏아들 민헌에게 주다

復用前韻贈其胤民獻

이때 고양(高陽) 별장에서 글을 읽고 있었다.

신학이 분분하게 세간에 가득한 때	新學紛紛滿世間
군과 같은 재기가 내 얼굴을 풀어 주네	如君才氣解吾顏
등잔불 아래 글을 읽는 시골 마을의 밤	短檠黃卷鄉村夜
쌍경이 옥산처럼 무너진 것[179]을 기억하리	應憶雙鯨倒玉山

내가 공근(公瑾)과 통음(痛飮)을 할 때면 사람들이 '쌍둥이 술고래〔雙鯨〕'라고 불렀다.

179 옥산(玉山)처럼 무너진 것 : 술에 잔뜩 취해서 옆으로 쓰러지는 것을 말한다. 삼국 시대 위(魏)나라 혜강(嵇康)이 "평소에는 소나무 한 그루가 홀로 서 있는 듯 오연(傲然)한 모습을 보이다가, 술에 취하기만 하면 한쪽으로 몸이 기울어지면서 마치 옥산이 무너지려는 것과 같았다."라고 평가받은 고사에서 나온 것이다. 《世說新語 容止》

참봉 정구부에게 주다

贈鄭參奉懼夫

이름은 윤신(允愼)이다.

골격이 당당하고 담기(膽氣)가 몸에 가득하니	骨格堂堂膽滿身
이 잡으며[180] 비참한 신세 얘기할 것 없지	不須捫蝨話悲辛
붕새가 회오리바람 올라탈 날 있으리니	鵬程會有扶搖日
하급 관리 풀 죽은 표정 짓질랑 마오	莫作青衫眊矂人
그대 창자엔 부귀영화, 내 속엔 강과 호수	君腸鍾鼎我江湖
대폿잔 들이켜며 한 방울도 남김없이	大白傾來一滴無
몇 날 밤을 주절주절 서로 실컷 마셔 대며	數夜狂言相痛飮
마을 술집 동내고는 누워서 병나발 불었네	村沽倒盡臥乾壺

180 이 잡으며 : 매우 곤궁한 처지를 비유한다. 전진(前秦)의 왕맹(王猛)이 소년 시절에 매우 곤궁하였는데, 동진(東晉)의 대장 환온(桓溫) 앞에서 옷 속의 이를 잡으며 천하의 일을 논한 고사가 있다.《晉書 王猛列傳》

의중과 함께 〈적벽도〉에 연구로 시를 짓다

同宜仲題赤壁圖聯句

암학 속에 소동파 얼굴 어렴풋이 보이는 듯 嵒壑依俙蘇子面

의지(義之)

풍광을 심씨 집안의 시 소재로 남겨 주었네 風光留與沈家詩

의중(宜仲)

일엽편주로 귀향할 계책을 실현해 보고 싶어 扁舟欲遂歸歟計

의지

적벽을 보노라니 덩달아 생각나는 바가 있네 赤壁看來有所思

의중

향사로 차출되어 전산으로 갈 적에 제생에게 보여 주며 작별을 고하다

差香使往錢山示諸生告別

미친 물결 요란해도 따로 방비할 것이 없이	狂瀾擾擾不須防
학문을 정미하게 함이 오직 하나의 방법이라[181]	學問精微只一方
잠을 깨면서부터 우습구나 심원이여	堪笑心猿初睡起
요컨대는 조즉존 사즉망을 알아야만[182]	要知操舍卽存亡
강석 치우고 말없이 벙어리처럼 혼자 있다	倚席無言兀似瘖
홀연히 대궐 하직하고 헤어지려니 아쉬워라	忽辭螭陛惜相離
옛 성의 역병 때문에 도성 문을 멀리 나가[183]	故城瘴癘脩門遠
흥망의 감회에 젖어 석양에 백발 날리리라	興廢斜陽一鬢絲

181 미친……방법이라 : 학문을 정밀하게 하여 본래의 마음을 일단 확립하면 요란한 외물의 유혹을 굳이 방비하려고 하지 않아도 자연히 극복하게 될 것이라는 말이다.

182 잠을……알아야만 : 마음이 달아나지 않게 항상 조심해야 한다는 말이다. 심원(心猿)은 마음이 원숭이처럼 날뛴다는 말이다. 131쪽 주127 참조. '조즉존 사즉망(操則存舍則亡)'은 잡으면 있다가도 놓으면 없어진다는 뜻인데, 《맹자》 〈고자 상(告子上)〉의 "잡으면 있고 놓으면 없어지며, 출입이 일정한 때가 없어 어디로 가는지 종잡을 수 없는 것, 이것이 바로 마음이라는 것이다.〔操則存, 舍則亡, 出入無時, 莫知其鄕, 惟心之謂與!〕"라는 말에서 발췌한 것이다.

183 옛……나가 : 역병(疫病) 퇴치를 위해 향사(香使)의 신분으로 황해도 문화현(文化縣)의 전산(錢山)에 있는 여제단(厲祭壇)에 가서 기도드릴 것이라는 말이다. 86쪽 주65 참조. 옛 성, 흥망의 감회는 전산이 멸망한 고려의 도성과 위치가 가까운 점을 감안해서 사용한 표현이다.

박거정의 집에서 파초를 감상하다

朴居正家賞芭蕉

이름은 세호(世豪)이다.

우활한 노인이 만년에 집에 드러누워	迂叟晩年臥一軒
뜰 가에 소쇄하게 화분을 놔두고는	庭邊蕭灑置花盆
파초 기르는 법을 은근히 말해 주는데	慇勤說與養蕉法
새 심을 새로 편다니 도학이 들어 있네[184]	新展新心道學存

184 새……있네 : 파초의 심이 돌돌 말려 속에서 나와 넓은 잎으로 펴지면 다시 새로운 심이 속에서 나오는 현상이 계속되는데, 이것이 날마다 새로 덕을 기르고 지식을 넓혀 가는 일신 우일신(日新又日新)의 공부와 비슷한 점이 있다는 말이다. 송유(宋儒) 장재(張載)가 파초를 읊으면서 "파초의 심이 다하여 새 가지를 펴면, 새로 말린 새 심이 어느새 뒤따라 나오나니, 바라건대 새 심으로 새 덕 기름을 배우시고, 새 잎사귀를 따라 새 앎을 일으키시기를.〔芭蕉心盡展新枝, 新卷新心暗已隨. 願學新心養新德, 旋隨新葉起新知.〕"이라고 하였다. 《張子全書 卷13 芭蕉》

양성 동헌의 시에 차운하다

次陽城東軒韻

한성 너머 고향 산천 눈에 안 보일 때까지	望斷家山隔漢城
구름 숲 어드메뇨 돌아갈 날 언제일까	雲林何處問歸程
한 못의 연잎이 어수선한 꿈 깨웠나니	一塘荷葉驚殘夢
소소히 빗발치는 옛날 소리가 기억나서	記得蕭蕭雨打聲

명비원[185]

明妃怨

미녀의 초상화를 잘못 그린 탓으로	一自蛾眉誤畫眞
한나라 궁전 자대를 멀리 떠난 몸	紫臺遙隔漢宮身
호가(胡笳) 소리에 봄밤의 꿈 홀연히 깨어	笳聲忽覺春宵夢
속절없이 호금 안고 찡그린 이마[186] 눈물짓네	空抱胡琴泣翠顰

185 명비원(明妃怨) : 명비의 원통한 사연을 노래한 악부(樂府) 금곡 가사(琴曲歌辭)의 이름이다. 명비는 한 원제(漢元帝) 때 흉노(匈奴)의 호한야(呼韓邪) 선우(單于)에게 보내어진 왕소군(王昭君)을 가리킨다. 진(晉)나라 때에 문제(文帝)인 사마소(司馬昭)의 휘(諱)를 피하여 명군(明君)으로 개칭하였고, 뒤에 다시 명비(明妃)로 부르게 되었다. 원제는 후궁이 워낙 많아서 화공(畫工)에게 궁녀의 그림을 그리게 하여 그 그림을 보고 궁녀를 골라 총애하곤 하였기 때문에 궁녀들이 화공에게 다투어 뇌물을 주었는데, 후궁 중 최고의 미인이었던 왕소군만은 그렇게 하지 않아서 화공이 초상화를 추하게 그린 까닭에 황제의 은총을 입지 못했을뿐더러 흉노가 선우의 연지(閼氏)가 될 미인을 요구했을 때에도 왕소군이 뽑혀서 가게 되었다고 한다. 《漢書 匈奴傳下》 《西京雜記 卷2》

186 찡그린 이마 : 미녀의 이마를 말한다. 춘추 시대 월(越)나라의 미인 서시(西施)가 가슴이 아파서 이마를 찌푸리는 모습이 평소보다 더 아름다웠다는데, 어떤 추녀가 이를 흉내 내어 얼굴을 찡그리며 다니자 사람들이 모두 도망쳤다는 이야기가 《장자(莊子)》 〈천운(天運)〉에 나온다.

국경의 시에 차운하다

次國卿韻

꽃다운 청춘 시절 다 지났다 말하지 마오	繁華休說摠消磨
봄이 와서 사람 집에 꽃이 활짝 피었다오	春到人家爛熳花
눈 가득 은광을 혼자서 먼저 웃나니	滿眼恩光先獨笑
다 같이 맞는 풍우가 한번 비켜 가서	一般風雨一番差

개성부 태평관에서 중국 사신의 시에 차운하다

開城府太平館次天使韻

꽃잎은 나부껴 떨어지고 초목은 신록인데　紅白飄零草樹新
옛집에서 옛 자취를 다시는 볼 수 없네　舊堂無復見芳塵
시 지으며 눈길 주는 흥하고 망했던 곳　吟哦指點興亡處
절반은 유편에서 눈으로 보았던 사람들　半是遺篇目擊人

청록색 초산 너머로 해는 넘어가려 하고　楚山蒼翠欲黃昏
홍백의 꽃 막 지는데 기온은 아직 따스해라　紅白初殘氣尙暄
취해서 난간을 치며 자주 눈길 보내나니　醉裏拍欄頻送目
때마침 성대하게 태평의 흔적이 보이니까　會看蔥鬱太平痕

객지에서 우연히 늦은 봄날의 경치 맞아　客裏光陰觸暮春
시편에 가득 쓴 주옥들 티끌 하나 없네　滿篇珠玉絶纖塵
온몸에서 오늘날 천상의 향기가 발산하니　渾身此日天香散
남은 은택을 조선인도 적실 수가 있으리　餘潤能霑海外人

둔재를 제목으로 짓다

題遯齋

공으로 말하면 조정에서 지위가 있으신 분　公是巖廊地位人
공명은 노대인데 귀밑머리는 오히려 청춘　功名老大鬢猶春
주묵 갈아 《주역》에 점 찍는 서재가 고요해서　研朱點易幽齋靜
밤중에 달이 엿보러 와 상객을 상대한다나요[187]　夜月來窺當上賓

187 공으로……상대한다나요 : 그동안 공명을 혼자서 차지하느라 늙어 버린 성세창(成世昌)이 그래도 겉으로 보기에는 젊은이 못지않은 패기를 지니고 있는 것 같아서, 달님이 한번 상대해 볼까 하고 엿보며 내려왔다가 재미없이 《주역》 공부만 하는 것을 보고서 그냥 치지도외하고 그 대신 풍류 일등객인 대관재 자신과 한번 놀아 보려고 할 것이라는 뜻의 해학적인 표현이다.

모재를 제목으로 짓다

題慕齋

평생 온갖 품행이 가장 뛰어난 분이건만	平生百行最魁人
눈서리 속에 슬프고 슬픈 오십 년 세월	霜雪哀哀五十春
곧장 채사로 보불하기를 기대했기에	直把彩絲期黼黻
관국하라고 빈에 일찌감치 충당했건만[188]	故教觀國早充賓

188 곧장……충당했건만 : 모재(慕齋) 김안국(金安國)이 채색 실〔彩絲〕로 임금님 옷의 아름다운 보불(黼黻) 무늬를 수놓는 것처럼 국정을 훌륭히 수행할 것이라고 조정에서 기대했기에 이른 나이에 과거 급제를 통해서 벼슬길로 들어서게 했을 것인데, 어찌하여 오랜 기간 슬픈 나날을 보내게 하는지 모르겠다는 뜻의 안타까운 심정을 토로한 말이다. 관국(觀國)은 《주역》 〈관괘(觀卦) 육사(六四)〉의 "나라의 휘황한 빛을 봄이니, 왕에게 나아가 손님 노릇을 하며 벼슬하는 것이 이롭다.〔觀國之光, 利用賓于王.〕"라는 말에서 나온 것으로, 과거에 급제하여 국정에 참여하는 것을 비유하는 말로 쓰인다. 두보(杜甫)의 시에 "내가 옛날 나이가 젊었던 날에, 일찌감치 관국하라고 빈에 채워졌었네.〔甫昔少年日, 早充觀國賓.〕"라는 표현이 있는데, 대관재가 '관국조충빈(觀國早充賓)'으로 순서만 바꿔서 사용하는 등 옛날의 명구를 표절하는 특유의 수법을 여기에서도 선보였다. 《杜少陵詩集 卷1 奉贈韋左丞丈二十二韻》 두보는 개원(開元) 23년(735) 24세 때에 이런 일이 있었고, 모재는 1501년(연산군7) 23세에 생진시에 입격하고 1503년에 별시 문과에 급제하였다.

수경이 기해년(1539, 중종34) 초시에 합격했기에 시를 지어 축하하다

守慶中己亥初試詩以賀之

금문의 과거 응시는 꾀꼬리 우는 봄이었는데	金門射策在庚春
머리 위의 섬계[189] 그림자가 아직도 새로워라	蟾桂臨頭影尙新
분원을 설파하고 나서 비로소 한번 웃었나니[190]	講破墳園方一笑
붓끝의 주옥같은 글 세상의 보배가 되리로다	筆端珠玉便成珍

189 섬계(蟾桂) : 두꺼비가 사는 월궁의 계수나무 가지를 꺾었다는 뜻의 섬궁절계(蟾宮折桂)의 준말로, 요즘 사용하는 승리의 월계관이라는 말과 비슷하다. 진 무제(晉武帝) 때에 현량대책(賢良對策)의 시험에서 장원을 한 극선(郤詵)에게 황제가 소감을 묻자 "달나라 계수나무 숲의 가지 하나를 꺾은 격이요, 곤륜산의 옥돌 한 조각을 캔 격이다.〔猶桂林之一枝, 崑山之片玉.〕"라고 답변한 고사에서 유래한 것이다. 《晉書 郤詵列傳》

190 분원(墳園)을……웃었나니 : 고전의 세계에 대한 실력을 이번에 한껏 발휘하고 나서 비로소 처음 얼굴을 펴고 웃었다는 뜻으로, 그동안 공부하느라 애쓴 노고를 위로하는 말이다. 분원은 보통 묘지를 뜻하는 말이지만, 여기서는 대관재가 삼분(三墳)의 동산이라는 뜻으로 조어(措語)하였다. 삼황오제 시대의 책을 삼분오전(三墳五典)이라고 하고, 줄여서 분전이라고 한다.

차대유에게 주다

贈車大遺

이름은 희윤(熙胤)이다.

학사에서 나란히 생활했던 오 년의 세월	學舍聯鑣五載春
지금 다시 생기발랄한 옛 풍채를 마주했네	如今還對舊精神
왕년의 다락 안 야유회를 물론 기억하시겠지	他年應憶樓中會
솔 달 아래 풍악 울리며 몇 순배 술 돌리던 일	松月絃歌酒幾巡

김국필에게 주다

贈金國弼

이름은 정국(正國)이다.[191] 이때 내가 공 및 ▨▨와 함께 안성(安城)의 도회시관(都會試官)으로 차출되었다.

시험지 채점하느라 지루한 시간 보내다가　　雌黃翰墨幾多時
바람 가득한 다락에서 대폿잔에 술 가득　　風滿高樓酒滿巵
헤어지면 마음속으로 생각만 계속 이어지며　　別後幽懷空脈脈
그저 꿈길 속에서나 서로 따르며 어울리리　　秖將魂夢暗相隨

191 이름은 정국(正國)이다 : 대본에는 '名▨▨'로 되어 있다. 《모재집(慕齋集)》 권14 〈제가선대부예조참판김공묘지명(弟嘉善大夫禮曹參判金公墓誌銘)〉에 근거하여 '▨▨'에 '正國'을 보충하여 번역하였다.

제생에게 보여 주어 뜻을 면려하다

示諸生使勉其志

인간 세상이야 권세와 이끗이 판치는 곳이지만	人間勢利自紛如
사업은 성현이 남긴 뜻을 찾아야 하고말고	事業須尋聖訓餘
청컨대 무사의 시[192]를 한마디 읊어 보시게나	請誦無邪詩一語
풍화월로를 읊는 것[193]은 모두 바보짓이라네	風花月露摠籧篨

192 무사(無邪)의 시(詩) : 《시경》에 나오는 시구를 말한다. 마음속에 간사한 생각이 없다는 뜻의 사무사(思無邪)라는 말이 《시경》 〈노송(魯頌) 경(駉)〉에 나오는데, 공자가 "《시경》에 나오는 300여 편의 시를 한마디로 요약하면 사무사라고 할 수 있다."라고 하였다. 《論語 爲政》

193 풍화월로(風花月露)를 읊는 것 : 바람, 꽃, 달, 이슬 등 주위의 경치를 한가로이 읊느라 시간을 허비하면서 화려하게 시문을 지으려고 쓸데없이 공들이는 것을 말한다.

과거 응시생들과 작별하며 지어 주다

贈別擧子

삼복더위에 땀방울로 수건을 흠뻑 적시면서	三庚珠汗苦沾巾
필진의 공이 이뤄지고 사업이 새로워진 만큼	筆陣功成事業新
이제는 시험장에서 도약할 것이 기대되니	從此龍門期一躍
동지와 함께 모쪼록 조정의 보배가 되시기를	拔茅應作廟堂珍

안성의 극적루에 제하다

題安城克敵樓

소나무 은행나무 짙은 녹음 아래	虯髥鴨脚綠陰稠
낭자한 술자리 감흥도 이미 시들	狼藉賓筵興已收
찜통더위가 혹독한 관리 같다고 말하지 마오	莫道炎蒸如酷吏
맑은 바람이 옷깃 가득 가을 기분 내려 하니[194]	淸風擬作滿襟秋

194 찜통더위가……하니 : 오대(五代) 후주(後周)의 범질(范質)이 "찜통더위는 혹독한 관리처럼 물러가고, 맑은 바람이 반가운 친구처럼 찾아온다.〔大暑去酷吏, 淸風來故人.〕"라고 부채에 썼던 고사를 떠올리지 않았나 싶다. 송나라 석문영(釋文瑩)의 《옥호야사(玉壺野史)》 권6에 이에 관련된 내용이 상세히 나온다.

누각 아래 대나무를 읊다
詠樓下此君

다락 아래 빽빽이 들어찬 벽옥의 몸뚱이	樓下蕭森碧玉身
풍상 속의 굳센 절조가 고고한 도인 같네	風霜勁節似高人
녹엽[195]을 함께 기울이다 이번에도 취했으니	共傾綠葉還成醉
가랑비 맞는 맑은 소리 꿈속에 자주 들리겠네	細雨淸聲入夢頻

195 녹엽(綠葉) : 댓잎으로 만든 죽엽청(竹葉靑)이라는 명주를 말한다.

만년송을 읊다

詠萬年松

지상에 깔린 맑은 그늘 그 안에 몇 칸의 집	鋪地淸陰屋數楹
묻노라, 너는 몇천 년을 어떻게 살아남았느냐	問渠贏得幾千齡
떠날 임시에 슬픈 바람 홀연히 일으키니	臨行忽有悲風起
가지와 잎이 숨죽여 우는 석별의 소리인 듯	枝葉如呑惜別聲

정연연의 시에 차운하다

次鄭淵淵韻

이름은 연(淵)이다.

백발로 만나다니 늙는 것이야 어떡하나　白首相逢奈老何
친구를 추억하면 산에 묻혀 있는 것을　追思親舊已山阿
그대 지금 욕심 없이 얼굴이 항상 좋은 것은　君今無欲顔常好
청풍 속에 높이 누워 늠름한 기상 안 닳아서　高臥淸風凜不磨

공은 천성이 청렴결백하여 일찍이 몇 고을의 원을 지냈으면서도 집안에 한 항아리의 양식도 없었다.[196]

196 집안에……없었다 : 대본에는 '家無▨石'으로 되어 있다. 문맥에 근거하여 '▨'에 '甔'을 보충하여 번역하였다.

소언겸에게 봉정하다

奉贈蘇彦謙

휘(諱)는 세양(世讓)이다.

손에 책을 들고 글을 논하던 약관의 시절에　挾策論文弱冠時
뭇 아이들 압도하는 공의 기개를 알았지요　知公氣概壓群兒
지금은 곧장 경륜을 펼칠 그릇이 되신 데다　如今便作經綸器
금수와 같은 기걸한 문장을 지니고 계심에랴　況有雄詞錦繡奇

병이 많아 사립문 닫고 왕래 끊은 채　多病柴扉斷往還
이때 내가 성안으로 거처를 옮겨 묵고 있었다.
애써 벼슬하느라 풍진세상에 누웠는데　强將簪笏臥塵闤
늙어 가며 아직도 낫지 않는 병이 있어　老來尙有膏肓疾
남은 밤 고향 꿈 꾸다 깜짝 놀라 깬다오　驚破殘宵夢故山

자미의 〈공중누각〉 시에 차운하다[197]

次子美空中樓閣韻

공중을 가로지른 누각은 구조가 널찍하고	樓閣橫空結構寬
게다가 남은 땅은 고산을 일으켜 세울 정도	更敎餘地起高山
영아의 곡하는 소리 처음부터 다 듣고는	從頭聽了嬰兒哭
눈 밑을 보니 별다른 하나의 한가한 세계	眼底乾坤別一閑

197 자미(子美)의……차운하다 : 자미는 대관재의 절친한 벗인 홍언필(洪彦弼)의 자이다. 그는 《대관재난고》에 고풍의 장시를 기증하기도 하였다. 자미는 두보(杜甫)의 자이기도 한데, 그의 문집에는 〈공중누각〉 시가 실려 있지 않다. 공중누각은 신기루와 같은 현상을 말하는데, 대관재의 이 시는 임사 체험(臨死體驗)이나 유체 이탈(遺體離脫)과 같은 신비 현상을 소재로 지은 것이 아닐까 추측해 본다.

부령으로 교체되는 유기옹과 작별하다

別柳耆翁換富寧

공명을 주워 담은 것이 아직 머리털 검은 때	俯拾功名尙黑頭
높은 재질은 국가 정책 수립이 적합하겠지만	高材應合廟堂籌
오랑캐 부락 모두 무력을 쓴다고 들은 듯하니	似聞夷落皆弓劍
우선 위력으로 북쪽 변경 납작 엎드리게 해야	須把威稜臥北陬

정업원에 내린 선온에 사례하다
淨業院謝宣醞

중사가 문에 임해서 비단 깔개 펼치니	中使臨門設錦茵
하늘 향기 진하게 물씬 풍기는 동정춘[198]	天[199]香馥郁洞庭春
한 몸이 크나큰 은택에 흠뻑 젖었으니	一身渾是霑鴻渥[200]
성인을 축복한 화봉인[201]을 본받고 싶네	庶效華封祝聖人
내리신 황봉[202]에 절하려니 감격의 눈물이 줄줄	拜賜黃封感涕滂
정이 깊어 나도 모르게 술잔을 들고 또 들었네	情深不覺累千觴
지금 국가에서 현능한 인재를 필요로 하니	如今家國須賢俊
명당의 동량이 될 기대를 저버리지 말아야지	休負明堂作棟樑

198 하늘……동정춘(洞庭春) : 동정춘은 동정춘색(洞庭春色)의 준말로, 황감(黃柑)으로 담근 술을 말한다. 소식(蘇軾)의 〈동정춘색〉 시서(詩序)에 "안정군왕(安定郡王)인 조세준(趙世準)이 황감으로 술을 담그고는 동정춘색이라고 이름 지었는데, 색과 향과 맛이 삼절(三絶)이었다."라는 말이 나온다. 《蘇詩補註 卷34》

199 天 : 대본에는 '夫'로 되어 있는데, 문맥에 근거하여 '天'으로 바로잡았다.

200 鴻渥 : 대본에는 '鳿屋'으로 되어 있는데, 문맥에 근거하여 '鴻渥'으로 바로잡았다.

201 화봉인(華封人) : 화 땅을 지키는 사람이라는 말인데, 그가 요(堯) 임금에게 수(壽)와 부(富)와 다남(多男)을 축원한 화봉삼축(華封三祝)의 이야기가 《장자(莊子)》 〈천지(天地)〉에 나온다.

202 황봉(黃封) : 황봉주(黃封酒)의 준말로, 관청에서 빚어 황색 비단이나 종이로 봉한 술을 말하며 보통 임금이 신하들에게 하사하는 술을 일컫는다.

문연의 통진 농장에 제하다

題文淵通津農莊

여관 창가에 비바람 섞인 가을 소리요	旅窓風雨雜秋聲
한밤중에 화들짝 우는 곤계의 소리로다	夜半鵾鷄㖖㖖鳴
떠도는 나그네의 눈물 자꾸만 훔치나니	數掬飄零遊子淚
이번 길에 고향에다 정을 함께 두고 와서	此行留與故園情

정승 형의 집에 와서 눈물을 훔치며 우연히 읊다
到政丞兄家拭淚偶吟

동산 정자엔 물총새 둥지 텅 비어 있고　園亭翡翠巢空在
난간 층계엔 용의 갈기 여전히 푸르러라　軒塢虯龍鬣尙蒼

형이 -원문 1자 판독 불가- 소나무를 섬돌 -원문 1자 판독 불가-에다 손수 심었다.

육 년 동안 빈연은 봄이 와도 적적한데　六載賓筵春寂寂
지금 꿈 없이도 봄풀이 못 둑에 돋아나네[203]　至今無夢草生塘

203 지금……돋아나네 : 남조(南朝) 송(宋)의 사영운(謝靈運)이 좋은 시구를 찾지 못하다가, 꿈속에서 족제(族弟)인 사혜련(謝惠連)을 만나 '못 둑에 봄풀이 돋아난다.〔池塘生春草〕'라는 명구를 얻고는 귀신의 도움을 받았다면서 매우 흡족하게 여겼던 고사가 있다.《南史 謝惠連列傳》이 고사를 인용한 서거정(徐居正)의 시에 "시가 있게 끔 꽃은 오솔길에 가득하고, 꿈이 없어도 풀은 못 둑에 돋아나네.〔有詩花滿徑, 無夢草生塘.〕"라는 표현이 있는데, 대관재가 다른 사람의 시구를 태연히 갖다 쓰는 상습적인 행태를 여기에서도 보여 주고 있다.《四佳詩集補遺 卷3 金溝》

공관에 홀로 누워 정승 형을 추도하다

獨臥公館追悼政丞兄

동산의 달님이 얼굴을 반쯤 내미니	東嶺氷輪露半規
나무숲 어지러이 그림자 들쭉날쭉	樹林凌亂影參差
강천에서 하염없이 눈물 홀연히 뿌리나니	江天忽灑無從涕
기러기가 길 떠나며 애끓게 우는 시기라서	爲是羈鴻叫斷時

서가구에게 주다

贈徐可久

홍진 세상이 가시울타리와 지척의 거리	囂塵咫尺隔荊籬
산수 간에 고적하게 그림자만 따라다니네	泉石飄蕭影獨隨
새벽 창가 솔 이슬에 옷이 젖으려 하니	松露曉窓衣欲濕
연주점역을 하며 타괴를 행하는 때라오[204]	研朱點易打乖時

공이 이학(理學)에 마음을 집중하고 역(易)의 이치를 깊이 연구하였다.

상수가 분명해져서 희미한 길이 뻥 뚫리고[205]	分明象數豁溟濛
《위편》의 성학[206]에 침잠하여 눈이 환해졌다네	潛聖韋編眼已空

204 연주점역(研朱點易)을……때라오 : 서가구(徐可久) 즉 서경덕(徐敬德)이 역의 원리를 탐구하면서 기미를 미리 살펴 변화에 대응한다는 말이다. 연주점역은 주묵(朱墨)을 갈아 《주역》에 권점(圈點)을 찍는다는 말로, 역의 공부에 몰두하는 것을 말한다. 182쪽 주187 참조. 타괴(打乖)는 자신의 괴려(乖戾)한 면을 타파하고 수습하여 세상과 원만하게 뒤섞여 살면서 조화를 도모한다는 뜻으로, 수기응변(隨機應變)이나 화광동진(和光同塵)과 통하는 말이다.

205 상수(象數)가……뚫리고 : 서경덕이 상수학(象數學)에 통달했다는 말이다. 상수는 《춘추좌씨전(春秋左氏傳)》 희공(僖公) 15년의 "귀(龜)는 상(象)이요, 서(筮)는 수(數)이다. 물(物) 이후에 상(象)이 있고, 상 이후에 자(滋)가 있고, 자 이후에 수(數)가 있게 된다."라는 말에서 기인한 것으로, 간단히 말해서 역(易)에 나타나는 상과 수를 말한다. 상(象)은 천(天), 일(日), 산(山), 택(澤)과 같은 종류를 말하고 수(數)는 초(初), 상(上), 구(九), 육(六)과 같은 것을 말하는데, 송나라 소옹의 《황극경세서(皇極經世書)》에서 상수학이 집대성되었다는 평가를 받고 있다. 서경덕 역시 소옹의 상수학을 전공하여 일가를 이루었으므로 이렇게 말한 것이다.

똑똑 소리 들려도 문을 계속 처닫은 채 剝啄聞來猶掩戶
선천의 복희 노인[207]만 응대할 뿐이라오 先天應對伏羲翁

차운하다 次韻

가구(可久)

푸른 시내 속삭이며 소나무 울을 감아 돌고 碧溪幽咽護松籬
정원에는 사람 없이 새들만 따라다니는 곳 庭院無人鳥雀隨
홀연히 귀한 시를 받고 소득이 있어 기뻤나니 忽被珠璣欣有得
맑은 창가 손을 씻고 나 홀로 음미했더라오 晴窓盥漱獨吟時

선생의 기우는 홍몽에서 나왔는지라[208] 先生氣宇出鴻濛
뜬구름 같은 부귀는 안중에도 없다네 富貴浮雲眼底空
그냥 학교에 몸담고 자신의 도를 밝힐 뿐 聊仗廣文明己道
누가 알까, 벼슬 속에 숨는 희한한 어르신을 誰知仕隱一奇翁

206 위편(韋編)의 성학(聖學) : 역학(易學)을 말한다. 위편은 무두질한 가죽끈으로 묶은 책이라는 뜻으로, 《역(易)》의 별칭이다. 공자(孔子)가 만년에 《주역》을 읽기를 좋아해서 가죽끈이 세 번이나 끊어졌다는 위편삼절(韋編三絶)의 고사에서 나온 것이다. 《史記 孔子世家》

207 선천(先天)의 복희(伏羲) 노인 : 선천획(先天畫)을 그은 복희씨(伏羲氏)라는 말이다. 소옹은 팔괘(八卦)를 그린 복희씨의 역을 선천역(先天易)이라 하여 선천팔괘도(先天八卦圖)를 짓고 선천상수학(先天象數學)을 제창하여 우주 만물의 생성 과정을 연역적으로 해명하였다.

208 선생의……나왔는지라 : 대관재의 흉금이 원기(元氣) 덩어리로 뭉쳐 있다는 말이다. 홍몽(鴻濛)은 우주가 형성되기 이전의 원초적인 기의 상태를 뜻하는 말이다. 홍몽(鴻蒙)이라고도 한다.

신암에 제하다

題神菴

발 저는 나귀 타고 어스름 저녁에 산성 쪽으로　　蹇驢薄暮向山城
소나무 참나무 무성한 숲 사이로 오솔길 하나　　松櫟森沈一逕明
-원문 1자 판독 불가-[209] 메조밥을 실컷 먹고 불화까지 보았으니
飽糲▨堂看佛畫
거승은 퇴지의 행적을 당연히 말하겠네[210]　　居僧應道退之行

209 원문……불가 : 원문은 '▨堂'이다. '堂'은 원문의 문제로 번역하지 않았다.

210 거승(居僧)은……말하겠네 : 유자(儒者)와 불자(佛者)가 친근하게 어울렸다고 칭할 것이라는 말이다. 퇴지(退之)는 한유(韓愈)의 자이다. 그가 조주 자사(潮州刺史)로 있을 적에 노승 태전(太顚)과 친하게 지내다가 헤어지면서 옷가지를 남겨 주었던 이야기가 전한다.《古文眞寶 後集 卷2 與孟簡尙書書》

복령사에서 장자정에게 주다

福齡寺贈張子貞

이름은 백(柏)이다.

절간에 술 한잔 함께 나눌 사람은 없고	蕭寺無人共一尊
세상 소음 너머 잠 깨우는 솔바람 소리뿐	松聲驚枕隔塵喧
밤사이 간담이 맑아진 것이 이와 같건만	夜來肝膽淸如許
지척에선 부질없이 눈과 달만 논하누나	咫尺空將雪月論

가구에게 주다

贈可久

배 속에 시서 가득하니 도가 궁하지 않고	滿腹詩書道不窮
팔베개하고 이따금 또 주공을 꿈꾸는 분[211]	曲肱時復夢周公
행단의 재가 식고 염계의 물이 말랐는지라[212]	杏壇灰冷濂溪竭
눈이 흐려서 이 어르신 알아보는 사람 없네	昧眼無人識此翁

211 팔베개하고……분 : 서가구 즉 서경덕(徐敬德)이 안빈낙도의 삶을 살며 도가 쇠해지지 않았다는 말이다. 공자가 "나물밥에 물 마시고 팔 베고 눕더라도 낙이 또한 그 속에 있다."라고 하고, 또 "내가 너무도 쇠해졌구나, 꿈속에서 주공을 다시 뵙지 못한 지 오래되었으니."라고 탄식한 내용이 《논어》 〈술이(述而)〉에 나온다.

212 행단(杏壇)의……말랐는지라 : 도학(道學)의 맥이 끊겼다는 말이다. 행단은 공자가 제자들에게 강학했다는 곳으로 정통 유학을 가르치는 학교를 말하고, 염계(濂溪)는 《태극도설(太極圖說)》의 저자인 주돈이(周敦頤)가 살던 곳의 시내 이름으로 그의 호이기도 하다.

연경사에서 안 수재에게 주다

衍慶寺贈安秀才

이름은 종(宗)이다.

사원 안의 밤기운이 물처럼 맑고	招提夜氣水如淸
들리는 소리 없이 설월이 밝은 때	萬籟收聲雪月明
베개 밀치고 새벽 술 마시며 비로소 깨달았나니	推枕澆書方一覺
새벽에 우는 닭 소리 영롱하게 들리는 것을	玲瓏聽取曉鷄鳴

보현봉에 오르다

登普賢峯

개미도 창공에 오르면 하늘을 언덕쯤으로 여기고 蟻緣碧落天疑垤
겨자도 창해에 뜨면 바다를 농짝쯤으로 여기는데 芥泛蒼茫海作籠
우스워라, 창려는 공연히 후회하며 깨물다니 堪笑昌黎空悔咋
장차 한만과 약속하고 홍몽을 치고 오르리라[213] 將期汗漫拍鴻濛

213 우스워라……오르리라 : 창려(昌黎) 즉 한유(韓愈)는 기껏해야 화산(華山) 정도를 오르면서 죽을지도 모른다고 벌벌 떨었지만, 대관재 자신은 신선인 한만(汗漫)과 짝하여 우주를 휘저으며 마음껏 돌아다닐 것이라는 말이다. 한유의 시에 "미친 짓을 왜 했는지 손가락 깨물며 후회했나니, 위험한 곳 가지 말라는 경계의 글을 남기고는 가슴에도 새겼다네.〔悔狂已咋指, 垂誡仍鐫銘.〕"라고 하였는데, 그 주(註)에 "공이 일찍이 화산(華山)을 지나다가 정상에 올라가 발광하며 통곡하고는 글을 남겨 경계를 삼도록 하였는데, 이 사실이 이조(李肇)의 《국사보(國史補)》에 보인다."라고 하였다. 《東雅堂昌黎集註 卷2 答張徹》 한만은 본래 아득하여 알 수 없는 경지를 말하지만, 이인(異人)인 약사(若士)가 "나는 세상 밖에서 한만과 노닐기로 약속했으니, 오래 머물러 있을 수가 없다."라고 대답하고 곧장 구름 속으로 들어갔다는 이야기에 기인하여 선인(仙人)의 명자(名字)로 쓰이게 되었다. 《淮南子 道應訓》 홍몽(鴻濛)은 보통 혼돈을 의미하지만, 여기서는 끝없는 공간인 우주, 높은 하늘의 뜻으로 쓰였다.

온양으로 부임하는 조카 사공과 작별하며 주다

贈別猶子思恭赴溫陽

이때 내가 송경(松京)에 있었다.

황폐한 궁전에 황량한 세월 얼마나 많았겠나마는　廢殿荒涼歲幾强
-원문 1자 판독 불가- 처마에 걸린 소나무 달 아래 씩씩하게 누웠노라　▨簷松月臥昂藏
꿈속에서 공연히 내왕할 줄 알겠다마는　知渠魂夢空來往
이별 생각에 쓸데없이 애끊지 말지어다　莫把離懷枉斷腸

선친의 기일이 임박해서 개성에서 상경하며 제생과 작별하다
余以先君諱日自開城上京別諸生

요순의 도는 효제에서 찾아야 한다는	堯舜須從孝悌尋
자여의 가르침[214]이 예로부터 전해졌나니	子輿垂訓古來今
다 함께 천인책[215] 바칠 것을 알겠다마는	知渠共進天人策
벼슬길 이름 날림도 바로 이 마음이니라	宦路蜚英卽此心
선생이 성의는 있어도 재주 없음이 부끄럽고	函丈諄諄愧不材
도맥에 침잠하는 뜻이 재로 변함을 탄식하네	沈潛道脈歎成灰
헤어져 서울 와서도 한가한 시간이 없으리니	別來京國身無暇
옛 사당 송추 찾으러 꿈에 자주 들를 테니까	故廟松楸夢幾回
설월과 같은 흉금으로 티끌 한 점 없이	雪月襟懷絶點塵
탕반의 아홉 글자 얼마나 일신하였던가[216]	湯盤九字幾番新

214 요순(堯舜)의……가르침 : 《맹자》 〈고자 하(告子下)〉에 "요순의 도는 효제(孝悌)일 뿐이다."라는 맹자의 말이 나온다. 자여(子輿)는 맹자의 자이다.

215 천인책(天人策) : 천인삼책(天人三策)의 준말로, 뛰어난 시험 답안지를 말한다. 한 무제(漢武帝) 때 동중서(董仲舒)가 현량대책(賢良對策)의 시험에서 천인감응설(天人感應說)을 요지로 세 번 대책을 올려 무제의 인정을 받은 고사에서 유래한 것이다. 《漢書 董仲舒傳》

216 탕반(湯盤)의……일신하였던가 : 탕왕(湯王)이 몸 씻는 그릇에다 "어느 날 심신을 씻어서 새로워졌으면, 그날에만 그치지 말고 매일매일 새롭게 할 것이요, 또 날이

헤어지며 성공이 늦었다 한탄하지 말라	相離莫恨成功晩
배 속 가득한 식견 모두 보배가 될 테니까	滿腹琅玕摠是珍

갈수록 더욱 새롭게 되도록 할 것이다.〔苟日新, 日日新, 又日新.〕"라고 새겼다. 이를 탕지반명(湯之盤銘) 아홉 글자라고 한다. 《書經 太甲》

유회를 읊은 절구 네 수를 가구에게 주다
幽懷四絶贈可久

고국의 흥망이 눈 한 번 깜짝할 사이인데	故國興亡一瞥如
지금도 경상의 옛집이 그대로 남아 있네	至今卿相有遺居
왕성한 기운 모두 쇠했다고 말하지 마오	莫言旺氣渾蕭索
후손들에게 적선의 여경[217]을 남겨 주었으니	留與雲仍積慶餘

신바람 내며 신학으로 소년들 모여들어	躧躧新學少年叢
정미한 학문을 평하여 아동 교육이라나	指點精微爲訓蒙
삼백 편 사무사는 《시경》에 송이 있거니와[218]	三百無邪詩有頌
풍화월로를 읊는 것은 돼지 똥 말똥일 뿐	風花月露摠苓通

학문은 오직 사람의 성실함에 달려 있으니	學問於人只在誠
하늘의 운행 본받아 쉬지 않아야 하고말고[219]	要須不息法天行

217 적선(積善)의 여경(餘慶) : 《주역》 〈곤괘(坤卦) 문언(文言)〉의 "선을 쌓은 집안에는 후손에게 반드시 경사가 있게 마련이고, 불선을 쌓은 집안에는 후손에게 반드시 재앙이 돌아오게 마련이다.〔積善之家, 必有餘慶; 積不善之家, 必有餘殃.〕"라는 말에서 나온 것이다.

218 삼백……있거니와 : 《시경》 〈노송(魯頌)〉에 나오는 사무사(思無邪)라는 말을 가지고 공자가 《시경》의 시 삼백 편을 요약했다는 말이다. 187쪽 주192 참조.

219 하늘의……하고말고 : 《주역》 〈건괘(乾卦) 상(象)〉에 "하늘의 운행이 강건하니, 군자가 이를 본받아 스스로 힘쓰며 쉬지 않는다.〔天行健, 君子以自彊不息.〕"라고 하였다.

현관의 영시는 원숭이가 날뛰기 시작할 때 玄關靈匙猿初起
그래도 희미한 등불 한 점 밝음이 있으니까[220] 尙有殘燈一點明

《인경》을 곤월에 부친 뜻이 깊은데[221] 衮鉞麟經寓意深
군친의 대의를 누가 능히 찾아낼까 君親大義孰能尋
알겠노라, 그대 오직 충효를 패복한 것을 知君佩服唯忠孝
효를 충으로 옮긴 것도 이 마음이었으리 移孝爲忠秪此心

차운하다 次韻

가구(可久)

세상 밖 한산한 사람이라 언제나 느긋하니 象外散人常晏如
초가집이 진짜로 신선의 거소와 유사하오 草廬眞箇類仙居
게을러 세상과 안 맞아도 되레 즐길 만하니 疏慵寡與還堪樂
운천 속에서 놀다 보면 다른 맛이 있으니까 弄得雲泉自有餘

220 현관(玄關)의……있으니까 : 마음이 외물을 접하고 작동하기 시작할 때 어떻게 제어하느냐에 따라 도의 관문에 들어가느냐의 여부가 결정되는데, 그래도 아직은 인심(人心)을 극복하는 도심(道心)이 약간은 남아 있어서 그 불씨를 되살려 일으킬 수 있으니 완전히 실망할 단계는 아니라는 말이다. 현관의 영시(靈匙)는 현묘한 도의 관문에 들어가는 신령한 열쇠라는 말이고, 원숭이는 심원(心猿) 즉 원숭이처럼 동요하는 마음을 말한다. 131쪽 주127 참조.

221 인경(麟經)을……깊은데 : 역사의 평가가 현세의 칭찬이나 비난보다도 훨씬 중하다는 말이다. 《인경》은 《춘추》의 별칭이다. 《춘추》가 애공(哀公) 14년의 "서쪽 들판으로 사냥을 나가서 기린을 붙잡았다.〔西狩獲麟〕"라는 경문(經文)으로 끝난 데에서 유래하였다. 《인사(麟史)》라고도 한다. 곤월(衮鉞)은 포폄(褒貶)을 말한다. 고대에 곤의(衮衣)를 내려 표창하고 부월(斧鉞)을 내려 징벌하였던 데에서 유래하였다.

배우려다 잡다한 문제에 걸려 한숨만 쉴 뿐 爲學長嗟坐宂叢
나의 무지 깨우치는 선정을 만나지 못한 채 未逢先正發余蒙
공부하는 손 어렵사리 그래도 놓지 않다 보니 辛勤做得工夫手
오십 년 지나 이제야 비로소 통하는 것 같기도 五十年來似始通

맹자 같은 선각을 보면 언어와 사려가 참되니 孟軻先覺語思誠
학문이 참됨에 이르러야 행동이 자연스러운 법 學到誠時自在行
내 몸을 반성하면 내구[222]가 없을 수 없으니 反省未能無內疚
고명하다 자부하기 부족함을 이제 알겠네 始知不足恃高明

군자는 요컨대 도의 경지가 깊어야 하니 君子要須造道深
공을 거둠에 이르러야 찾는 걸 비로소 쉬지 到收功處始休尋
근년 이래로 진짜 소식을 간파하고 보니 年來覷破眞消息
종전에 마음 허비한 게 내가 봐도 우스워 自笑從前枉費心

다시 차운하다 2수 再次 二首

《주역》 한 책 속에 모든 이치가 들어 있기에 一部羲經衆理叢
삼절[223]을 본받아 나의 몽매함 깨우치려 했네 欲追三絶啓余蒙
감리 호택[224]의 원리를 사람들이 혹 알는지 坎離互宅人知否

222 내구(內疚) : 자기만이 아는 내면의 흠이나 부족함을 말한다. 《논어》 〈안연(顔淵)〉의 "자기 내면을 살펴서 흠 될 것이 없다면 걱정하고 두려워할 것이 뭐가 있겠는가.〔內省不疚, 夫何憂何懼?〕"라는 공자의 말에서 나온 것이다.

223 삼절(三絶) : 공자가 《주역》 연구에 매진했다는 위편삼절(韋編三絶)의 고사를 말한다. 201쪽 주206 참조.

이런 작은 천기도 통하기 쉽지 않은 것을　　些子天機未易通

화동의 연하가 걸음마다 깊어지니　　花洞煙霞趁步深
도원을 뭐 하러 쓸데없이 찾으리오　　桃源何用枉探尋
한가한 세계의 맛을 음미하고 나서는　　自從喫得閑中味
병 속의 별천지가 마음에 있음을 알겠네[225]　　壺裏乾坤認在心

224 감리(坎離) 호택(互宅) : 상극(相克) 속에 상생(相生)의 요소가 내포되어 있어서 모순과 대립 속에서도 서로 포용하며 생성 발전하는 것을 의미한다. 감리는 수화(水火), 연홍(鉛汞), 음양(陰陽)처럼 서로 반대되는 것을 말한다. 호택은 서로 자기 집에 반대되는 짝인 상대방을 수장(收藏)한다는 뜻의 호장기택(互藏其宅)을 줄인 말로, 장재(張載)의 "음과 양의 정(精)이 서로 자기 집에 상대를 수장하니, 이렇게 되면 각자가 안존(安存)할 바를 얻게 되므로 일월의 형(形)이 영원토록 변치 않게 되는 것이다."라는 말에서 나온 것이다. 《張子全書 卷2 正蒙1 參兩篇第2》

225 한가한……알겠네 : 궁극적인 문제를 풀고 나서 더 이상 할 일이 없는 한가한 도인의 경지를 체득하고 보니, 세상에서 바라 마지않는 선인(仙人)의 복락(福樂)의 세계라는 것도 모두 마음속의 일이라는 것을 깨닫겠더라는 말이다. 병 속의 별천지는 호공(壺公)의 고사에 나오는 선경(仙境)을 말한다. 전설에 의하면, 후한(後漢)의 술사(術士) 비장방(費長房)이 시장에서 약을 파는 선인 호공의 총애를 받아 그의 호리병 안으로 들어가 봤더니, 그 안에 일월(日月)이 걸려 있고 신선 세계인 별천지가 펼쳐져 있었으므로 그 고대광실 안에서 맛 좋은 술과 음식을 실컷 먹고 나왔다고 한다. 《後漢書 方術列傳下 費長房》《神仙傳 壺公》

가구의 시에 차운하다

次可久韻

유천에 침수하는 풍류 끊어졌다 누가 말하는가　誰言枕漱乳泉罄
우물 치고 도르래 물 긷는 생활이 또 있는 걸　更有轆轤垂渫井
하루살이 기멸하는 속에 오연히 휘파람 부노니　嘯傲蜉蝣起滅闤
환단을 어찌 꼭 운정에서 구워 낼 것이 있으랴[226]　還丹何必煮雲鼎

희이[227]에 한번 누웠다가 새벽에 잠을 깨니　一臥希夷曉睡破
숲 안개 골 물소리 다투어 와서 흥 돋우네　林霏洞屑爭來佐
모골이 황홀해지는 것이 매미가 허물 벗듯　恍然毛骨蛻如蟬
취답하는 남의 노래[228] 화답해 줄 사람 없네　醉踏藍歌無與和

226 유천(乳泉)에……있으랴 : 인적이 드문 산림에 은거하여 바윗돌을 베개 삼고 흐르는 물에 이를 닦는 침석수류(枕石漱流)의 풍류를 즐기는 것도 좋겠지만, 금방 나왔다 금방 사라지는 하루살이를 연상케 하는 중생들의 세계 속에서 더러운 우물을 깨끗이 치우고 두레박으로 물을 길어 먹으며 함께 살아가는 것도 나쁠 게 없으니, 굳이 구름 속에 솥을 높이 걸어 놓고 장생불사의 단약(丹藥)을 만들려고 고생할 필요가 있겠느냐는 말이다.

227 희이(希夷) : 보이지도 않고 들리지도 않는 도의 세계를 뜻하는 말로, 서가구 즉 서경덕(徐敬德)의 거소를 비유한 말이 아닌가 한다. 《노자(老子)》 14장에 "도는 보려고 해도 보이지 않으니 이것을 이(夷)라고 하고, 들으려고 해도 들리지 않으니 이것을 희(希)라고 한다."라는 말이 나온다.

228 취답(醉踏)하는 남(藍)의 노래 : 술에 취해서 발을 굴러 박자를 맞추며 부르는 남채화(藍采和)의 노래라는 말이다. 전설상 팔선(八仙)의 하나로 칭해지는 남채화가

공리 구구한 이 세상 살아가기 어려워서	功利區區涉世難
한 마음 언제나 수운 사이에 걸려 있는데	一心長掛水雲間
붉은 절벽 무성하게 떨기로 난 계수나무[229]	丹厓偃[230]蜷叢生桂
조석으로 오두막에서 손으로 부여잡을 만도	朝夕衡門手可攀

생래적으로 대도는 옛 성왕 배우는 것인지라	生來大道學皇王
문밖에 학생들 뒤질세라 분주하게 몰려드네	戶外摳衣競踉蹌
소매 속에 오래 오므린 춘추필법의 붓이	久縮袖中麟史筆
남모르는 덕의 숨은 빛 드러내 보이리라	應將潛德發幽光

가구의 시를 붙임 附可久詩

산인은 자주 양식 없어 끼니를 잇지 못해도	山人屢見簞瓢罄
앞 시내 솔 아래 우물물 긷는 것도 게을러라	懶汲前谿松下井
대관 선생은 세상에 보기 드문 어르신이라서	大觀先生不世翁
차 솥에 도움 되라고 몇 말의 쌀을 보내셨네	遺我斗米資茶鼎

(…) 항상 누더기 남삼(藍衫) 차림으로 거리를 돌아다니며 구걸하였는데, 그때마다 항상 취해서 발로 박자를 맞춰 가며 노래를 불렀으므로 남녀노소가 따라다니며 구경했다는 이야기가 전한다.《續仙傳 卷上 藍采和》

229 붉은……계수나무 : 한(漢)나라 유안(劉安)의 〈초은사(招隱士)〉에 "계수나무가 산속 깊은 곳에 떨기로 나왔나니, 무성하게 가지들이 아름답게 휘감겼네.〔桂樹叢生兮山之幽, 偃蹇連蜷兮枝相繚.〕"라는 표현이 있다. 한나라 왕일(王逸)은, 계수는 굴원(屈原)의 충정(忠貞)을, 깊은 산속은 조정을 떠나 은거함을, 가지가 얽힌 것은 인의(仁義)가 교차하여 조리(條理)를 이룸을 비유한 것이라고 해설하였다. 대관재는 《초사》의 경우에 왕일의 주석을 중시하는 경향을 보인다.《楚辭章句 卷12》

230 偃 : 대본에는 '▨'로 되어 있는데, 문맥에 근거하여 '▨'에 '偃'을 보충하였다.

용 잡으려고 아낌없이 천금도 다 내놓고　　屠龍不惜千金破
당년에 제왕 보좌할 장한 뜻도 품었건만　　壯志當年期帝佐
만년에 산중에서 〈자지가〉 부르는 신세　　歲晩山中歌紫芝
〈자지가〉 한 곡조도 화답하는 사람 없네[231]　　紫芝一曲無人和

회인무권[232]은 옛날에도 어렵게 여겼던 일　　誨人無倦古猶難
그 누가 기꺼이 성의 있게 가르쳐 주려 할까　　孰肯諄諄函丈間
말 들으니 선생이 수업을 근실히 진행하여　　聞說先生勤授業
학생들이 입학해서 죽어라 공부들 한다나요　　青衿鼓篋競躋攀

매달 초하루 의관 갖추고 공자님 배알하면　　月吉衣冠拜素王
푸른 옷깃 선비들이 다 함께 예를 행하고　　青衿多士共趨蹌

231 용……없네 : 많은 세월 공을 들여서 용을 잡을 수 있을 정도의 뛰어난 기예와 경륜을 갖추고는 조정에 진출하여 제왕을 보필할 원대한 뜻을 품은 적도 있었지만, 이제는 만년에 접어들어 〈자지가(紫芝歌)〉를 부르는 신세가 되었는데 이런 인걸의 처지를 이해해 주는 사람도 찾을 수 없다는 말이다. "주평만(朱泙漫)이라는 사람이 지리익(支離益)에게서 용을 잡는 기술을 배웠는데, 천금의 가산(家產)을 다 쏟으면서 3년 만에 그 기예를 완전히 익혔지만 그 기교를 발휘해 볼 곳이 없었다."라는 이야기가 《장자(莊子)》 〈열어구(列禦寇)〉에 나온다. 〈자지가〉는 세상을 피해 숨어 사는 은자(隱者)의 노래를 말한다. 진(秦)나라 말기에 난리를 피하여 상산에 은거한 네 노인 즉 상산사호(商山四皓)가 자줏빛 영지버섯을 캐 먹으면서 노래를 지어 부른 고사에서 유래한 것이다.

232 회인무권(誨人無倦) : 남을 열심히 가르쳐 준다는 말인데, 공자가 "말없이 속으로 기억해 두며, 배우기를 싫어하지 않으며, 사람 가르치기를 게을리하지 않는 이 세 가지 중에 어느 것이 나에게 있겠는가."라고 겸허하게 말한 내용이 《논어》 〈술이(述而)〉에 나온다.

날마다 강석에 올라 온화한 말씀 내려 주면	日登教席垂溫語
좌하에서 공경히 빛나는 존안 우러른다네요	座下顒然仰耿光

송도 명륜당에 두견이 와서 울다

松都明倫堂子規來叫

솔 이슬방울 뚝뚝 달님은 문 위에 둥실	松露霏霏月上扉
몽혼을 깨뜨려 날리는 몇 마디 울음소리	數聲啼破夢魂飛
인간에 괴롭게 당한 피해가 신물이 나서	應嫌苦被人間累
야반에 공짜로 〈식미〉 읊어라 교시함이렷다[233]	夜半空教賦式微

233 인간에……교시(教示)함이렷다 : 두견이 자신에 대해서 사람들이 죽은 망제(望帝)의 넋이라느니 피를 토하며 불여귀(不如歸)라고 울어 댄다느니 하면서 시답잖은 소리들을 하고 있는데, 그런 말은 이제 듣기 싫으니 그만두고 당신들 인간 세상의 일이나 걱정하라고 충고해 주고 있다는 말이다. 〈식미(式微)〉는 《시경》 〈패풍(邶風)〉에 실린 노래인데, 약소국의 신하가 자신의 가련한 처지를 노래하는 내용이다.

윤 경력 인재[234] 과 이 도사 향선[235] 가 술을 들고 찾아오다

尹經歷 隣哉 李都事 享仙 携酒來訪

담화는 옥가루 날리며 십분 청명하고	談霏玉屑十[236]分清
호기는 무지개 토하며 만 길에 뻗치네	氣吐虹霓萬丈橫
술동이 가득 들이켜도 목마름을 느끼나니	吸盡滿尊猶患渴
왜냐고 나에게 묻는다면 큰 고래를 배우려고[237]	問余何事學長鯨

234 인재(隣哉) : 윤원필(尹元弼)의 자이다.

235 향선(享仙) : 이출(李秫)의 자이다.

236 十 : 대본에는 '干'으로 되어 있는데, 문맥에 근거하여 '十'으로 바로잡았다.

237 왜냐고……배우려고 : 두보(杜甫)의 〈음중팔선가(飮中八仙歌)〉에 나오는 좌상(左相) 이적지(李適之)처럼, 술고래같이 마셔 보고 싶다는 말이다. 그 시에 "좌상은 날마다 흥에 겨워 만 전을 소비하며, 큰 고래가 백천을 들이켜듯 마셔 댄다네.〔左相日興費萬錢, 飮如長鯨吸百川.〕"라고 하였다. 《杜少陵詩集 卷2》

수락산에서 인재와 함께 답청을 하다

水落嵒同隣哉踏青

산 위의 솜털 구름이 비를 막 쏟아 내자	嶺雲如絮雨初經
야채 싹 잔디 싹들이 암청색을 토해 내네	菜甲莎芽吐暗青
꽃 피어 삼삼오오 답청보다 훨씬 좋은 것은	絶勝花開三五踏
소반에 비린내 풍기는 그물에 걸린 물고기 회	網鱗絲膾薦盤腥

제릉의 전사청에서 국경의 시에 차운하다

齊陵典祀廳次國卿韻

어지러이 널린 산에선 솔바람 소리가 귓가에	亂山松籟耳邊聲
경건한 제사엔 해와 별처럼 빛나는 일편단심	祗祀丹衷耿日星
잠 깨어 새벽에 글 쓰며 쟁그랑 패옥 울리니	睡覺曉書鏘佩玉
마을 닭들은 추운 밤 시각 알릴 필요 없겠다	村鷄遮莫報寒更

박 참봉 형제에게 주다

贈朴參奉昆季

이름은 개(漑)이다. 유수(留守) 창방(昌邦)[238]의 아들이다.

태산이 뿌리 서려 뭇 봉우리 짓누르며　　泰嶽盤根壓衆峯
땅줄기에 두 그루 장송을 배태하였도다　　胚[239]胎土脈兩長松
눈서리 속 굳센 절조 배양해야 하고말고　　雪霜勁節應培養
솔바람 소리 구중궁궐에 들릴 날 있으리니　　會待風聲達九重

238 창방(昌邦) : 박우(朴祐)의 자이다. 대관재와 공부를 함께 한 인연이 있으며, 성품이 강직해서 권신에게 굽히지 않아 벼슬길에서 불이익을 많이 당하였다. 대관재가 개성 교수(開城教授)로 있을 적에 개성 유수(開城留守)로 재직하면서 서로 깊은 교분을 나누었다. 박개(朴漑)의 아우는 박순(朴淳)이다.

239 胚 : 대본에는 '▨'로 되어 있는데, 문맥에 근거하여 '▨'에 '胚'를 보충하였다.

마음 가는 대로 지어서 창방에게 주다
漫成贈昌邦

소갈증 앓는 문원은 무릉에서 늙어 가며[240]	患渴文園老茂陵
책상 위엔 만권의 책, 머리털은 더부룩	萬編書榻鬢鬅鬙
어느 때나 산천의 승경을 점검하면서	何時點檢溪山勝
원정에 함께 앉아 바가지 술 마셔 볼까	共坐園亭酌瓥藤

240 소갈증……가며 : 효문원 영(孝文園令)을 지낸 한나라의 문인 사마상여(司馬相如)가 소갈병을 앓는다는 핑계로 한가히 지내다가 급기야 벼슬을 그만두고 무릉(茂陵)으로 내려와 만년을 보낸 고사를 인용하여, 개성 교수라는 한직을 맡아서 쇠하고 병든 몸으로 무료하게 세월을 보내고 있는 대관재 자신을 은근히 비유한 것이다.

창보[241]와 함께 만월대에서 노닐다

同昌甫遊滿月臺

비가 개어 가마 타고 옛터로 내려오니	雨霽籃輿下故基
산은 금방 목욕하고 긴 눈썹 찡그렸네	山容新沐斂脩眉
제생은 취해 노래하고 산승은 춤추는데	諸生醉唱山僧舞
군처럼 소쇄한 이는 오직 시나 읊을 따름	蕭灑如君只詠詩

241 창보(昌甫) : 대관재의 학생인 임세번(林世蕃)의 자이다.

〈감로사〉 시에 차운하다

次甘露寺韻

하늘이 감춰 둔 이 산을 누가 찾아내었는고	誰發天慳得此山
푸른 절벽 깎아 내어 높은 난간에 걸어 놨네	削成蒼壁掛危欄
높은 누각이 삼신산의 승경 죄다 수납하였으니	高樓盡納蓬瀛勝
아마도 비선[242]이 이 한 구역 관장하나 봐	疑是飛仙管一閑

242 비선(飛仙) : 날아다니는 신선이라는 뜻이다. 봉래산(蓬萊山) 주위 5000리 밖에 따로 원해(圓海)가 산을 둘러싸고 있는데, 이 원해의 물빛이 완전히 검기 때문에 명해(冥海)라고 부른다. 그런데 이 바다는 바람이 없는데도 큰 파도가 100길이나 높이 솟구쳐서 왕래할 수가 없기 때문에 오직 비선만이 그곳에 도달할 수 있다는 전설이 있다. 《海內十洲記 方丈洲》

화원에서 답청하다

花園踏青

고도의 동산 퇴락하여 궁전 뜨락 암담하기만	故園頹落暗宮庭
한 번 취하고 깨는 사이에 흥망을 두루 밟았네	踏遍興亡一醉醒
조물은 명절의 모임을 싫어하나 봐	造物似嫌佳節會
그러니까 봄풀이 완전히 안 푸르지	故教春草未全青

전사청(典祀廳)에서 창방에게 주다

祀廳贈昌邦

올연히 앉은 썰렁한 사청에 해가 벌써 둥실	兀坐寒廳日已昇
앞산은 나무 헐벗어 수척한 몰골 드러냈네	前山木落露稜層
어쩌다가 지척에서 마음을 재계하며	如何只尺齋心處
함께 고요히 참선하는 중이 되었는지	共作寥寥入定僧

뱅어를 보내 준 창방에게 사례하다

謝昌邦惠白魚

이 고기는 배 안으로 뛰어든 놈[243]이 아니요	此魚非是入船餘
어딘가 언 물가의 그물 걷어 올린 놈이렷다	何處氷汀擧網魚
문득 기쁜 것은 오늘 탄협가[244]를 멈춘 것	却喜今朝彈鋏罷
연한 살점이 성긴 치아와 궁합이 맞네그려	軟肌能合齒根疏

243 배……놈 : 주 무왕(周武王)이 배를 타고 황하를 건널 적에 백어(白魚)가 뛰어올라 왕의 배 안으로 들어왔으므로 그 물고기를 잡아서 제사를 지냈다는 기록이 있다. 《史記 周本紀》

244 탄협가(彈鋏歌) : 칼자루를 치며 노래한다는 뜻으로, 좀 더 나은 대우를 받기 원해 자신의 불우한 처지를 하소연하는 일종의 희망가이다. 전국 시대 제(齊)나라 풍훤(馮諼)이 맹상군(孟嘗君)의 식객으로 있을 때, 하등(下等) 막객(幕客)의 대우를 받으며 밥상에도 고기반찬이 올라오지 않자 장검의 칼자루를 두드리면서 "장검이여 돌아가자, 밥상에 고기가 없으니."라고 노래했던 고사에서 유래한 것이다. 《戰國策 齊策4》《史記 孟嘗君列傳》

소주를 보내 준 창방에게 사례하다

謝昌邦惠燒酒

속세에선 홍안을 유지할 계책이 없으니	塵闠無計駐朱顔
폐간을 오염시키는 이 비린내 어떡하나	奈此腥膻汚肺肝
금경에 점으로 떨어지는 천상의 이슬[245]이여	點滴金莖天上露
동틀 녘에 흡입을 하면 환단과도 맞먹느니	曉來呼吸當還丹

245 금경(金莖)에……이슬 : 금경은 동주(銅柱) 즉 구리 기둥을 말한다. 한 무제(漢武帝)가 불로장생을 위해 건장궁(建章宮)에 20장(丈) 높이의 동주를 세우고 그 위에 선인장(仙人掌)을 설치해 감로를 받도록 만든 승로반(承露盤)의 고사를 인용한 것인데, 여기서는 소주를 증류할 때 방울져 똑똑 떨어지는 도수 높은 술을 가리킨다.《漢書 郊祀志》

대나무를 분재하여 육봉[246]에게 드리다
盆竹呈六峯

쌍전이라 벽옥의 몸을 이취하였나니	移醉雙全碧玉身
절차탁마 기욱의 옛날 정신 그대로[247]	切磋淇澳舊精神
가는 소리 성긴 그림자 풍상 속에서	細聲疏影風霜裏
텅 빈 속 유지해야 비로소 진짜이지	留把淸虛是始眞

차운하다 次韻

육봉(六峯)

함초롬 이슬 젖은 왕유가 옛날 아꼈던 몸[248]	露浥王猷舊愛身

246 육봉(六峯) : 박우(朴祐)의 호이다.

247 쌍전(雙全)이라……그대로 : 죽취일(竹醉日)에 대나무를 화분에 옮겨 놓고 보니, 학문과 자수(自修)를 겸전(兼全)하기 위해 날마다 절차탁마했다는 위 무공(衛武公)의 옛 기풍이 그대로 살아나는 느낌이 든다는 말이다. 이취(移醉)는 취한 상태로 대나무를 옮긴다는 말이다. 죽취일은 음력 5월 13일을 가리킨다. 대나무는 절조가 굳세어서 그런지 옮겨 심는 것도 매우 까다롭다는데, 음력 5월 13일이 되면 대나무 역시 술에 취한 것처럼 정신이 혼미해져서 이식을 해도 잘 살아나기 때문에 이날을 죽취일 혹은 죽미일(竹迷日)이라고 부르게 되었다고 한다. 《시경》 〈위풍(衛風) 기욱(淇奧)〉에 "저 기수 물가 언덕을 보니, 푸른 대가 아름답고 무성하도다. 문채 나는 우리 님이여, 짐승의 골각을 끊고 갈듯, 옥석을 쪼고 갈듯 하도다.〔瞻彼淇奧, 綠竹猗猗. 有斐君子, 如切如磋, 如琢如磨.〕"라고 하였는데, 주희의 해설에 의하면 여절여차(如切如磋)는 학문을 비유하고 여탁여마(如琢如磨)는 자수 즉 덕행을 비유한 것으로 되어 있다.

248 왕유(王猷)가……몸 : 대나무를 말한다. 왕유는 왕자유(王子猷)의 준말로, 자유(子猷)는 진(晉)나라 왕휘지(王徽之)의 자이다. 그가 남의 빈집에 잠시 거처할 동안에

책상에 그림자 비끼니 정신이 번쩍 드네　　　影斜塵案覺淸神
벽옥처럼 소쇄한 것이야 그저 심상한 일　　　碧鮮蕭灑尋常事
눈보라 모질게 몰아쳐야 진면목 알아보리　　　雪虐風饕始識眞

도 사람들에게 대나무를 빨리 심도록 다그쳤는데, 그 이유를 물으면 "하루라도 어떻게 이 멋진 나의 님을 대하지 않을 수가 있겠는가.〔何可一日無此君?〕"라고 대답했던 고사가 있다.《晉書 王徽之列傳》

육봉에게서 도요 다섯 마리를 받다
蒙賜六峯都鷂五首

불탄 재 속에서 금방 꺼내 먹는 맛이 최고	忽撥炎灰味最優
바닷가 돌아가고픈 기색이 벌써 이마 위에	海天歸興上眉頭
맛 좋은 고기가 입맛 버린다 말하지 마오	莫言爽口由甘旨
나는 육식하며 꾀할 길도 아예 없으니 원[249]	愧我還無肉食謀

249 나는……원 : 대관재가 고기를 일상적으로 먹는 고관이 되기는 아예 글렀다는 뜻의 자조적이면서도 해학적인 표현이다. 고위 관직에 거하며 후한 녹봉을 향유하는 자를 낮춰 부를 때 보통 육식자(肉食者)라는 말을 쓴다. 《춘추좌씨전(春秋左氏傳)》 장공(莊公) 10년 기사에 "육식자들이 잘 알아서 할 텐데, 또 뭣 때문에 끼어드는가."라고 마을 사람이 묻자 "육식하는 분들은 식견이 낮아서 멀리 꾀하지 못하니까."라고 대답한 조귀(曹劌)의 말이 나오는데, 대관재는 고관이 되어 멀리 꾀하지는 못하더라도 가까이 꾀할 길마저 막혀 버렸다는 뜻으로 장난스럽게 이 고사를 인용하였다.

박눌재를 제목으로 짓다

題朴訥齋

휘(諱)는 상(祥)이다.

수레 타고 짓는 시 때에 맞음이 귀하니	鐵軸裁詩貴適時
번화하든 담박하든 도에 어긋나지 않지	繁華淡泊道非虧
시어가 천기를 드러냄을 이로써 알겠노니	故知詩語天機露
수놓은 비단, 떨기진 난초 둘 다 명품이오	錦繡叢蘭兩絶奇

삭녕 누대에 쓴 시에 차운하다

次朔寧樓題韻

하늘 찌르는 겹봉우리에 저녁 해 비끼고	攙天疊巘夕陽橫
나뭇가지 들쭉날쭉 한 굽이 물에 환히 비치네	衆樹槎牙一水明
호수와 산을 상대로 한껏 장난쳐 볼까 하고	欲與湖山窮戲劇
술잔 앞에서 점검을 하니 모두에게 정이 가네	尊前點檢摠多情
한파가 위세 부려 삼월에 더더욱 오슬오슬	寒威三月轉凄凊
어딘가는 앵화가 난만하게 어우러졌으련만	何處鸎花爛熳成
조물이 장난삼아 운수의 굴을 뚫어 놓고	造物戲鐫雲水窟
공연히 시인이 시상에 잠기게 만들었네	謾教騷客長詩情

민 경력과 이 도사와 헤어지며 남겨 주다
留別閔經歷李都事

과거에 물든 게 현재는 물처럼 맑아졌으니	舊染于今水似淸
《세심경》[250]이 손을 써 준 덕분임을 알겠노라	設施知有洗心經
가련한 것은 만월대 달 아래 돌아가는 길목에서	最憐臺月臨歸路
입무를 하고 심의를 하는 양자 모두 무정한 것[251]	入務尋醫摠不情
금잔의 땅 무너진 옛 도읍지 송경을	地虧金盞舊松京
누가 현가 베풀어 노성으로 바꾸었나[252]	誰設絃歌變魯城
노소가 먼저 남긴 시구 감탄할 만하니	堪嘆老蘇先有句

250 세심경(洗心經) : 마음을 씻어 주는 경전이라는 뜻으로, 《역경(易經)》의 별칭이다. 《주역》 〈계사전 상(繫辭傳上)〉의 "성인은 이로써 마음을 씻어 아무도 모르게 은밀한 곳에다 감추어 둔다."라는 말에서 유래한 것이다.

251 가련한……것 : 서로 헤어지는 마당에 매정하게 술도 없고 시도 없으니 가련하기 짝이 없다는 뜻의 해학적인 표현이다. 입무(入務)는 주세(酒稅)를 관장하는 주무관(酒務官)이 직무에 들어갔다는 뜻으로 술을 끊고 마시지 않는 것을 의미하고, 심의(尋醫)는 탈이 나서 의원을 찾아갔다는 뜻으로 정상적인 시작(詩作) 활동을 멈추는 것을 의미하는데, 소식(蘇軾)의 "협서비방률(挾書誹謗律)을 피하려고 시는 안 지으려 하고, 병들까 무서워서 술은 끊기로 하였다네.〔避謗詩尋醫, 畏病酒入務.〕"라는 시구에서 유래한 것이다. 《蘇東坡詩集 卷14 七月五日》

252 금잔(金盞)의……바꾸었나 : 금술잔처럼 견고한 길지(吉地)로 여겨졌던 개성이 망국의 구도(舊都)로 전락한 뒤에, 누가 예악(禮樂)에 입각한 선정을 베풀어 노성(魯城) 즉 노나라의 도성인 곡부(曲阜)처럼 아름다운 도시로 변모하게 만들었느냐는 말이다. 현가(絃歌)는 목민관의 선정을 비유하는 말이다. 84쪽 주64 참조.

첩첩산중 깊은 곳 장관이 맑으시다고[253] 亂山深處長官淸

253 노소(老蘇)가……맑으시다고 : 소식의 시에 "가랑비 충분히 오는 때라 다호가 기뻐하고, 첩첩산중 깊은 곳 장관이 맑으시다네.〔細雨足時茶戶喜, 亂山深處長官淸.〕"라는 표현이 있다.《蘇東坡詩集 卷9 新城道中》 노소는 소식의 부친 소순(蘇洵)의 별칭으로 많이 쓰는데, 대관재는 이를 무시하고 소식의 별칭으로 사용하였다. 보통은 소순을 노소, 소식을 대소(大蘇), 아우 소철(蘇轍)을 소소(小蘇)라고 하여 삼소(三蘇)로 칭한다.

임 상사와 헤어지며 남겨 주다
留別林上舍

부평초 쑥대처럼 마침 때 되어 흩어지니	聚散萍蓬會有時
강동과 위북 아득하여 뒤따르기 어려워라[254]	江東渭北邈難追
고도에서 오래 익힌 한공의 솜씨 발휘하여	故都久袖韓公手
나를 보내며 별지부를 응당 선물해 주겠지[255]	爲我應成賦別知

254 강동(江東)과……어려워라 : 두 사람이 있는 곳이 멀리 떨어져 있어서 상종(相從)하기 어려울 것이라는 말이다. 두보(杜甫)가 이백(李白)을 그리워하며 지은 시에 "내가 있는 위수 북쪽엔 봄날의 나무 푸른데, 그대 있는 장강 동쪽엔 저녁의 구름 떠 있으리. 어느 때나 한 동이 술 앞에 두고서, 다시 한번 글을 함께 자세히 논해 볼꼬.〔渭北春天樹, 江東日暮雲. 何時一樽酒, 重與細論文?〕"라고 하였는데, 이 시구를 인용한 것을 보면 대관재가 임 상사를 매우 아꼈음을 알 수 있다.《杜少陵詩集 卷1 春日憶李白》

255 고도(故都)에서……주겠지 : 개성의 학당에서 선생과 학생으로 처음 만났을 때는 입장이 서로 달라서 서먹서먹하기도 하였으나, 이제 헤어질 임시에 와서는 완전히 합치되어 정다운 사이가 되었다는 것을 대관재에게 글로 써서 선물해 줄 것이라는 말이다. 한유(韓愈)가 양의지(楊儀之)를 보내면서 시부(詩賦)를 지어 "처음에는 들쭉날쭉 의견을 달리하다가, 나중에는 질펀하게 흐름을 같이했네.〔始參差以異序, 卒瀾漫而同流.〕"라고 하였다.《昌黎文集 卷1 別知賦》

우연히 시상이 떠올라서 읊다

偶吟

말도 잊고 책도 덮고 흡사 참선하는 중인 듯	忘言掩卷似參禪
시구 얻고 창을 여니 노곤한 졸음이 달아나네	得句開窓破困眠
앉아서 남산의 진면목을 마주하노니	坐對南山眞面目
어찌 굳이 국화 따며 유연히 바라보랴[256]	何煩採菊見悠然

256 앉아서……바라보랴 : 도잠(陶潛)의 시에 "동쪽 울타리 아래에서 국화 꽃잎 따다가, 유연히 남쪽 산을 바라보노라.〔采菊東籬下, 悠然見南山.〕"라는 명구가 있기 때문에 이렇게 말한 것이다. 《陶淵明集 卷3 飮酒》

상장 박창원을 방문하다

歷訪朴上將昌元

강과 산 독점한 것만도 기이한 일인데	占斷江山一段奇
몇 구역 형승은 아는 사람이 없다네요	數區形勝沒人知
연회 열린 누대도 오히려 감상할 만한데	綺筵臺榭猶堪賞
더구나 청춘의 삼월의 때를 만났음이리오	況値靑春三月時

자릉의 송정에 제하다

題子陵松亭

솔 그늘 땅에 가득 티끌 없이 정결한 곳	松陰滿地淨無塵
맑은 바람이 항상 일어 꿀잠에 빠져드네	爽籟常生睡味眞
우스워라, 벼슬길에서 항상 시달림 받는 것이	堪笑名途長役役
어찌 요 임금 백성으로 취해 눕는 것만 하랴	何如醉臥一堯民

노륜의 시집 뒤에 제하다

題盧綸集後

일찍이 노륜의 이 시집을 의중(宜仲)에게 주었는데, 지금 다시 이를 보니 비참한 심정을 가눌 수 없기에 이렇게 제하였다.[257]

일찍이 듣건대 질곡은 원래 비명이라고[258]	曾聞桎梏元非命
영령에게 한 잔 술 어디에다 올릴거나	何處英魂酹一觴
참인을 잡아 유북[259]에 던져 넣을 것 있나	莫取讒人投有北
성조에선 재앙을 끝내 피할 길이 없느니	聖朝無路竟逃殃

참인(讒人)은 채간(蔡奸)[260]을 가리킨다.

257 일찍이……제하였다 : 노륜(盧綸)은 당나라 대종(代宗) 대력(大曆) 연간에 시를 잘 지었던 십재자(十才子) 중의 한 사람이다. 의중은 조카 심사순(沈思順)의 자이다. 1531년(중종26)에 권신을 비난하는 익명의 방문(榜文)이 종루(鐘樓)에 걸렸는데, 심사순이 범인의 누명을 쓰고 모진 고문을 받은 끝에 38세로 세상을 떠났다.

258 질곡(桎梏)은 원래 비명(非命)이라고 : 수금(囚禁)되어 죽는 것은 정명(正命)이 아니라는 말인데, 《맹자》 〈진심 상(盡心上)〉에 나온다.

259 유북(有北) : 북방의 차가운 불모지를 말한다. 《시경》 〈소아(小雅) 항백(巷伯)〉에 "저 참소하는 자들을 잡아다가, 승냥이와 범에게 던져 주리라. 승냥이나 범도 더럽다고 먹지 않으면, 유북에 던져 넣으리라.〔取彼讒人, 投畀豺虎. 豺虎不食, 投畀有北.〕"라는 말이 나온다.

260 채간(蔡奸) : 채무택(蔡無擇)을 말한다. 권신 김안로(金安老)의 패거리로 무고와 이간질을 일삼아 김안로, 허항(許沆)과 함께 정유삼흉(丁酉三凶)으로 칭해졌는데, 1537년 문정왕후(文定王后)의 폐위를 모의하다가 유배형을 받고 사사(賜死)되었다.

금구로 부임하는 종제 경지에게 주어 송별하다

贈別從弟敬之赴金溝

제천정(濟川亭)[261]에 올라 붓을 달렸다.

결재 문서 분분하게 날마다 몇 번씩 올라와도	簿領紛紛日幾陳
손안에서 노니는 칼은 금방 숫돌에서 꺼낸 듯[262]	手中游刃發硎新
나환과 병이의 생활은 사곡을 잘 해서이니	羅紈餠餌能絲穀
춥고 배고픈 오두막 백성 생기가 돋으리라[263]	潤色飢寒白屋民

골육 친지 영락함에 탄식만 나올 따름	骨肉彫零付歎吁
온 집안에 군과 나 두 몸이 외로워라	闔門君我兩身孤
이별하며 눈물도 마른 호산의 저녁	相離淚盡湖山暮
홀로 향해 가는 청파동의 집	獨向靑坡宅一區

261 제천정(濟川亭) : 남산 남쪽 한강도(漢江渡)의 용산 언덕에 있던 승경지이다.

262 결재……듯 : 행정 능력이 탁월하여 관아의 업무가 적체되지 않고 시원시원하게 민원이 해결될 것이라는 말이다. 숫돌에서 금방 꺼낸 칼과 같다는 것은 소백정의 능수능란한 칼 놀림을 인용한 것이다. 118쪽 주109 참조.

263 나환(羅紈)과……돋으리라 : 백성들에게 농상(農桑)의 일을 잘 권면하여 비단옷을 입고 떡을 해 먹을 수 있을 정도로 생활이 윤택하게 될 것이라는 말이다. 나환과 병이(餠餌)는 비단과 떡, 사(絲)와 곡(穀)은 그 재료가 되는 잠사(蠶絲)와 곡식을 의미한다. 권농(勸農)을 주제로 한 소식(蘇軾)의 시에 "뽕나무 밭에 비가 지나니 비단의 윤기가 흐르고, 보리밭에 바람이 부니 떡 향기가 풍기네.〔桑疇雨過羅紈膩, 麥隴風來餠餌香.〕"라는 표현이 있는데, 여기에서 유래하여 나환과 병이가 바람직한 농정(農政)을 비유하는 말로 쓰이게 되었다.《蘇東坡詩集 卷14 南園》

국필에게 주다

贈國弼

양륙의 재주와 명성 모두 운이라 허여했나니[264]	兩陸才名共許雲
깊은 골에서 난초 향기 오래전부터 퍼졌어라	蘭香幽谷久曾聞
하늘 치솟을 뜻 일찍부터 지녔음을 내 아노니	知君早有沖霄志
구만리 높이 붕새로 날면 얼마나 또 차이 날지	九萬鵬程隔幾分

264 양륙(兩陸)의……허여했나니 : 양륙 즉 서진(西晉)의 저명한 문장가인 육기(陸機)와 육운(陸雲) 형제 중에서, 김정국(金正國)을 육운에 해당한다고 모두 인정한다는 말이다. 김정국은 김안국(金安國)의 동생인데, 그들 형제도 걸출하다는 평가를 받았기 때문에 이렇게 말한 것이다. 국필은 김정국의 자이다.

3월에 자질을 데리고 만리재에 올라가서 강신의 모임을 열다

三月携子姪上萬里嶺以爲講信會

모란꽃 요염하게 화사함을 다투는 때	姚魏嬋娟競鬪奢
함께 산정 찾아가서 봄빛을 완상했네	共尋山頂賞年華
술잔 돌리며 화기애애 거듭 약속했나니	傳杯爛熳重相約
우리 일가 지금처럼 즐겁게 지내자고	樂事如今自一家

연연의 시에 차운하다

次淵淵韻

숲속 정자에 멍하니 앉았네, 세상 피한 선승처럼	林亭枖坐似逃禪
안개 속 나무에 까마귀 나네, 지는 해 주변으로	雲樹鵶翻落照邊
멀리 도성 바라보며 마음은 만 리 저 너머	遙望脩門心萬里
세월이 머리칼 휘감았다 탄식하지 말 일이라	莫嗟雙鬢繞流年

9월에 활짝 핀 장미꽃을 바라보다

九月望薔薇盛開

구월의 추위가 열 배나 더 위세 부리니	九月寒威十倍加
조락한 곳 어디에서 화사함을 보겠는가	彫零何處見奢華
천공이 날 가엾이 여겨 자비를 베풀어서	天公憐我多情思
청춘을 남겨 주어 꽃 하나 피게 했네	留與青春放一花

첩의 이름이 청춘(青春)이다.

서재의 상량문을 돌려주며 박 수재에게 주다

反齋樑文贈朴秀才

이름은 민헌(民獻)이다.

작은 서재 고적할 뿐 새도 날기를 잊은 듯	小齋幽寂鳥忘飛
저녁 안개에 갇힌 채 손엔 그저 낡은 책뿐	秪把殘編鎖夕霏
동남방에서 맞이할 만복을 포기하면	抛却東南邀萬福
야유하고 손뼉 치며 귀신이 흉보리라[265]	揶揄空博鬼神譏

265 동남방에서……흉보리라 : 서재의 동남쪽 방향에 있는 서울에서 찾아올 행운을 마다하고 뿌리치면 귀신의 야유를 받을 것이라는 뜻으로, 이제 공부는 할 만큼 했으니 과거에 응시하여 관계(官界)에 진출하라는 말이다. 동진(東晉)의 나우(羅友)가 군수로 부임하는 동료의 환송연에 늦게 도착하여 변명하기를 "오는 도중에 귀신을 만났는데 나를 보고 크게 야유하면서 흉보기를 '나는 당신이 군수로 부임하는 다른 사람을 환송하는 것만 보았다. 어째서 당신이 군수로 나가는 것을 다른 사람들이 환송하는 것은 보지 못하는가.' 하더라."라고 해학적인 답변을 한 고사가 전한다. 《世說新語 任誕》

또 풍화에 대한 변을 반박하는 시를 지어 주다

又贈反風花辨

소요부(邵堯夫)의 시에 "월로풍화는 품평을 받아 본 적이 없다.〔月露風花未品題〕"[266]라고 하였는데, 박군(朴君)이 그르게 여겨 변(辨)을 지었으므로 내가 시를 지어 반박하였다.

황왕 사부[267]의 말하는 것이 들쭉날쭉하지만　　　皇王四府道參差

266 월로풍화(月露風花)는……없다 : 소옹(邵雍)의 《격양집(擊壤集)》 권20의 〈수미음(首尾吟)〉 135수 중 첫째 수에 "황왕제패는 그동안 포폄을 거쳤지만, 설월풍화는 지금까지 품평을 받아 본 적이 없다.〔皇王帝伯經褒貶, 雪月風花未品題.〕" 운운의 시구가 나온다. 대관재는 '월로풍화'라고 하였지만, '월로(月露)'는 '설월(雪月)'의 착오이다. 요부(堯夫)는 소옹의 자이다. 이 시구에 대해서 주희(朱熹)는 "소요부가 시에서 '설월풍화미품제'라고 한 것은 사물에 모두 조화가 깃들어 있음을 말한 것이다."라고 평하였고, 정자(程子)는 "요부가 시에서 '설월풍화미품제'라고 하였는데, 이는 그가 곧장 이런 일을 가지고 요순(堯舜), 삼대(三代)와 똑같다고 한 것이니, 이런 말들은 맹자 이후로 감히 이와 같이 말한 자가 일찍이 없었다."라고 평하였다. 《朱子語類 卷100 邵子之書》 《二程遺書 卷2上》 설월풍화는 사시(四時)의 경색(景色)을 말한다. 소옹 자신이 《격양집》 서문에서 "사생 영욕(死生榮辱)이 눈앞에서 계속 기승을 부려도 일찍이 흉중에 들인 적이 없었는데, 이는 사시의 풍화설월이 한번 눈앞을 지나가는 것과 무엇이 다르겠는가."라고 하였다.

267 황왕(皇王) 사부(四府) : 소옹이 그의 상수학(象數學)에 입각하여 황제왕패(皇帝王伯)를 각각 사시(四時)에 분속(分屬)한 사경(四經) 즉 《주역》, 《서경》, 《시경》, 《춘추》를 말한다. 《황극경세서(皇極經世書)》 권11 〈관물편(觀物篇) 권53〉에서 "하늘의 사부(四府)는 춘, 하, 추, 동을 말하고 성인의 사부는 역(易), 서(書), 시(詩), 춘추(春秋)이다."라고 하였고, 《황극경세서》 권12 〈관물편 권60〉에 "삼황은 봄이요, 오제는 여름이요, 삼왕은 가을이요, 오패는 겨울이다."라고 하였다.

품격이 워낙 청허하여 기이하긴 매한가진데	品絶淸虛一樣奇
소옹이 붙인 뜻을 사람이 이해 못 하고서	邵翁寓意無人解
운근[268]을 잘못 잡고 이상한 말을 쪼아 대네	枉把雲斤琢異辭

268 운근(雲斤) : 구름을 다듬을 때 쓰는 자귀라는 뜻으로, 달 찍는 도끼〔月斧〕와 함께 문장 실력이 출중한 것을 비유하는 시어이다.

추가로 또 주다

追贈

대단하도다, 드넓어 막기 힘든 군의 학문의 바다여 多君學海浩難防
엎치락뒤치락 격동하는 거대한 물결 때로 보여 주는데 時見洪瀾轉抑揚
붓을 놀려 천상의 토끼를 조롱이나 할 뿐 弄筆戲嘲天上兎
지금도 여전히 계화의 향엔 코를 막는구나[269] 至今猶閼桂花香

열자(列子)가 "누린내에 코를 막는다.〔閼𦤎〕"라고 한[270] 그 막음〔閼〕의 뜻을 암암리에 취한 것이다.

269 붓을……막는구나 : 박민헌(朴民獻)이 하늘로 올라간 토끼처럼 얼른 출세하기 위해 과거에 응시해서 벼슬길에 오르는 사람들을 조롱만 할 뿐, 스스로 과거에 급제하여 월계관(月桂冠)의 향기를 맡아 보려는 생각은 아예 하지도 않는다는 말이다.

270 열자(列子)가……한 : 대관재가 인용한 '알전(閼𦤎)'의 '전(𦤎)'이《열자》〈양주(楊朱)〉에는 '전(顫)'으로 되어 있다.《열자》의 '알전'은 '후각이 막히다.'라는 의미로, 대관재가 취한 뜻과는 다르다.

등불 아래에서 고려 명신이 직접 쓴 묵적(墨跡)에 제하다
燈下題高麗名臣手蹟

손 가는 대로 번득인 시구도 경탄스럽지만　詩句驚人信手翻
흥건히 젖은 묵적이 여전히 그대로 남았네　淋漓寶墨尙餘痕
지금과 같이 오백 년 전 그 당시에도　如今五百年前事
잔등 아래 점 찍었을 어느 꿈속의 혼이여[271]　點盡殘燈一夢魂

271 지금과……혼이여 : 대관재가 지금 시를 짓는 것처럼, 그때에도 희미한 등불 아래에서 자기와 똑같은 심정으로 한 점 한 점 붓으로 써 나갔을 것이라는 말이다.

권경신 선생에게 봉정하다

奉權景信先生

휘(諱)는 예(輗)이다.

살아온 햇수 꼽으며 눈물 줄줄 흘리는 것은	屈指行年淚泫然
단지 친구들이 이미 저승으로 갔기 때문인데	只緣親舊已冥泉
이웃한 덕에 비로소 신지의 낙[272]이 생겼으니	卜隣始有新知樂
천년 전 아양의 끊어진 줄을 수리해야겠네[273]	千載峨洋理斷絃

272 신지(新知)의 낙 : 새로 지기(知己)의 교분을 맺게 된 즐거움이라는 말로, 굴원(屈原)의 시구에서 나온 것이다. 63쪽 주43 참조.

273 천년……수리해야겠네 : 거문고의 명인인 백아(伯牙)가 자신의 아양곡(峨洋曲)을 알아준 종자기(鍾子期)를 위해 그가 죽은 뒤에 거문고 줄을 끊었는데, 대관재는 새로 지음(知音)을 얻었으니 그 줄을 다시 이어야겠다는 말이다. 아양곡과 종자기에 대해서는 48쪽 주30과 123쪽 주116 참조.

〈완화취귀도〉

浣花醉歸圖

백발 날리는 헌걸찬 기상의 늙은 습유께서	白髮昂藏老拾遺
산수 간에 두건 젖히고 술에 곤죽이 되었을 때[274]	岸巾泉石醉泥時
기아 이미 장년이요 웅아도 여전히 튼튼하니	驥兒已壯熊兒健
나귀 타고 돌아올 때 알뜰히 챙겨 드렸으리[275]	驢背歸來好護持

274 백발……때 : 당 현종(唐玄宗) 때 우습유(右拾遺)를 지내며 과감하게 직언을 하는 등 헌걸찬 기상을 보였던 두보(杜甫)가 나중에 촉(蜀) 땅에 들어와 성도(成都) 완화계(浣花溪)를 좋아하여 그곳에 초당을 짓고 살면서 술에 흠뻑 취해 돌아올 때라는 말로, 〈완화취귀도〉는 바로 이것을 소재로 해서 그린 것이다.

275 기아(驥兒)……드렸으리 : 기아는 두보의 차자(次子)로 아명이 기자(驥子)인 종무(宗武)를 가리키고, 웅아(熊兒)는 장자인 종문(宗文)의 아명이다.

솔바람 파도 소리

松濤

운자(韻字)를 불러서 지었다.

빈 배 타고 경쾌하게 강호를 떠다니다가	虛舟輕颺泛江湖
격랑 속에서 누가 불러 깜짝 놀라 꿈 깼는데	夢裏驚聞駭浪呼
이제야 알았네, 몇 그루 소나무 바람 소리임을	始悟聲從松數樹
파도 머리 어느 곳에 물새 나는 게 보이던가[276]	濤頭何處見飛鳧

276 빈……보이던가 : 꿈속에서 누군가 부르는 소리를 듣고 깜짝 놀라 일어나서 그 소리의 출처를 찾아보았는데, 혹시 물새 소리였던가 하고 두리번거려 보아도 물새는 보이지 않고 언덕 위에 소나무 몇 그루가 서 있기에 그 솔바람 소리가 파도에 뒤섞여 들려왔던 것임을 알게 되었다는 말이 아닌가 한다.

한기경의 〈점몽록〉 시에 차운하다

次韓耆卿占夢錄詩韻

세간의 길흉은 원래 유추하기 어려워	世間凶吉自難推
한 판의 바둑처럼 꿈 이야기 분분해라	魂夢紛紛一局棋
우습도다, 몇 년 동안 있었던 많은 일들	堪笑數年多事在
잘못 기괴한 꿈풀이로 배꼽 빠지게 하니	枉將奇怪解人頤

늘그막에 높이 누워 흰머리가 빗을 채운다마는	暮年高臥雪盈梳
노쇠해서 사업이 엉성하다 말할 때는 아니지	潦倒休言事業疏
나라 위한 일편단심 언제나 늠름 준엄하니	爲國丹衷長凜冽
이 몸이 어초의 짝은 차마 되지 못하겠네	將身不忍伴漁樵

개성 유수 송여온에게 주다

贈開城留守宋汝溫

휘(諱)는 겸(㻩)이다.

나이 젊어 재주 많으면 가장 근심이 많은 법	年少高才最患多
푸른 하늘 봄 구름과 똑같이 심사가 울뚝불뚝	春雲空碧竝嵯峨
다만 공벽을 상대로 세 번 승리를 기약하며	秖將拱璧期三捷
동이 술로 문장 논하는 나를 어떻게 해 보리오[277]	尊酒論文奈我何
며칠 동안 맑은 술 함께 진탕 취하다가	數日淸尊一醉同
정처 없는 형적이라 이젠 서쪽 동쪽으로	萍蓬形影隔西東
머리 돌리면 송악이 어디 있는지 알고말고	回頭松嶽知何處
오직 내 낀 봉우리가 창공에 점 찍혀 있을 테니	唯有煙鬟點碧空

277 다만……보리오 : 당신도 재주가 뛰어나지만 그런 당신을 상대로 연전연승을 노리며 술 먹고 호탕하게 글을 논하는 나를 당해 내지는 못할 것이라는 뜻의 해학적인 표현이다. 공벽(拱璧)은 두 손으로 감쌀 만큼 큰 구슬로, 상대방의 시문과 같은 귀한 선물을 비유하는데, 《춘추좌씨전(春秋左氏傳)》 양공(襄公) 28년의 "나에게 그 공벽을 주었다."라는 말에서 유래하였다. '세 번의 승리'는 계속해서 첩보를 올리는 것을 말하는데, 《시경》 〈채미(采薇)〉의 "어찌 감히 편안하게 지내리오, 한 달 사이에 세 번 첩보를 올리리라.〔豈敢定居? 一月三捷.〕"라는 말에서 나온 것이다.

동방으로 돌아가는 봄 귀신을 전송하다
送東君之震方

삼순을 하나로 보았나니 곧 동등한 사랑[278]	三旬一視便同仁
하늘이 손 뒤척이매 만물 모두 고르다네	翻手洪鈞物物均
오덕 중에 청목의 운세가 홀연히 궁해져서	五德忽窮青木運
온갖 꽃들 흩어진 곳에 붉은 깃발 새로워라[279]	群紅散處赤旗新

278 삼순(三旬)을……사랑 : 봄 귀신이 석 달 동안 만물을 차별 없이 대하며 똑같이 사랑했다는 말인데, "성인은 하나로 보아 동등하게 사랑한다.〔聖人一視而同仁〕"라는 한유(韓愈)의 말을 변용한 것이다.《韓昌黎集 卷11 原人》 인의예지(仁義禮智) 가운데 봄은 인(仁)에 해당하기 때문에 이렇게 말한 것이다.

279 오덕(五德)……새로워라 : 오행상생설(五行相生說)에 의하면 목생화(木生火)이기 때문에, 목덕(木德)의 봄이 가고 그다음 차례로 화덕(火德)의 여름이 그 자리를 차지했다는 말이다. 오덕은 오행의 덕을 말한다. 색깔로 볼 때 목은 청색이고, 화는 적색이다.

같은 고향 사람인 이 교수에게 주다

贈同鄕李敎授

백발의 몸으로 구구하게 말단 관직 시달리며	白髮區區困末官
꿈에도 선산을 찾는 그 눈길 항상 애처로워	夢尋先壟眼長寒
지금 당장 귀전부[280]에 화답하고도 싶소마는	如今欲和歸田賦
계서[281]는 몇 년 뒤에 그대와 기쁨 나누기로	鷄黍他年共子歡

280 귀전부(歸田賦) : 후한(後漢)의 장형(張衡)이 벼슬길에서 불우한 자신의 신세를 한탄하며 전원으로 돌아갈 결심을 밝힌 글인데, 여기서는 이와 비슷한 심경을 표명한 이 교수의 시문을 가리킨다.

281 계서(鷄黍) : 닭을 잡고 기장밥을 짓는다는 뜻으로, 친구와 헤어지면서 시골집에서 언제 만나자고 약속하는 것을 말한다. 98쪽 주81 참조.

임학원이 권해서 소주를 마시다

林學源勸飮燒酒

이름은 수(洙)이다.

그대가 밭 늙은이라면 나는야 술 늙은이	君作田翁我酒翁
술 늙은이는 고래가 백천을 몽땅 들이켜듯	酒翁鯨吸百川空
두건 젖히고 취해서 서까래 같은 붓 잡으면	岸巾醉把如椽筆
푸른 하늘에 만 길의 무지개 토해 낸다나요	吐出蒼穹萬丈虹
우스워라, 밭 늙은이 두둑 옆에 퍼질러 앉아	堪笑田翁坐壟邊
눈도 못 뜰 누런 먼지 속에 곤히 잠들었네	黃埃眯眼困成眠
삼복에 금경의 이슬[282] 방울져서 떨어지면	三庚點滴金莖露
청조[283]가 응당 지상의 신선 맞으러 오리	靑鳥應邀地上仙

282 금경(金莖)의 이슬 : 금동(金銅) 기둥의 이슬이라는 뜻으로, 여기서는 벼 곡식에 맺힌 이슬방울을 말한다. 229쪽 주245 참조.

283 청조(靑鳥) : 서왕모(西王母)의 사신 노릇을 한다는 새 이름이다. 한(漢)나라 반고(班固)의 《한무고사(漢武故事)》에 의하면 "홀연히 청조 한 마리가 서방에서 날아와 전각 앞에 내려앉자 상이 동방삭(東方朔)에게 물으니 동방삭이 서왕모가 오려는 모양이라고 대답하였는데, 과연 얼마 뒤에 서왕모가 도착하였다."라고 하였다.

안산 동헌의 시에 차운하다

次安山東軒韻

천년 세월 외진 고을 구름산 베고 누우니	千年僻郡枕雲山
봉래산이 아득히 운무 사이에 보일락 말락	蓬島微茫杳靄間
창문 가득 대 바람 소리에 잠을 깼나니	睡覺滿窓風竹響
맑은 밤에 착각했네, 차가운 빗소리인 줄	淸宵錯認雨聲寒

공근을 추도하다

追悼公瑾

그 누구도 직시하는 기개가 똑같아서	直視無前氣槪同
둘 다 영원 따위는 똥으로나 알았었지[284]	共將榮願付苓通
가장 유감은 다시는 술 먹자고 불러내어	最憐不復呼尊酒
공중에 만 길 무지개 토해 내지 못하는 것	醉吐橫空萬丈虹

284 그……알았었지 : 앞에 있는 자가 그 누구든 주눅 들지 않고 똑바로 쳐다보면서 할 말을 다 하는 박유(朴瑜)의 기개가 대관재와 똑같아서, 세상 사람들이 최고로 여기는 출세 따위는 아예 더럽게 여기고는 쳐다보지도 않았다는 말이다. 영원(榮願)은 지원(至願) 즉 최대의 심원(心願)이라는 뜻이다. 송(宋)나라 왕안석(王安石)의 시에 "세상 밖 신선 유람할 기회가 궤석에 찾아왔으니, 인간 세상 최고의 소원 따위야 똥으로나 볼 수밖에.〔物外眞遊來几席, 人間榮願付苓通.〕"라는 표현이 있는데, 이 역시 대관재가 통상 보여 주는 습관대로 그냥 가져와서 사용하였다. 《臨川文集 卷25 小茅山》

뜻을 부치다

寓意

발 걷고 빈 정자에 적요히 누웠자니	簾捲虛亭臥寂寥
한바탕 비바람이 소소히 몰아치네	一番風雨打蕭蕭
성 가득 도리는 당최 믿을 게 못 되니	滿城桃李渾無賴
세모의 한맹은 후조가 있을 따름[285]	歲暮寒盟有後彫

285 세모(歲暮)의……따름 : 만년에 접어든 지금 그래도 믿고 의지할 수 있는 것은 엄동설한에 변치 않는 송백처럼 자신의 신념을 꿋꿋이 지켜 나가는 동지밖에 없다는 말이다. 한맹(寒盟)은 보통 맹약을 어기는 것을 의미하지만, 여기서는 세한의 맹약이라는 뜻의 세한맹(歲寒盟)의 준말로 썼다. 후조(後凋)는 제일 늦게 시든다는 말이다. 《논어》〈자한(子罕)〉에 "한 해가 저물어 추워진 뒤에야 소나무와 잣나무가 제일 늦게 시듦을 안다."라는 말이 있다.

신헌이 찾아왔기에 시로 뜻을 보여 주다

辛軒來訪詩以示志

우인(友人) 영희(永禧)의 아들이다.

어려서부터 이별한 것이 천 번일지도 모르니	弱齡分手不知千
죽기 전에 만나 보는 것이 얼마나 다행인지	何幸相逢未死前
생각건대 안정[286]의 혼이 이미 차가울 테니	憶得安亭魂已冷
군을 마주해 눈물이 줄줄 흐르지 않겠는가	對君那忍淚潸然

286 안정(安亭) : 신영희(辛永禧)의 호이자, 그의 정자 이름이다. 《대관재난고》 권2 첫머리에 〈안정에서 이택지의 시에 차운하다[安亭次李擇之韻]〉라는 제목의 오언단편(五言短篇)의 시가 실려 있다.

청심루에서 최 감찰에게 주다

清心樓贈崔監察

이름은 경로(景魯)이다.

말고삐 나란히 며칠을 함께 치달리며	連鑣數日共驅馳
호산 기이한 곳곳을 손으로 가리켰지만	指點湖山處處奇
한 누대에 도착하고 보니 유다른 절승	行到一樓殊絶勝
장강 흐르는 위에 부슬부슬 비가 내리네	長江流上雨絲絲
도롱이에 비바람 채운 채 말 타고 내달려	滿蓑風雨馬駸駸
열 번 도착한 여강은 흥이 이미 깊은데	十到驪江興已深
점점이 찍혀 한쪽 얼굴 보여 주는 연환이여	點點煙鬟開一面
어느 해 어느 곳에서 다시 서로 찾아볼까[287]	他年何處更相尋

287 도롱이에……찾아볼까 : 청심루가 있는 여주(驪州)를 그동안 자주 찾아와서 여러모로 깊은 흥치를 맛본 여강(驪江) 주변의 경치와는 달리, 비바람이 몰아치는 가운데 트레머리〔鬟〕와 같은 봉우리들이 연무(煙霧)에 가려진 채 얼굴 한쪽을 드러내 보여 주는 산악의 광경은 어디에서도 찾아볼 수 없을 정도로 감흥을 자아낸다는 말이다.

자윤의 영벽헌에 제하다

題子胤映碧軒

벼슬 버리고 돌아온 한 노인 쓸쓸해라	投紱歸來一老蕭
꿈에서도 대궐 조회는 진작에 끊겼다오	夢魂曾絶紫宸朝
대나무 자기들끼리만 비춰 준다 말하지 말고	莫言軒竹徒相映
맑게 텅 비어 절로 풍요로운 도를 보시기를	看取淸虛道自饒

새벽에 앉아서 읊다

曉坐

새벽에 앉으니 난감한 별의별 피리 소리들 曉坐難堪衆籟呼

　　-원문 2자 판독 불가- 분분히 일어남을 말한다.

산머리엔 구름이 걷혀 태양 홀로 떠 있네 嶺頭雲捲日輪孤

　　본래의 마음은 그래도 밝은 것을 말한다.

그대여, 삼백 무사의 송[288]을 살펴보시게나 君看三百無邪頌

월로풍화는 모두 추구와 같은 것이라네[289] 月露風花摠狗芻

　　성현의 사업에 유념하기를 바란 것이다.

288 삼백 무사(三百無邪)의 송(頌) : 삿된 생각이 없는 《시경》의 시라는 말이다. 187쪽 주192 참조.

289 월로풍화(月露風花)는……것이라네 : 달, 이슬, 바람, 꽃 등의 경치나 한가히 읊으며 시간을 허비한다면 나중에 추구(芻狗)처럼 천한 신세가 되고 말 것이라는 뜻이다.

선숙과 경지를 대동하고 자온을 전별하다[290]

同善叔敬之餞別子溫

삼사 년 이래로 헤어짐을 탄식했나니 三四年來嘆別離
양과 산 왕래한 시간 얼마나 되었던가 陽山來往幾多時

일찍이 온양(溫陽)에 임명되었고, 또 가산(嘉山)에 제수되었다.

헤어지면 서로들 그리워 눈물 훔칠 테니 分携共拭相思淚
중양의 국화 띄운 술잔 단숨에 마시자고 倒盡重陽泛菊巵

290 선숙(善叔)과……전별하다 : 경지(敬之)는 대관재의 종제(從弟)이고, 자온(子溫)은 대관재의 조카 심사공(沈思恭)이며, 선숙의 인적 사항에 대해서는 미상이다.

둔재의 집에 흰 진달래꽃이 활짝 피었기에 시를 지어 희학하다

遯齋宅白杜鵑花盛開詩以戲之

흰 눈꽃이 가지에 붙은 것과 차이가 없어서　　滕六粘枝沒異同
향기 찾는 나비의 자취는 찾아볼 수가 없네　　尋香粉蝶却無蹤
-원문 1자 판독 불가-[291] 한 그루 낮을 이어 왜 밤을 밝히는지[292]　　花▨一樹能繼白
유재의 만물박사 어르신에게 여쭤봐야지　　顧質幽齋博物翁

291 원문……불가 : 원문은 '花▨'이다. '花'는 원문의 문제로 번역하지 않았다.

292 원문……밝히는지 : 덧없는 인생이 아쉬워 밤에도 촛불을 쥐고 노닌다는 병촉유(秉燭遊)의 고사가 있는데, 둔재(遯齋) 성세창(成世昌)이 혹시 촛불을 대신하려고 흰 진달래를 일부러 심어 놓은 것이 아니겠느냐는 뜻의 해학적인 표현이 아닌가 한다. 병촉유는 "사는 나이 백 년도 채우지 못하는데, 언제나 천년의 시름을 품고 사는구나. 낮은 짧고 밤이 긴 것이 괴로우니, 촛불을 손에 잡고 노닐지 않을쏜가.〔生年不滿百, 常懷千歲憂. 晝短苦夜長, 何不秉燭游?〕"라는 고시에서 나온 것이다.《文選 卷29 古詩19首》

홍자앙에게 주다

贈洪子昂

인생 모였다 흩어짐이 흡사 가을날의 쑥대	浮生聚散幾[293]秋蓬
폭삭 늙어서 우리 모두 흰머리 노인 됐네	老大俱成白首翁
이로부터는 공명이 깃털보다도 가벼우니	從此功名輕一羽
술잔 사양하지 말고 곤드레 취해 봅시다	莫[294]辭尊酒醉瞢聾

293 幾 : 대본에는 '▨'로 되어 있는데, 문맥에 근거하여 '▨'에 '幾'를 보충하였다.

294 莫 : 대본에는 '▨'로 되어 있는데, 문맥에 근거하여 '▨'에 '莫'을 보충하였다.

전일에 모여 얘기한 것을 기억하다

記前日會話

선비가 모여 -원문 1자 판독 불가-[295] 흥은 별것 없으니	盍簪觀▨興闌珊
술잔 들고 하루의 낙 다 함께 만끽하기로	共盡尊前一日歡
속사들이여, 오늘 저녁 모임을 한번 보소	俗士請看今夕會
지초 난초 특이한 향기 모두 퍼뜨리니까	異香披拂摠芝蘭

295 원문……불가 : 원문은 '觀▨'이다. '觀'은 원문의 문제로 번역하지 않았다.

유 참의 자한[296]이 중국에 갔다가 아무 탈 없이 귀경하다

柳參議子罕朝天無恙還京

삼시[297]를 항상 부절 쥐고 몸은 더욱 굳세져서	三時挽節身逾健
말채찍 하나로 산과 강 천 리 길을 치달렸네	一[298]策河山路已千
돌아와 금예에 누우면 자주 꿈속에 보이리니[299]	歸臥金鯢頻入夢
가슴 가득히 애틋하게 비춰 주던 청량한 달빛	滿懷淸月照嬋娟

296 유 참의 자한(柳參議子罕) : 유희령(柳希齡)으로, 자한은 그의 자이다. 1542년(중종37) 5월에 성절사(聖節使)로 북경에 갔다가 11월에 돌아왔다. 당시 관직은 공조 참의였다.

297 삼시(三時) : 여름, 가을, 겨울의 세 계절을 말한다.

298 一 : 대본에는 '▨'로 되어 있는데, 문맥에 근거하여 '▨'에 '一'을 보충하였다.

299 돌아와……보이리니 : 술을 잔뜩 먹고 취해서 쓰러져 잠이 들면 꿈속에 자주 보일 것이라는 말이다. 금예(金鯢)는 아름답게 꾸민 큰 용량의 술그릇을 말한다. 보통은 금경(金鯨)이라고 하는데, 대관재가 경(鯨)을 예(鯢)로 바꿔 사용하였다. 경은 수컷 고래이고 예는 암컷 고래이니, 대관재의 수법으로 볼 때 어쩌면 여인이 따라 주는 큰 술잔이라는 뜻으로 슬쩍 글자를 바꿔 썼는지도 모르겠다.

앵두를 따서 둔재에게 보내다

櫻桃摘呈遯齋

마힐은 다정하게도 -원문 2자 판독 불가-[300]	摩詰多情傾▨▨
퇴지는 어느 곳에서 맑은 향을 맡았는지[301]	退之何處嗅淸香
쇠한 얼굴 홀연히 -원문 2자 판독 불가-[302]	衰顔忽耀▨紅▨
술 빚어서 -원문 2자 판독 불가- 조는 맛도 길어지리	釀成▨▨睡味長

300 원문……불가 : 원문은 '傾▨▨'이다. '傾'은 원문의 문제로 번역하지 않았다.

301 마힐(摩詰)은……맡았는지 : 자가 마힐인 왕유(王維)는 당 현종(唐玄宗)이 백관에게 하사한 앵두를 맛본 감회를 털어놓았는데, 자가 퇴지(退之)인 한유(韓愈)는 푸른 광주리에 앵두의 향이 묻어난다고만 말했을 뿐 어디에서 맛보았는지 밝히지 않았다는 뜻의 해학적인 표현이 아닌가 한다. 왕유는 앵두에 관한 시를 읊으면서 "황상께서 부용궐 아래에 천관을 모아 놓고, 자금 안에서 생산된 붉은 앵두를 상란관(上蘭觀)에서 내오셨네. 모두 침원의 봄 제사를 마친 것일 뿐, 어원에서 새가 쪼아 먹고 남은 것이 아니라오.〔芙蓉闕下會千官, 紫禁朱櫻出上蘭. 揔是寢園春薦後, 非關御苑鳥含殘.〕"라고 하였고, 한유는 앵두 시에 화답하며 "향기 묻어나는 푸른 대광주리 받들고 막 도착해서, 붉은빛 비치는 은색 소반에 옮기는 손이 멈추지 않네.〔香隨翠籠擎初到, 色映銀盤寫未停.〕"라고 하였다.《王右丞集 卷10 勅賜百官櫻桃》《韓昌黎集 卷10 和水部張員外宣政衙賜百官櫻桃詩》

302 원문……불가 : 원문은 '耀▨紅▨'이다. '耀'와 '紅'은 원문의 문제로 번역하지 않았다.

고양의 관정헌에 제하다
題高陽觀政軒

새벽부터 못 가득한 바람에 모자가 날리면서	曉來吹帽滿塘風
산 이내와 숲 안개가 창공에 말끔히 걷혔나니	嶺靄林霏捲碧空
이 마음도 명징한 곳을 한번 보시려오	看取此心澄徹處
-원문 4자 판독 불가- 영롱하게 비춰 준다네	▨▨▨▨映玲瓏
어떡하면 상망을 취하여 노간을 제거할까	爭取霜鋩泣老姦
분분한 반착 따위야 굳이 고칠 것도 없지[303]	紛紛盤錯不容刪
거침을 가지고 청탁을 나누지 마오	莫將巨浸分淸濁
요당에 쏟은 물과 모두가 같으니까[304]	覆水坳堂摠一般

303 어떡하면……없지 : 추상(秋霜)과 같은 칼날〔霜鋩〕로 일단 노회한 간인(姦人)을 숙청하면, 복잡하게 뒤엉긴 다른 정사들은 굳이 손댈 것도 없이 자연스럽게 제대로 처리될 것이라는 말이다.

304 거침(巨浸)을……같으니까 : 요당(坳堂) 즉 마루 위의 움푹 팬 곳에 한 잔의 물을 쏟아 놓으면 지푸라기는 둥둥 뜨지만 그 물 위에 잔을 놓으면 달라붙어 뜨지 못하는 것처럼, 백성이라는 큰물〔巨浸〕 위에 떠 있는 권력자의 배도 물이 감당할 수 없는 상황이 오면 맑은 물 탁한 물 가릴 것 없이 그 배를 침몰시키고 말 것이라는 뜻으로, 대관재의 민중 혁명 사상의 일단을 엿볼 수 있는 대목이 아닌가 한다. 《장자(莊子)》 〈소요유(逍遙遊)〉에 "한 잔의 물을 움푹 팬 마루 위에 부어 놓으면 지푸라기야 배처럼 뜨겠지만 잔을 놓으면 달라붙나니, 이는 물이 얕고 배는 크기 때문이다."라고 하였다. 그리고 《순자(荀子)》 〈왕제(王制)〉에 "임금은 배이고 백성은 물이다. 물은 배를 띄울 수도 있고 뒤집을 수도 있다."라는 말이 나온다.

원정의 연회에 초대해 준 자앙에게 사례하다

謝子昂招會園亭

소쇄한 정원의 정자는 푸른 산으로 둘러싸이고	蕭灑園亭繞碧山
술잔에 잠긴 꽃 그림자는 쇠한 얼굴을 비춰 주네	杯涵花影映衰顔
석양에 풍악 흩어지고 취한 몸 부축받으며	夕陽扶醉絃歌散
소매에 가득 가을 경치 수습해서 돌아왔소	收拾秋光滿袖還

동년우(同年友)인 익지[305]가 내방하다

年友翊之來訪

함께 공부한 태학의 봄 얼마이던가	共學芹宮問幾春
지금 벼슬길에는 오직 서너 사람 남았을 뿐	唯餘宦路數三人
만났으면 무릎 맞대고 마셔야 하고말고	相逢促膝宜須飮
늙을수록 담론이 더욱 참신해서 기쁘구려	却喜談鋒老轉新

305 익지(翊之) : 이익(李翊)의 자이다.

나이가 칠십에 차서 영산으로 돌아가는 동년우 신희경을 전송하다

送年友辛姬卿以年滿七十歸靈山

이름은 필주(弼周)이다.

모자는 -원문 2자 판독 불가- 누르고 띠는 허리에 헐렁하고 帽壓▨▨帶減圍
노년에 수척한 뼈를 다시 살찌우긴 어려워라 暮年瘦骨更難肥
고향 땅 계서의 약속[306]을 비록 -원문 1자 판독 불가- 故鄉鷄黍雖▨約
대궐을 그리며 충혼은 도성으로 날아가리 戀闕忠魂日下飛

306 계서(鷄黍)의 약속 : 벗과 헤어지며 고향에서 만나기로 한 약속을 말한다. 98쪽 주81 참조.

동경인 정숙[307]에게 주다
贈同庚靜叔

을미년에 태어나 을사년을 맞으신 분	乙未生逢乙巳回
노년에 호기가 갈수록 하늘을 찌르네	暮年豪氣轉崔嵬
그대 오래 지리하게 투병 중임을 아노니	知君久抱支離病
어느 날에나 손 잡고 함께 술잔 들어 볼지	何日相携共擧杯

307 동경(同庚)인 정숙(靜叔) : 동갑내기 정숙이라는 말이다. 정숙은 미상이다. 《대관재난고》 권1에 〈중양절에 허정숙과 함께 순지의 원정에 올라가서 진탕 마시다〔重陽同許靜叔登諄之園亭泥飮〕〉라는 제목의 칠언장편시가 있는 것으로 보아 그가 허씨라는 것을 알 수 있을 뿐이다. 동경에는 동갑이라는 뜻과 동년우(同年友) 즉 같은 해의 과거에 함께 급제한 동기라는 뜻이 있다. 대관재는 1507년(중종2)에 실시한 증광 별시 문과에서 병과(丙科) 25위로 급제하였는데, 이 증광시 급제자 36명의 명단에 허씨 성의 인물은 없다. 그리고 이 시의 첫 구를 보면 그가 을미년에 태어났다는 것을 알 수 있는데, 대관재 역시 1475년(성종6) 을미년에 태어났으니 그렇다면 대관재가 동경을 동갑이라는 뜻으로 썼음을 알 수 있다. 을사년은 이들이 칠순이 되는 1545년(인종1)에 해당한다.

양근에 부임하는 경지를 전송하다

送敬之赴楊根

탐렴이 나뉘는 곳에 마음은 돌처럼 단단하고	貪廉分處心堅石
관맹을 시행할 때에 정사는 균형을 이루리라[308]	寬猛施時政稱衡
사령의 선영이 응당 기대할 일이 있겠기에	沙嶺松楸應有待
그대 위해 작별하며 눈물로 갓끈 적시노라	爲君臨別一沾纓

308 관맹(寬猛)을……이루리라 : 관대함과 준엄함이 조화를 이루어야 균형 있는 정사가 펼쳐질 것이라는 말이다.

운경[309]의 원정에 제하다

題雲卿園亭

멀고 가까운 높은 산은 그림 병풍을 펼쳐 놓고	遠近孱顔撥畫屛
숲 안개와 산 이내는 외로운 정자를 가뒀어라	林霏嵒靄鎖孤亭
왕년에 손수 심은 두 마리 용들이 일어나서	昔年手植雙龍起
구불텅구불텅 처마 앞에 일만 개 비늘 푸르구나	蟠屈簷前萬鱗靑
낙산과 삼각산 봉우리 일어났다 엎드렸다	駱峯三角揔低昂
놀란 물결 닫는 구름이 채색 들보 속으로	浪駭雲奔屬畫梁
주인의 내면의 효성을 알고 싶거들랑	欲識主人誠孝處
정원에 세워진 비석을 한번 보시기를	請看圭首立中唐

부친을 위해 ▨에서 생산되는 비석에 글을 새겼다.

309 운경(雲卿) : 정사룡(鄭士龍)의 자이다.

〈작성도〉에 제하여 윤견오에게 주다

題作聖圖贈尹肩吾

이름은 희성(希聖)이다.

심심풀이로 노름판 낀다고 누가 말하는가	誰說呼盧只破閑
담소하는 사이에 성현과 범부가 나뉘느니라	聖愚分作笑談間
우스갯말로 부질없이 시간 허비하지 말라	莫將戲謔空消遣
조사의 공부[310]라는 것도 모두 이와 같으니라	操舍功夫摠一般

310 조사(操舍)의 공부 : 잡으면 있다가도 놓으면 없어지는 마음에 대한 공부라는 말이다. 53쪽 주36 참조.

정창령 선생의 요수헌에 제하다

題鄭昌齡先生樂水軒

휘는 백붕(百朋)이다.

시퍼런 물 깊고 맑게 아득히 이어져 흐르니	爛碧深淸接混茫
구구한 다른 골 물들은 일개 꺼끄러기일 뿐	區區百谷一毫芒
바다를 자기 영역으로 삼고자 하면 안 되니	莫將巨浸爲疆界
영과[311]를 거쳐야만 학문의 길이 보이리라	要待盈科學有方

311 영과(盈科) : 물이 구덩이를 채우며 앞으로 나아간다는 뜻으로, 훌쩍 뛰어넘지 않고 하나하나 단계를 밟아 나가며 점진적으로 부단히 발전해 가는 것을 말한다. 《맹자》 〈이루 하(離婁下)〉에 이에 대한 설명이 상세히 나온다.

선릉의 못가에서 오수지와 만나 얘기하다

宣陵池邊與吳綏之會話

못의 표면 찰랑찰랑 하나의 청동 거울	池面盈盈一碧銅
미풍에 주름 무늬가 아롱지기 시작하네	縠紋初纈動微風
장하도다 우리 그대 무하음[312] 함께 벌이면서	多君共作無何飮
잘 익은 술 단지 열어 잔이 비지 않게 하니	漲綠開尊酒不空

312 무하음(無何飮) : 만사를 제쳐 두고 날마다 술만 마셔 대는 것을 말한다.

취하여 민중온의 병풍에 제하다

醉題閔仲溫屛風

산은 쪽물로 염색해 진하게 곤죽을 만들고	山色染藍濃作粥
구름은 침침해 실처럼 가늘게 비를 빚었네	雲陰釀雨細如絲
적선의 병촉을 아무렴 이어야 하고말고	謫仙秉燭宜須繼
지금은 바로 삼춘이 저물려 하는 때이니까[313]	正是三春欲暮時

313 적선(謫仙)의……때이니까 : 봄 석 달이 다 지나가는 아쉬운 시절을 그냥 보고만 있을 수는 없으니, '하늘에서 땅으로 귀양 온 선인(仙人)'이라는 별명을 지닌 이백(李白)이 〈춘야연도리원서(春夜宴桃李園序)〉에서 밝혔던 것처럼 낮을 이어 밤까지 촛불을 손에 쥐고 노니는 병촉유(秉燭遊)를 한번 가져 봐야 하지 않겠느냐는 말이다.

비가 크게 오기에 나의 회포를 두 수의 시에 담아서 박 좌랑에게 주다

大雨水自敍二章奉朴佐郎

이름은 민헌(民獻)이다.

한 달을 물이 범람하니 하늘이 새는가 봐	三旬淫溢天疑漏
팔도가 회양[314]하여 대지가 둥둥 뜨려 하네	八道懷襄地欲浮
대궐 문에 부르짖어 무슨 일을 해 보려 해도	欲叫帝閽成底事
벼슬이 낮아서 좋은 계책 바칠 길이 없구나	秩卑無計獻嘉猷

어디나 당한 수재 군현까지 침습하니	橫被水災郡國侵
산성이고 촌락이고 떴다 잠겼다 거듭하네	山城村落亦沈浮
해약을 상대로 추수를 담론해 보고 싶어도	欲將海若談秋水
수옹을 할 뿐 대유를 아는 사람이 없구나[315]	守甕無人識大猷

314 회양(懷襄) : 산을 에워싸고 언덕을 집어삼킨다는 회산양릉(懷山襄陵)의 준말로, 홍수의 흉흉한 기세를 형용한 것이다. 《서경》 〈익직(益稷)〉에 "홍수가 하늘에까지 잇닿아 끝없이 넘실거리며 산을 에워싸고 언덕을 집어삼켜 백성들이 수재(水災)의 고통을 당하였다."라는 말이 나온다.

315 해약(海若)을……없구나 : 식견이 높은 사람과 수재에 대한 대책을 의논해 보고도 싶지만, 모두 우물 안 개구리처럼 자기의 좁은 소견에만 집착할 뿐, 대유(大猷) 즉 치국의 대도(大道)에 대해서는 아는 사람이 없다는 말이다. 해약은 북해 귀신 약이라는 뜻으로, 원대한 식견의 소유자를 비유하는 말이다. 황하 귀신 하백(河伯)이 가을 홍수[秋水]로 강물이 엄청나게 불어나자 이 세상에서 자기가 최고라고 으스대다가, 북해에 이르러서 자신의 왜소함을 절감하고는 해약을 상대로 탄식하며 대화를 나누는

차운하다 次韻

민헌(民獻)

바람이 밭두둑 강타하여 상한 곡식이 드러눕고　風打壟頭傷稼臥
물이 나뭇가지 끝을 넘어 두엄풀만 둥둥 떴네　水過林杪見苴浮
방금 듣건대 조서 내려 몹시 수재를 걱정하셨으니　旋聞下詔憂災切
날마다 바치는 조정의 대책을 곧 보게 되리이다　佇看嵒廊日獻猷

수부에서 시를 지어 답변드릴 책임이 있는데[316]　水[317]部吟詩還有債
헛된 이름 기두[318]처럼 늘 가짜라 부끄럽기만　虛名箕斗愧常浮
책 만권을 본다 한들 끝내 방책이 없으니　讀書萬卷終無術
우활한 선비라 대유를 올릴 자신이 없나이다　未信迂儒致大猷

이야기가 《장자(莊子)》〈추수(秋水)〉에 나온다. 수옹(守甕)은 초파리가 윙윙거리는 항아리를 지키며 그 덮개 안에 머무른다는 뜻으로 소견이 매우 좁은 사람이 고집을 피우는 것을 비유하는 말인데, 공자가 노자를 만나 보고는 예전의 자기는 항아리 속의 초파리와 같았다고 술회하는 이야기가 《장자》〈전자방(田子方)〉에 나온다.

316 수부(水部)에서……있는데 : 수부는 공조(工曹)의 별칭인데, 당시에 박민헌이 공조 좌랑으로 있었다. 그는 대관재의 술친구 박유(朴瑜)의 아들인데, 대관재가 그의 재질을 높이 평가하여 칭찬한 시가 몇 군데 보인다.

317 水 : 대본에는 '永'으로 되어 있는데, 문맥에 근거하여 '水'로 바로잡았다.

318 기두(箕斗) : 기수(箕宿)와 두수(斗宿)라는 두 개의 별자리 이름인데, 유명무실함을 비유할 때 쓰는 말이다. 《시경》〈소아(小雅) 대동(大東)〉의 "남쪽 하늘에 기수가 있어도, 나락을 까부를 수 없고, 북쪽 하늘에 두수가 있어도, 술을 떠 마실 수 없네.〔維南有箕, 不可以簸揚. 維北有斗, 不可以挹酒漿.〕"라는 말에서 나온 것인데, 기와 두에 각각 키와 말이라는 뜻이 들어 있기 때문에 이렇게 말한 것이다. 또 소식(蘇軾)의 시에 "그대 묘한 재질은 모두 종묘의 제기(祭器)와 같은데, 나의 헛된 이름은 모두 기두와 다름없네.〔嗟君妙質皆瑚璉, 顧我虛名俱箕斗.〕"라는 표현이 있는데, 이 구절 역시 대관재가 일부 차용한 것으로 보인다. 《蘇東坡詩集 卷28 次韻三舍人省上》

경지 등과 약속하고 자온을 찾아가다

約與敬之等訪子溫

자온이 가산(嘉山)의 수재(守宰)로 나갔다가 임기가 만료되어 서울로 돌아왔다.

즐거운 일은 천륜이 모여 한판 벌이는 것[319]	樂事天倫會作場
맑은 술 내음 흠뻑 배어 옷깃도 향기로워	淸尊薰襲酒襟香
취한 몸 부축을 받고 송정에 나와 앉으니	醉來扶出松亭坐
달님이 처마 엿보며 술잔 더 들라 권하네	好月窺簷更勸觴

차운하다 次韻

경지(敬之)

술 먹자고 서로 만나 몇 번이나 취했던가	尊酒相逢醉幾場
국화가 자리에 끼여 말에서도 향기가 나네	菊花侵坐語生香
분분히 만나고 헤어짐 굳이 말해 무엇 하랴	紛紛離合何煩說
한꺼번에 수십 잔쯤은 들이켜야 하고말고	一擧須傾累十觴

차운하다 次韻

사공(思恭)

육 년 세월 한바탕 웃을 수나 있었으랴	六載何能笑一場

319 즐거운……것 : 이백(李白)의 〈춘야연도리원서(春夜宴桃李園序)〉에 "도리가 핀 꽃동산에 모여, 천륜의 즐거운 일을 벌이노라.〔會桃李之芳園, 序天倫之樂事.〕"라는 말이 있다. 《古文眞寶 後集 卷2》

시름 속에 꽃향기 띄워 홀로 삼킬 따름	愁來孤嚥泛花香
오늘 비로소 골육들이 송정에서 회동하여	今晨骨肉松亭會
이별 근심 떨치고 축수의 잔 들어 기뻐라	喜却離懷擧壽觴

차운하다 次韻

수경(守慶)

인간 세상 울고 웃는 한바탕 꿈속에서	人世悲歡夢一場
누가 능히 술 단지 향기 항상 맡으리오	誰能長挹甕頭香
여섯 해를 괴롭게 이별의 시름에 잠겼다가	六年相別愁懷苦
오늘 동산 정자에서 축수의 술잔 올립니다	今日園亭奉壽觴

헌지에게 주다

贈獻之

심의하고 입무해도 궁수를 쫓을 수 있지만	尋醫入務散窮愁
궐문을 못내 바라보며 귀밑머리 벌써 가을[320]	望斷脩門鬢已秋
꽁꽁 언 투금강[321]에 아직은 얼음 안 풀려	凍合投金氷未解
사공이 없으니 작살로 물고기도 못 잡겠네	叉魚無計闕黃頭

320 심의(尋醫)하고……가을 : 곤궁의 시름을 쫓아내려고 사람들은 보통 시도 짓고 술도 먹곤 하는데 헌지(獻之)는 이렇게 하지 않고도 잘 해낼 수 있는 인물이지만, 다만 한 가지 임금님 계시는 궐문을 바라다보며 그리워하느라 머리칼이 벌써 하얗게 세고 말았다는 말이다. 심의와 입무(入務)는 각각 시작(詩作)과 음주(飮酒)의 중단을 의미하는 은어(隱語)이다. 235쪽 주251 참조.

321 투금강(投金江) : 한강 양화(楊花) 나루의 별칭이다.

가중[322]에게 봉정하다

奉贈嘉仲

벼슬길 우뚝 솟아 성은에 보답하는 몸	簪紱昂藏報主身
회포는 국가 경륜임을 예전에 알았지요	久知懷抱只經綸
선정의 명성 남겨 향기 멀리 전하리니	政聲留與香名遠
기층민의 생계를 먼저 챙겨 주셨으니까	活計先饒白屋民

322 가중(嘉仲) : 이순형(李純亨)의 자이다. 원래는 중가(仲嘉)인데 대관재가 순서를 바꿔서 썼다.

공 천사[323]의 〈태평관부〉를 읽어 보건대 박잡하다는 기롱을 면치 못하겠기에 읊다

讀龔天使太平館賦未免駁雜之譏

왕성의 누관 경치가 속기를 멀리 벗어났으니	王城樓觀出塵氛
눈만 들면 산과 강이 문장의 소재가 되련마는	擧眼山川筆下文
괜히 《초사》를 주워 담아 육안을 놀라게 했나니	枉摭楚騷驚肉眼
교룡과 지렁이를 누가 제대로 구분해 낼는지[324]	蛟螭蚯蚓孰能分

323 공 천사(龔天使) : 1537년(중종32)에 황사(皇嗣) 탄생의 조서를 반포하기 위해 조선에 정사(正使)로 파견된 명나라 한림원 수찬(翰林院修撰) 공용경(龔用卿)을 말한다.

324 괜히……낼는지 : 공용경이 지은 글을 범상한 자의 육안(肉眼)으로 보면 경탄할지 모르겠지만 혜안(慧眼)의 소유자가 그 글을 보면 《초사(楚辭)》에 나오는 문자를 끌어모아 짜깁기한 것에 불과하니, 비와 구름을 일으키는 교룡(蛟龍)이 아니라 땅바닥을 기어 다니는 지렁이 정도에 지나지 않는다고 할 터인데 이런 사정을 간파할 자가 몇이나 되겠느냐는 말이다.

섬돌의 국화꽃이 활짝 피다

階菊盛開

서릿바람 펄럭여 나뭇잎 화들짝 놀라는 때	披拂霜風樹葉驚
국화꽃은 난만하게 누구를 위해서 피었는가	黃花爛熳爲誰榮
돌아갈 때 망우물[325] 위에 한번 띄우니	歸時一汎忘憂物
영균이 낙영을 먹음[326]보다 훨씬 좋구나	絶勝靈均餐落英

325 망우물(忘憂物) : 시름을 잊게 하는 물건이라는 뜻으로, 술을 말한다. 도잠(陶潛)의 〈음주(飮酒)〉 시에 "가을 국화 빛깔이 하도 좋아서, 이슬 머금은 그 꽃잎을 따노라. 이 망우물 위에 둥둥 띄워서, 세상 버린 나의 뜻을 더욱 멀리하련다.〔秋菊有佳色, 裛露掇其英. 汎此忘憂物, 遠我遺世情.〕"라는 구절이 있다. 《陶淵明集 卷3》

326 영균(靈均)이 낙영(落英)을 먹음 : 굴원(屈原)의 〈이소(離騷)〉에 "아침엔 목란에 맺힌 이슬 마시고, 저녁엔 가을 국화 지는 꽃잎 먹는다.〔朝飮木蘭之墜露兮, 夕餐秋菊之落英.〕"라고 하여, 자신의 향기롭고 고결한 자태를 노래한 대목이 나온다. 《楚辭》 영균은 굴원의 자이다.

김사미의 연꽃 감상 시에 차운하다

次金士美賞蓮

이름은 명언(明彦)이다.

사각 못에 푸른 일산이 붉은 미녀 옹위하고	方塘翠蓋擁紅粧
달빛 이슬 함초롬히 만 섬의 향기 은은하네	月露霏微萬斛香
코로 맡고 돌아와서도 소매에 가득 스며들어	嗅罷歸來猶滿袖
다시 술병 손에 들고 섬돌 옆 어정거린다네	更携尊酒遶階傍

죽화시를 지어 이자정 선생에게 증정하다

竹花詩贈李子淨先生

휘(諱)는 찬(澯)이다.

천홍만자(千紅萬紫) 분분하더니 한순간에 몰락하고	紅紫紛紛一瞬空
오직 남은 것은 새로 자란 벽옥의 떨기뿐	唯餘碧玉長新叢
가지 가득 여린 꽃술 웬일로 토해 내었는지	滿枝嫩蕊開何事
이웃 사시는 만물박사 어른에게 여쭤봐야지	爲問居隣博物翁

덕림수 순지의 죽음을 애도하다

挽德林守諄之

명리 다투는 승부에는 귀먹은 듯 흐리멍덩	名利輸贏醉似聾
술잔 들고 노래하면 그 소리 창공에 사무쳤지	擧杯歌響徹靑空
가슴 가득히 간신을 처리할 국량이 있었는데	滿胸淸濁機關在
물어보세, 어느 누가 이 어른 제대로 알았는지	借問何人識此翁

대동으로 부임하는 이 찰방과 작별하다

別李察訪赴大同

언제나 부러웠던 것은 궐문에 일찍 책훈된 것	長羨脩門早策勳
봄 적삼 이르는 곳마다 기운이 구름 일듯 하리	春衫到處氣如雲
하나의 말채찍에 바람과 번개처럼 빈틈이 없으리니	一鞭風電無餘地
알겠도다, 이는 바로 힝힝거리는 기북의 무리임을[327]	知是蕭蕭冀北群

327 하나의……무리임을 : 이 찰방이 지휘하는 역참의 역마들 모두가 천리마와 같은 명마로 관리될 것이라는 말이다. 기북(冀北)은 기주(冀州) 북쪽이라는 뜻으로, 명마의 생산지로 알려져 있다. 준마를 잘 알아보고 길러 주는 백락(伯樂)이 기북의 들판을 한번 지나가면서 좋은 말을 모두 쓸어 가는 바람에 그렇게도 많던 준마가 하나도 남지 않게 되었다는 이야기가 한유(韓愈)의 〈남전현승청벽기(藍田縣丞廳壁記)〉에 나오는데, 대관재가 이 찰방을 백락에 비유해서 이렇게 표현한 것이다.

대관재난고

제4권

잡저
雜著

기몽

記夢

아조(我朝)의 문장을 차례로 평가하여 등수를 매기면서, 세상의 헛된 영화는 모두 꿈속의 일로서 결국은 허망한 데로 돌아감을 말한 것이다.

내가 근래에 술병[1]을 앓으면서 늘 꿈을 꾸곤 하는데, 어느 때는 가위에 눌리기도 한다. 그런데 12월 16일 밤에는 팔을 베고 선잠에 들었다가 홀연히 대도(大都)에 이르는 꿈을 꾸었다. 그곳은 성곽이 주위를 에워싼 가운데 궁궐이 구름 위에 솟구쳐 금옥(金玉)의 장식이 눈부시게 휘황하였으며 천성전(天聖殿)이라는 편액이 걸려 있었는데, 궐문의 경비가 매우 삼엄하기에 내가 부들부들 떨며 땅에 엎드려 말하기를,

"천신(賤臣)인 풍산(豐山)의 심모(沈某)가 감히 아뢥니다."

하였다. 그러자 얼마 지나지 않아서 천향(天香)이 코에 스며들며 패옥 소리가 점점 가까워지더니, 미녀 10여 명이 공경히 나를 부축해서 일으켜 세우며 말하기를,

"천자께서 심모를 들여보내라고 조칙을 내리셨습니다."

하였다. 내가 황공해서 등줄기에 땀이 흥건한 채 몸을 굽히고 종종걸음으로 달려가는데, 발을 딛는 곳마다 모두 금술잔으로 되어 있는 등

1 술병 : 이 글 말미에 이색(李穡)이 대관재의 배 속에 몇 말의 먹물을 쏟아부었다고 한 내용이나 배 속이 칼로 찌르듯 아파서 꿈을 깨고 보니 배가 북처럼 팽창해 있더라는 말을 감안해 보면 대관재가 현대 의학에서 말하는 만성 간경변증과 같은 질환을 앓고 있었던 것은 아닌가 추측해 본다.

그 정경이 인간 세상에서 볼 수 있는 것이 아니었다. 그리고 아홉 겹으로 닫혔던 문이 일단 열리자 천자가 백옥의 의자에 앉아 있었는데, 천안(天顔)이 청수한 것이 흡사 선학(仙鶴)과도 같았으며 착용한 의상과 면류관을 보아도 오색구름이 주위에 서려 있는 것만 느꼈을 뿐 어떻게 만들었는지는 알 수가 없었다. 그리고 공경(公卿)이 빙 둘러 시립(侍立)하여 높은 관을 쓰고 홀(笏)을 허리에 꽂고 있었으며, 채색 의장(儀仗)인 치선(雉扇)[2]이 좌우에서 환히 비추는 가운데 풍악이 성대히 울리고 옥녀(玉女)가 마주 보고 춤을 추면서 비단 옷자락이 바스락거리고 패옥 소리가 쟁그랑거렸다. 내가 옥섬돌 아래에 엎드려서 한참 동안 명을 기다리고 있노라니, 고인(故人)인 읍취헌(挹翠軒) 박은(朴誾)이 나에게 다가와서 손을 잡으며 말하기를,

"성명(聖明)한 조정에서 옛 벗을 우연히 만나게 될 줄은 생각지도 못하였소."

하였다. 내가 묻기를,

"지금 천자는 어떤 사람이오?"

하니, 박이 나에게 넌지시 말하기를,

"가야(伽倻)의 처사(處士) 최치원(崔致遠)이 지금의 천자라오."

하였다. 그의 생김새를 보니 풍만하고 살이 졌으며, 문채(文采)가 사람을 놀라게 할 만하였다.

수상(首相)의 지위에 있는 자는 을지문덕(乙支文德)이었고, 익재

2 치선(雉扇) : 꿩 꼬리로 만든 부채라는 뜻의 치미선(雉尾扇)의 준말로, 제왕의 의장용구 중의 하나이다. 임금이 어전으로 나올 적에는 두 개의 부채를 합쳐서 모습을 가렸다가, 어좌에 앉으면 그 부채를 떼어서 모습이 보이게 한다.

(益齋) 이제현(李齊賢)과 상국(相國) 이규보(李奎報)가 각각 좌상과 우상의 자리에 있었다. 그리고 거사(居士) 김극기(金克己), 은대(銀臺) 이인로(李仁老), 양촌(陽村) 권근(權近), 목은(牧隱) 이색(李穡), 포은(圃隱) 정몽주(鄭夢周), 도은(陶隱) 이숭인(李崇仁), 태재(泰齋) 유방선(柳方善), 사숙재(私淑齋) 강희맹(姜希孟), 점필재(佔畢齋) 김종직(金宗直) 등이 모두 서요(犀腰)와 정옥(頂玉)[3] 차림으로 업무가 복잡한 부서를 분장(分掌)하면서 관각(館閣)의 직책을 겸대하고 있었으며, 이색이 대제학에 임명되어 바야흐로 문형(文衡)을 전담하고 있었다. 내가 묻기를,

"그대는 지금 무슨 벼슬을 하고 있소?"

하니, 그가 대답하기를,

"천자가 숭록대부(崇祿大夫) 참찬관(參贊官)으로 특별히 임명하였다오."

하였다. 대화를 나누는 사이에 붉은 복장의 관원이 조칙을 전달하며 나에게 금자광록대부(金紫光祿大夫) 규벽부 학사(奎壁府學士)를 제수하고는 이내 관복(冠服)을 하사하였다. 내가 백번 절하고 사은(謝恩)하고 나서 세 번 사양하였으나 윤허하지 않았다. 천자가 나에게 섬돌을 올라와 자리에 앉도록 허락하고는 연회를 베풀어 위로해 주었다. 늘어선 의장들이 눈부시게 빛나고 천상의 음악이 펼쳐지면서 종과 북 등 모든 악기가 진동하는 가운데, 금소반과 옥술잔에 담긴 음식과 훈훈한

3 서요(犀腰)와 정옥(頂玉) : 서요는 서대(犀帶) 즉 무소뿔로 장식한 관대(官帶)로, 1품 이상의 관원이 허리에 둘렀다. 정옥은 옥관자를 매단 조관(朝冠)으로, 정3품 당상관이 썼다.

향기를 코로 맡고 입으로 맛을 보니 이는 실로 인간 세상에 있는 것들이 아니었다. 내시가 천자의 하사품인 궁중의 술 한 잔을 권하였으나 나는 주량이 얼마 안 되어 다 마시지 못하였는데, 자리에 앉아서 보니 우상 이규보는 술을 좋아해서 한 말이나 마셨는데도 취하지 않았으며 옷 위에는 술 방울이 떨어져 생긴 얼룩이 많이 묻어 있었다.

음악이 끝나자 천자가 대내(大內)로 들어가면서 조칙을 내려 나에게 호화 저택 1구(區)를 하사하였는데, 노비는 그 숫자가 만(萬) 단위로 헤아릴 정도였다. 내가 도보로 국문(國門)을 나와 말을 타고 고삐를 잡으니, 패옥이 부딪치는 소리가 영롱한 가운데 수행하는 종자가 "물렀거라!" 외치면서 대궐에서 동쪽으로 8, 9리쯤 떨어진 곳의 한 저택으로 나를 인도해 들어갔다. 몇 층의 건물이 우뚝 솟아 희고 붉게 칠한 색깔이 햇빛에 반사되고, 대문에는 창을 든 병사가 줄지어 서 있었으며, 휘장을 친 격자창은 금과 은으로 장식되어 있었다. 주위에 있는 방 수십 개에는 미녀들이 성장(盛裝)을 한 차림으로 비단 옷자락을 땅에 끌면서 다투어 알현하며 옷을 벗었는데, 이부자리와 베개에는 향내가 배어 있었고 풍만한 여체(女體)는 기름처럼 매끄러웠다.

다음 날 깁 바른 창문이 막 밝아 올 적에 여관(女官)이 홀연히 보고하면서 참찬관인 박 영공(朴令公)이 문 앞에 이르렀다고 하였다. 내가 허겁지겁 일어나서 얼굴을 닦고는 문밖으로 뛰어나가 서로 읍을 하고 들어와서 처마 안쪽에 자리를 잡은 뒤에 서로 쳐다보다가 기쁨이 극에 달한 나머지 슬픔의 눈물이 함께 흘러나왔다. 참찬이 말하기를,

"공이 오랫동안 불우한 처지에 놓여 있다가 하루아침에 부귀영화를 누리게 되었으니 매우 축하할 일이긴 하오마는, 적신거상(積薪居上)의 한탄이 없지는 않을 것이외다.[4]"

하였다. 내가 바짝 다가앉아서 국가의 이러저러한 일에 대해서 자세히 물어보니, 대답하기를,

"천자는 자를 고운(孤雲)이라 하오. 상제가 특별히 천자의 자리를 만들어서 재사(才士)를 위로해 주려고 한 것인데, 세속에서는 그가 신선이 되어 떠났다고 헛소문을 전하고 있소. 지금 천자는 문장을 좋아해서 현부(賢否)와 귀천(貴賤)은 묻지도 않고 근무 연한이나 자급의 차서도 따지지 않은 채, 오직 문장의 고하만을 살펴보고서 관작을 올리고 내리며 제수하고 있소이다."

하였다. 내가 묻기를,

"가령 서(徐)나 어(魚), 성(成)이나 홍(洪)[5] 같은 사람들은 지금 무슨 관직에 있소이까?"

하니, 대답하기를,

"모두 외관(外官)에 임명되었소. 주부(州府)와 군현(郡縣)이 백 개 천 개도 넘는데, 각각 그 지방 안을 나누어 다스리고 있다오. 문장의 격률(格律)이 삼엄하지 않으면 그런 자는 으레 수령에 제수하는데, 백 년이 지나고 나서야 한 번 조회하러 올 뿐이라오. 천자는 문장의

4 적신거상(積薪居上)의……것이외다 : 장작더미를 쌓을 적에 나중의 장작이 맨 위에 놓이는 것처럼, 뒤에 온 대관재가 오히려 자기들보다 앞자리를 차지한다고 선배들이 원망할 수도 있을 것이라는 말이다. 한(漢)나라 급암(汲黯)이 공손홍(公孫弘)이나 장탕(張湯) 등 자신의 후배들이 자기보다 높은 지위로 계속 승진하자, 이에 불만을 품고는 무제(武帝)에게 "폐하가 신하들을 임용하는 것을 보면 마치 장작더미를 쌓는 것과 같아서, 뒤에 온 자들이 맨 윗자리를 차지하고 있다."라고 호소한 고사가 있다. 《史記 汲鄭列傳》

5 서(徐)나……홍(洪) : 서거정(徐居正), 어세겸(魚世謙), 성현(成俔), 홍귀달(洪貴達)이 아닌가 한다. 이들은 모두 대제학을 지낸 사람들이다.

체제가 당률(唐律)과 같은 것을 중시하오. 인간 세상에서 지위가 숭품에 이르고 사문(斯文)을 영도(領導)했다고 하더라도 문장이 비하(卑下)한 경우에는 모두 고관의 집을 청소하는 일이나 맡아서 벼슬도 없이 곤궁하게 살거나 백발이 되도록 떠돌이 생활을 하는 반면에, 문장이 고매하면 차서를 뛰어넘어 공경과 시종의 반열에 발탁되기도 한다오. 우리 공의 문재가 뛰어나지 않았다면 어떻게 하루아침에 경상(卿相)의 지위에 이를 수 있었겠소이까. 다만 중외의 선배들이 시기하여 참언을 하며 해칠까 두려우니, 조심해서 기량(伎倆)을 보전토록 하시오."

하였다.

그의 말이 채 끝나기도 전에 요리사가 술과 안주를 내왔는데 그 맛이 입에 감치고 연하고 살지고 진하였으며, 월녀(越女)나 제희(齊姬) 같은 미녀가 노래를 길게 부르자 흘러가던 구름도 놀라서 멈칫하였다. 우리는 서로 우정 어린 눈빛을 주고받고 입으로 불러 수작(酬酢)을 하며 형체를 잊고서 통음(痛飮)을 하다가 이내 취한 상태로 서둘러 밖으로 나왔다. 내가 동쪽 동산을 돌아다보니 벽옥(碧玉)과 같은 대나무가 숲을 이루고 물총새가 날개를 퍼덕이며 날고 있었다. 가신(家臣)이 집안 재정의 회계 장부를 가져와서 보여 주기에, 머리를 돌려 자세히 살펴보니 그는 바로 어무적(魚無赤)[6]이었다. 내가 마침내 명하여

6 어무적(魚無赤) : 성종과 연산군 연간에 활동하며 특히 백성의 고통을 대변하여 시를 지었던 문인의 이름이다. 모친이 관비(官婢)인 서얼 출신으로 과거에 응시하지는 못하였으나 문재가 뛰어났다. 보통은 어무적(魚無迹)으로 칭하는데, 대관재는 '迹'을 '赤'으로 바꿔서 썼다.

곳간에 보관한 물품을 열어 보이게 하니, 사초(鮻綃)와 산호와 금은 등 진귀한 보배가 일일이 열거할 수 없을 정도로 많았다. 내가 노하여 말하기를,

"폐하는 나를 석숭(石崇)[7]으로 대하시는 것인가."

하고는, 그 즉시 여러 희첩(姬妾)들을 흩어 내보내고, 밥상에 즐비하게 늘어놓은 진수성찬도 대폭 줄이게 하였다.

천자가 약혼을 명하고 장씨(張氏)[8]-이름이 옥란(玉蘭)이다.-를 정처로 정하였으니, 곧 장형(張衡)의 딸이었다. 중국에서 맞아들이며 금은과 채백(綵帛)을 예물로 들여보내고 합근례(合巹禮)를 행한 뒤에 침방(寢房)에 들었다. 서로 좋아하며 갈수록 친밀해졌으나, 우아한 용모와 청초한 자태가 고야(姑射)의 신인(神人)[9]을 방불케 하였으므로 감히 외설스럽게 대하지 못하였다.

얼마 있다가 진주리(進奏吏)가 와서 나에게 출근하여 정무를 보라고

7 석숭(石崇) : 진(晉)나라의 거부(巨富)로, 호화와 사치의 극을 달리던 중에 기녀(妓女)를 뺏기지 않으려고 버티다가 온 집안이 풍비박산되고 멸족당하는 화를 입었다. 《晉書 石崇列傳》

8 장씨(張氏) : 전설에 의하면 후한 말년 오두미도(五斗米道)의 수령인 장로(張魯)의 누이라고도 하고 장형의 딸이라고도 하는데, 17세 때에 하늘에서 내려온 붉은 빛을 삼키고 배가 불러 와 부모의 의심을 받자 자기가 죽은 뒤에 배를 갈라 억울함을 풀어 달라고 하녀에게 말하고 죽었으며, 모친이 딸의 유언대로 배를 갈라서 《본제경(本際經)》 10권을 얻었다고 한다. 《太平廣記 引 傳仙錄》 장형은 〈양경부(兩京賦)〉와 〈귀전부(歸田賦)〉 등을 지은 후한(後漢)의 문장가이다.

9 고야(姑射)의 신인(神人) : 묘고야산(藐姑射山)에 사는 선녀라는 뜻으로, 피부가 빙설(氷雪)과 같고 바람이나 이슬을 먹고 산다는 등의 이야기가 《장자(莊子)》 〈소요유(逍遙遊)〉에 나온다.

요청하였다. 청의동자(靑衣童子)가 가마를 메고 칼을 찬 자들이 옹위하며 들어가서 대청에 이르니 거기가 바로 규벽부라는 곳이었다. 아로새긴 누각은 노을까지 잇닿았고 황금 문고리는 사람을 현란케 하였으며, 구슬발은 갈고리로 걷어 올려지고 짐승 조각 향로에선 연기가 피어올랐다. 내가 옥대(玉帶)를 착용하고 북쪽 벽에 서니, 동료 관원 두 사람 중에 진화(陳澕)는 오서대(烏犀帶)를 착용하고 동쪽 벽에 서고 정지상(鄭知常)은 삽금대(鈒金帶)를 착용하고 서쪽 벽에 섰다. 서로 함께 공례(公禮)를 마치고 나서 각각 금교의(金交椅)에 앉았다.

낭원(郎員)이 10인이었으니, 예산(猊山) 최해(崔瀣), 중순당(中順堂) 나흥유(羅興儒), 와주(瓦注) 안경공(安景恭), 가정(稼亭) 이곡(李穀), 초은(樵隱) 이인복(李仁復), 제정(霽亭) 이달충(李達衷), 사암(思菴) 유숙(柳淑), 의곡(義谷) 이방직(李邦直), 운재(芸齋) 설장수(偰長壽), 팔계(八溪) 정해(鄭偕)가 그들이었다. 그들이 일제히 나아와서 서로 인사를 나누고는 각자 부서(簿書)를 가지고 재결을 하였는데, 처리해야 할 옥송(獄訟)이 별로 없었고 모두 고금의 문인들의 문장을 평가하여 등수를 매기는 일이었다.

규벽부 왼쪽에 특별히 하국(下局)을 설치하고 그 이름을 보문각(寶文閣)이라고 하였는데, 상아 찌를 붙인 서적들이 위와 아래를 가득 채웠다. 여기에서는 설곡(雪谷) 정포(鄭誧), 서하(西河) 임춘(林椿), 삼봉(三峯) 정도전(鄭道傳), 난계(蘭溪) 함부림(咸傅霖), 역옹(櫟翁) 최자(崔滋),[10] 탁영(濯纓) 김일손(金馹孫), 추강(秋江) 남효온(南孝

10 역옹(櫟翁) 최자(崔滋) : 역옹은 이제현(李齊賢)의 호여서 대관재의 착각으로 보인다. 위에서 이미 이제현은 좌상의 자리에 있다고 하였으니, 그렇다면 역옹은 최자의

溫) 등이 문서를 총괄하며 날마다 문장을 비평하는 것으로 일을 삼았다. 내가 진 학사(陳學士 진화)를 돌아보며 말하기를,

"내가 영공(令公)의 소상팔경(瀟湘八景) 시[11]를 읽어 보니 온통 소리가 나는 그림이었소."

하고, 또 정 학사(鄭學士 정지상)에게 말하기를,

"내가 영공의 '명월권렴삼사인(明月卷簾三四人)'의 시구[12]를 암송하노라면 사람으로 하여금 고기 맛을 잊을 정도로 빠져들게 하니, 내가 기꺼이 한 걸음 뒤로 물러나야 하겠소이다."

하니, 진(陳)과 정(鄭) 두 영공이 이구동성으로 대답하기를,

"우리가 영공의 '파사해저월(婆娑海底月)'[13]의 시구를 보면 이른바 눈 위에 피어나는 매화 향기라고 해야 할 것이니, 정말로 감히 당해

호인 동산수(東山叟)로 바꿔야 옳을 것이다.

11 소상팔경(瀟湘八景) 시 : 《동문선(東文選)》 권6 칠언고시에 진화의 〈송적팔경도(宋迪八景圖)〉가 실려 있는데, 그 팔경 중 〈소상야우(瀟湘夜雨)〉에 강촌 주막의 밤중에 비가 오면서 파도와 등불과 대나무와 연잎과 바람이 한데 어우러져 하나의 화폭 속에 음악 소리를 곁들인 듯한 절묘한 표현들이 나온다.

12 명월권렴삼사인(明月卷簾三四人)의 시구 : 《동문선》 권12 칠언율시에 정지상의 〈장원정(長源亭)〉이라는 시가 실려 있는데, 그 안에 "푸른 버들 속에 문을 닫은 열아홉 집이요, 밝은 달 아래 발을 걷은 두서너 사람이라.〔綠楊閉戶八九屋, 明月捲簾三兩人.〕"라는 시구가 들어 있다. 이제현의 《역옹패설(櫟翁稗說)》 후집 2에는 '명월권렴삼양인(明月捲簾三兩人)'이 "밝은 달 아래 누대에 기댄 서너 사람〔明月倚樓三四人〕"으로 되어 있고, 허균(許筠)의 《성소부부고(惺所覆瓿藁)》 권25 〈성수시화(惺叟詩話)〉에는 '명월권렴삼사인(明月捲簾三四人)'으로 되어 있다.

13 파사해저월(婆娑海底月) : 너울너울 춤추는 바닷속의 달빛이라는 뜻인데, 《대관재난고》에는 이 시구가 보이지 않는다. 편집 과정에서 누락되었는지, 아니면 정말로 대관재가 꿈속의 일을 읊은 것인지 모르겠다.

낼 수가 없소이다."

하였다. 청사(廳舍) 앞에서 지인(知印) 한 사람이 말할 때마다 머리를 흔들고 다리를 까부는 등 방정맞기 짝이 없기에 내가 누구냐고 물어보았더니 바로 변 사문 계량(卞斯文季良)이었다. 또 서리(胥吏) 한 사람이 키가 크고 풍모가 예스러워 마치 불가에서 말하는 존자(尊者 아라한)의 상(像)과 같았으므로 내가 누구냐고 물어보았더니 바로 유 사문 호인(兪斯文好仁)이었다. 내가 말하기를,

"변 사문에게는 '암황부지유교춘(暗黃浮地柳郊春)'[14]이라는 시구가 있고, 유 사문에게는 '빈모추공엽소소(鬢毛秋共葉蕭蕭)'[15]라는 시구가 있소이다. 이와 같은 경구(警句)가 있는데도 이들이 거꾸로 천류(賤流)가 되었단 말이오?"

하니, 진과 정 두 학사가 말하기를,

"이런 시구는 똑같이 한산(寒酸)한 분위기만 감돌 뿐 뜻밖의 재미를 유발하는 점이 없으니, 그 치욕을 의당 감수해야 할 것이외다."

하였다. 또 소매가 헐렁한 홑옷을 몸에 걸치고 장보관(章甫冠)을 머리에 쓴 유자(儒者)의 행색으로 청당(廳堂) 가운데에 줄지어 서서 분주

14 암황부지유교춘(暗黃浮地柳郊春) : 변계량의 《춘정집(春亭集)》 권2의 〈장부경도장단도중기정정곡(將赴京都長湍途中寄呈鼎谷)〉이라는 제목의 칠언율시 5, 6구에 "순백색이 하늘에 연하니 강변 고을의 새벽이요, 암황색이 대지에 뜨니 버들 교외의 봄이로다.〔虛白連天江郡曉, 暗黃浮地柳郊春.〕"라는 표현이 있다.

15 빈모추공엽소소(鬢毛秋共葉蕭蕭) : 유호인의 《뇌계집(㵢谿集)》 권6의 〈병중박상사신형견방(病中朴上舍信亨見訪)〉이라는 제목의 칠언율시 3, 4구에 "시력은 대낮에도 연무가 끼어 침침하고, 살쩍은 가을이라 낙엽과 함께 쓸쓸하네.〔眼力晝兼煙漠漠, 鬢毛秋共葉蕭蕭.〕"라는 표현이 있다.

히 뛰어다니며 갈도(喝道)하는 자들이 매우 많았는데, 정재(貞齋) 박의중(朴宜中),[16] 교은(郊隱) 정이오(鄭以吾), 시승(詩僧) 선탄(禪坦), 단활(短豁) 이혜(李惠) 등도 여기에 끼여 있었으며, 그 밖에 다른 사람들은 일일이 헤아리기가 어려웠다. 내가 비장(祕藏)한 전적(典籍)에서 이들을 모조리 골라내려 하자, 요우(僚友)가 애써 말리면서 말하기를,

> "옥급(玉笈)[17]의 금과옥조로 말하면 육정(六丁)의 음신(陰神)이 보위하게 되어 있으니 경솔하게 누설하면 안 됩니다."

하였다.

얼마 뒤에 중사(中使)를 만났는데 그가 조칙을 받들고 이르렀기에 우리가 뜰에 내려가서 맞아들였다. 조칙을 뜯어보건대 천자가 지은 율시 중에 '풍고야자송조사(風敲夜子送潮沙)'[18]라는 표현이 있었는데, '송(送)'이라는 글자가 온당치 못해서 밤낮으로 궁리해 보았지만 적당한 글자를 찾지 못했으니 학사 등에게 의논해서 고치게 하라는 내용이었다. 이에 진 학사는 '과(過)'로 고치고, 정 학사는 '집(集)'으로 고치

16 박의중(朴宜中) : 대본에는 '朴宜仲'으로 되어 있다. 《정재일고(貞齋逸稿)》 권2 〈신도비명(神道碑銘)〉에 근거하여 '仲'을 '中'으로 바로잡아 번역하였다.

17 옥급(玉笈) : 옥으로 장식한 상자라는 뜻으로, 비밀 내용이 담긴 도교(道敎)의 서적을 말한다.

18 풍고야자송조사(風敲夜子送潮沙) : '바람은 밤에 솔방울을 두들겨서 조수 이는 모래톱에 보낸다.'라는 뜻이다. 최치원의 《계원필경집(桂苑筆耕集)》 권20 〈석상왜송(石上矮松)〉이라는 제목의 칠언율시 중 3, 4구에 "해는 저무는 그림자를 끌어와서 섬 나무와 가지런하게 하고, 바람은 밤에 솔방울을 두들겨서 조수 이는 모래톱에 떨어뜨리네.〔日引暮陰齊島樹, 風敲夜子落潮沙.〕"라고 하였는데, 대관재가 원래는 '落'이 '送'으로 되어 있던 것을 자신의 건의에 의해서 최치원이 '落'으로 고친 것이라고 익살을 부리고 있다.

고, 나는 '락(落)'으로 고쳐서 아뢰었는데, 천자가 '락(落)'이 좋다고 윤허하였다. 그리고 즉시 소명을 내려 대내에 불러들이고는 시의 난이(難易)에 대해서 하문하기에, 내가 대답하기를,

"신은 시를 짓는 것이 가장 괴롭습니다. 애처롭게 며칠을 읊조리고 나서야 겨우 한 편을 이룰 수 있는데, 그것도 다음 날에 가져다 읽어 보면 하자가 백 가지로 발견되고, 그럴 때면 또다시 열흘 혹은 한 달을 단련하면서 성률을 관건으로 삼고 물상(物像)을 골자로 삼은 뒤에야 그런대로 시의 영역에 일단 도달할 수가 있습니다."

하니, 천자가 이르기를,

"경이 시를 논한 것이 바로 짐의 마음과 일치하오."

하고는, 날마다 세 번씩 은총을 내려 우대하고 내려 주는 상품이 한이 없었으며, 또 이 일을 계기로 해서 중외에 조칙을 반포하기를,

"짐이 듣건대 시에는 구법(句法)이 있다고 하였다. 평담(平澹)하면서도 천속(淺俗)으로 흐르지 않고, 기고(奇古)하면서도 괴벽(怪僻)에 가깝지 않으며, 제영(題詠)을 해도 물상의 묘사에 군색하지 않고, 서사(敍事)를 해도 성률의 법도에 병통이 없게 된 뒤에야 더불어 시를 말할 수 있을 것이다. 아무쪼록 《시경》의 시와 《초사(楚辭)》를 위주로 해야 하니, 그래야만 옛사람의 좋은 점을 발견해서 저절로 부미(浮靡)한 기습(氣習)이 없어질 것이다. 모든 나의 신료들은 이러한 짐의 생각을 이해하고 체득해야 할 것이다."

하였다.

이때 마침 문천 군수(文川郡守) 김시습(金時習)이 자기 뜻대로 되지 않는 것을 분하게 여겨 조정의 정사를 무력화하려고 꾀하면서 군국(郡國)에 격문을 보내 말하기를,

"지금 천자는 성질이 편벽되어, 당률을 마치 지란(芝蘭)이나 되는 것처럼 치우치게 좋아한 나머지 시풍이 초췌해져서 융려(融麗)하고 부귀한 기상이 완전히 없어지고 말았다. 그래서 내가 운로(雲路)에 채찍을 휘둘러 교도(郊島)의 한수(寒瘦)를 모두 진작하여 100리에 절부(節符)를 나눠 줌으로써 모두 소황(蘇黃)이 발월(發越)되도록 할 것이니,[19] 나의 예봉(銳鋒)을 들어 고엽(枯葉)을 타파하는 동시에 당로(當路)의 학사를 복주(伏誅)하고 천자를 바꿔 세우면, 자질구레한 풍조를 멀리 축출하고서 우리가 이로부터 관(冠)의 묵은 먼지를 털어 버리고 조정에 당당하게 설 수 있게 될 것이다."

하였다. 천자가 변란의 소식을 듣고는 노심초사하다가 거의 병들 정도가 되자, 경내의 병력을 총동원하고 무고의 병기를 꺼내어 직접 정토(征討)에 나서려고 하니, 대제학 이색이 밀계(密啓)를 올리기를,

"바라건대 규벽부 학사 심모(沈某)를 보내어 순역(順逆)의 도리로 깨우치게 하소서. 그리하면 병기에 피를 묻히지 않고도 저절로 수습될 것이니, 바라건대 옥체를 수고롭게 하지 마소서."

하였다. 이에 천자가 재계(齋戒)하고 대장단(大將壇)을 쌓고 나서 나

19 내가……것이니 : 김시습이 천상의 세계에서 채찍을 휘둘러 교도처럼 한수하게 된 당대(唐代)의 시풍을 완전히 바꾸어 제대로 된 시풍을 떨쳐 일으키고, 각 군현(郡縣)에 절부를 나눠 주어 모두 소황으로 대변되는 송대(宋代)의 시풍을 드날려 전파하겠다는 말이다. 교도는 당나라 시인인 맹교(孟郊)와 가도(賈島)의 병칭이고 한수는 교한도수(郊寒島瘦)의 준말인데, 소식(蘇軾)이 당나라 시인의 시격(詩格)에 대해서 "원진(元稹)의 시는 경조부박하고, 백거이(白居易)의 시는 비천 저속하며, 맹교의 시는 한산(寒酸)하여 살풍경하고, 가도의 시는 살점은 없이 뼈다귀만 앙상하다.〔元輕白俗, 郊寒島瘦.〕"라고 평한 글에서 유래한 것이다.《東坡全集 卷91 祭柳子玉文》소황은 송나라 시인인 소식과 황정견(黃庭堅)의 병칭이다.

를 대장에 임명하며 하문하기를,

"장군의 판단으로는 몇만의 병력이 필요하겠소?"

하기에, 내가 그 말씀을 듣고는 무릎을 치고 감탄하며 충성심이 우러나와 나도 모르게 크게 소리쳐 아뢰기를,

"신이 듣건대 '잘 만든 무기는 상서롭지 못한 기물이다.'라고 하였으니, 신이 원하는 바는 무기를 쓰지 않는 것입니다. 다만 신에게는 소영(嘯詠)을 하는 비술(祕術)이 있어서 차가운 겨울에도 우레를 일으키고 무더운 여름에도 얼음을 만들 수 있으며 짐승을 모아 함께 노닐거나 귀신을 삼키고 뱉을 수도 있으니, 이것으로 가만히 앉아서 일만 병력을 상대할 수가 있습니다."

하였다. 이에 천자가 공경을 이끌고 북쪽 교외에 행차하여 길가에 술자리를 베풀고 전별하며 금낭(錦囊) 1습을 소매 안에서 꺼내 허리에 차게 하였다. 내가 감격해서 무릎을 꿇고 아뢰기를,

"군사 작전은 신속함을 귀하게 여깁니다. 응당 난적으로 하여금 잘못을 뉘우치고 귀복(歸服)하게만 하면 될 것이니, 어찌 번거롭게 전투 따위를 벌이겠습니까."

하고는, 그날 바로 단기(單騎)로 출발하였는데 함께 데리고 간 자는 첨두노(尖頭奴 모필(毛筆)의 비유) 몇 명뿐이었다. 이틀 길을 하루에 달려가 열흘이 채 못 되어 반적(叛賊)의 보루로 진격해 나아가니, 병장기가 햇빛에 번쩍이며 세 겹으로 중하게 에워쌌다. 내가 기운을 불어넣고 입술을 내밀어 휘파람을 한 번 불어 젖히니 반적이 간담이 꺾여 넋을 잃었고, 휘파람을 재차 불어 젖히니 일만 기병이 패망하여 도망쳤으며, 휘파람 소리가 멀리 울려 퍼지니 오색구름이 자욱이 끼고 난새와 봉황이 어울려 날아다니며 바다와 산악이 안색을 바꾸고 하늘과 땅이

진동하였다. 이에 반란을 일으킨 자들이 풍문만 듣고서도 무너져 달아나니, 적장 김시습이 스스로 손을 뒤로 묶고 투항하며 말하기를,

"사단(詞壇)의 노장(老將)인 심 영공(沈令公)께서 오실 줄은 생각지도 못하였습니다."

하였다.

내가 보고서를 작성하여 승첩을 아뢰고 개선(凱旋)하니, 천자가 크게 기뻐하여 포장(褒奬)을 하며 좌우를 둘러보고 이르기를,

"옛날에 휘파람을 불어 오랑캐의 기병을 물리친 일[20]이 있었는데, 지금 그 일을 경에게서 보는구나."

하고는, 배식사문경륜일시진국 공신(培植斯文經綸一時鎭國功臣)의 호를 내리고 안동백(安東伯)에 봉하도록 명하였으며, 상으로 하사한 것이 수만금에 달하였다. 그리고 김시습을 폐하여 암엄좌선(嵒广坐禪)으로 만들었다. 이로부터 위명(威名)이 나날이 드러나면서 천자의 돌보아 주는 은혜가 갈수록 융숭해졌으므로, 매양 아침에 나가고 밤에 들어오는 등 있는 힘을 다해서 나라에 보답하였다. 그리하여 벼슬을 한 지 20년 동안에 아들을 낳고 자손을 길러 문벌(門閥)이 휘황하게 빛나고 만종(萬鍾)의 녹봉을 받아 가산이 그득 차고 넘쳤는데, 공경들 중에 혹 명함을 디밀고 청탁하는 자가 있으면 문득 말하기를,

"인신(人臣)의 의리상 사적으로 받을 수 없소이다."

20 옛날에……일 : 동진(東晉)의 유곤(劉琨)이 병(幷)·기(冀)·유(幽) 삼주(三州)의 군사를 총지휘하며 진양(晉陽)에 있을 때 오랑캐 기병이 성을 겹겹으로 포위하였는데, 유곤이 밝은 달밤에 누대에 올라 휘파람을 불자 적이 슬퍼하며 한숨을 내쉬었고, 한밤중에 다시 호가(胡笳)를 불자 눈물을 흘리며 고향 생각에 젖어 들었으며, 다시 새벽에 호가를 불자 마침내 포위망을 풀고 돌아갔다는 고사가 전한다. 《晉書 劉琨列傳》

하며 읍을 하고 거절하였다. 조정에 있는 백집사(百執事)들은 음풍농월이나 하며 사치스럽게 생활하는 것이 습관처럼 되었으므로, 나처럼 청검(淸儉)하게 지내는 사람은 그저 그들로부터 기롱을 받을 뿐이었다. 그리고 내가 일찍이 우상 이규보의 단점을 지적하며 대궐에 가서 항소(抗疏)하기를,

"이모(李某)의 문장은 수식만 화려하고 뼈 없이 흐늘거릴 뿐이니, 빨리 짓는 솜씨가 귀신같다 하더라도 귀하게 여길 것이 없습니다."

하였는데, 나머지 내용은 여기에 기록하지 않는다. 이에 천자가 나의 직언이 옳다고 하고는, 다섯 수레의 서적을 상으로 내리는 한편 영경연사(領經筵事)로 특진시켰다.

규벽부의 청사 중앙에 옥으로 만든 탑상이 불쑥 솟아 있었는데 조각칼로 아로새겨 만들어 놓았으며, 100층 되는 높이에 사단(詞壇)이라는 편액이 걸려 있었다. 내가 손가락으로 가리키며 말하기를,

"이 단은 숭고하기가 태산과 같고 암석이나 수목도 없으니, 비록 원숭이같이 민첩한 동물이라도 부여잡고 올라갈 수가 없는데 더군다나 사람의 힘으로야 다다를 수가 있겠는가."

하니, 관리가 말하기를,

"이 단 위에 옥루(玉樓)가 있는데, 중국의 재사(才士)들이 이따금 서로 왕래하며 다 함께 모여서 주연(酒宴)을 열고 노닐곤 합니다."

하였다. 하루는 천자가 조회를 마쳤을 때에 홀연히 두 명의 선녀가 난(鸞)과 학이 끄는 수레를 타고 나타나더니, 각자 조문희(曹文姬)와 사자연(謝自然)이라고 칭하고는 곧장 제소(帝所)에 와서 말하기를,

"대당(大唐)의 천자인 두 공부(杜工部 두보(杜甫))가 우인(友人)인 이백(李白)을 데리고 와서 사단에서 회동할 예정입니다."

하였다. 멀리 옥탑(玉榻)의 위에서부터 생황과 퉁소 소리가 들려오자, 우리 천자가 구중궁궐에서 나와 점잖게 단을 향해 나아가면서 두 손을 마주 잡고 당당하게 날아오르는 것이 마치 구름과도 같았다. 삼공 및 신하 몇 사람은 겨우 중간 층계에 이르자마자 다리가 부들부들 떨리고 위세에 눌려 납작 엎드린 채 한 사람도 천자를 모시고 따르는 자가 없었다. 아래를 굽어보니, 관리 한 사람이 문사(文詞)를 가지고 배우처럼 우스갯소리를 하면서 옷을 걷어붙이고는 애써 따라가려고 하였으나 첫 번째 층계에 이르기도 전에 땅바닥에 떨어져 다리를 부러뜨렸으므로 구경하는 자들이 박장대소를 하였는데, 그가 누구인지 물어보니 바로 이 사문 숙감(李斯文叔瑊)이었다. 천자가 며칠 동안 머무르며 환락을 한껏 누리고는 아래로 내려와서 이르기를,

"짐이 이하(李賀)[21]를 만나 옥루(玉樓)의 기문(記文)을 외우게 하고, 왕희지(王羲之)에게 붓으로 써 달라고 부탁하여 벽 사이에 걸어 두었다."

하였다. 그러고는 한숨을 쉬며 크게 탄식하여 말하기를,

"두 천자(杜天子)의 문장에는 《시경》의 유음(遺音)이 있었다. 그리고 종신(從臣)인 재자(才子) 한유(韓柳 한유(韓愈)와 유종원(柳宗元))와 소황(蘇黃 소식(蘇軾)과 황정견(黃庭堅))의 무리를 보아도 웅방(雄放)하고 준결(峻潔)하여 짐도 오히려 감당할 수가 없었다. 그러니

21 이하(李賀) : 27세의 젊은 나이에 요절한 당나라의 천재 시인이다. 당나라 이상은(李商隱)의 〈이장길소전(李長吉小傳)〉에 의하면, 이하의 병세가 위중해졌을 때에 홀연히 하늘에서 붉은 용을 타고 내려온 붉은 옷 입은 사람이 "상제의 백옥루(白玉樓)가 이루어졌으므로 그대를 불러 기문을 짓게 하려 한다."라고 하였는데, 그로부터 얼마 뒤에 죽음을 맞이했다고 한다. 장길은 이하의 자(字)이다.

하물며 짐의 신하들 중에 어떤 사람이 이와 같은 재주를 지녔겠는가.”
하였다. 그로부터 며칠이 지나서 천자가 주강(晝講)을 마친 뒤에 추연(愀然)히 불쾌한 기색으로 차자(箚子) 하나를 나에게 보여 주게 하였는데, 그것은 바로 한원(翰苑) 선생 등 신하 몇 사람의 상소였다. 거기에 말하기를,

“심모(沈某)는 속세에서 찌든 몰골을 벗어나지 못하였는데, 외람되게도 크나큰 사은(私恩)을 받고 있습니다.”

하였는데, 나머지 내용은 여기에 기록하지 않는다. 천자가 이르기를,

“한때의 허튼 의론이니, 마음에 담아 둘 게 뭐가 있겠는가.”

하고는 ‘대관선생(大觀先生)’이라는 호를 내리고, 고향에 돌아가라고 명하면서 손수 잔을 쥐고 술을 따라 주며 이르기를,

“초목의 산하를 경솔하게 침탈하지 말지니, 조물이 공을 꺼리는 점이 있느니라.[22] 경의 처인 옥란(玉蘭)은 그대로 집안 살림을 주관할 것이요, 공이 돌아올 때를 기다려 옛 직책에 임명하도록 명하였노라.”

하였다. 내가 머리를 조아리고 하직 인사를 올리려니 눈물과 콧물이 옷깃을 적셨으며, 가실(家室)을 돌아보며 미련이 남아 차마 서로 헤어질 수 없는 점이 있었다. 잠시 뒤에 상국 이색이 나의 등을 토닥이며 협실(夾室)로 끌어들이더니 난탕(蘭湯)에 나를 목욕시키고는, 쇠칼로

22 초목의……있느니라 : 대관재가 정통 시가(詩歌)의 표본으로 누구나 인정하는 《시경》의 권위를 무시하고 대관의 차원에서 그 영역을 넘어서서 시의 지평을 더 넓은 세계로 확대함으로써 혹 조물주의 시기를 받을 수도 있다는 뜻의 해학적인 표현으로, 대관재 자신의 시에 대한 자부심을 엿볼 수 있는 대목이 아닌가 한다. 초목의 산하는 《시경》의 영역을 말한다. 《시경》을 공부하면 “초목의 이름을 많이 알 수 있다.”라는 공자의 말이 《논어》 〈양화(陽貨)〉에 보인다. 산하는 강산, 국토, 영역 등을 의미한다.

나의 장부(臟腑)를 갈라 벼루에 간 먹물 몇 말을 그 속에 들이부으며 말하기를,

"40여 년쯤 뒤에 다시 이곳에 와서 함께 부귀를 누릴 것이니 걱정하지 마오."

하였다. 배 속이 팽창하며 찌르는 듯 아파서 깜짝 놀라 깨고 보니 배가 북처럼 부풀어 올라 있었고, 희미한 등잔불은 꺼지려 하였고 병든 아내는 옆에 누워 신음할 따름이었다. 아, 사람이 세상에서 살면서 궁달(窮達)은 명이 있는 법이니, 어찌 현실도 꿈속의 일과 똑같은 자가 있겠는가. 괴이한 일이라고 혀를 끌끌 차면서 꿈속의 일을 기록하였으니, 때는 가정(嘉靖) 8년(1529, 중종24) 섣달 상순이었다.

삼가 절구 한 수를 지어 올리다 敬書一絶

사순(思順)

기생하는 어느 곳이든 허망하지 않겠습니까마는	寄生何地不爲虛
십 년 동안 일어난 일은 남가일몽보다 더하네요	十載南柯一夢餘
만사를 한가지로 보면 모두 즐길 수 있으리니	萬事等觀皆可樂
고기도 응당 나를 알고 나도 고기를 안다네요[23]	魚應知我我知魚

23 고기도……안다네요 : 대관재와 조카인 심사순이 서로의 심경을 마치 한 몸이 된 것처럼 완벽하게 이해해 주고 있다는 말이다. 고기와 나의 비유는 《장자(莊子)》 〈추수(秋水)〉에 나오는 호량(濠梁)의 논쟁에서 끌어온 것인데, 장자가 혜시(惠施)가 한가롭게 노니는 피라미를 보고 물고기의 즐거움에 대해서 논쟁하다가, 장자가 마지막에 "물고기가 즐겁다는 것을 인간인 내가 호수 위에서 알았다."라고 결론을 짓는 내용으로 되어 있다.

사자연의 꿈을 꾸고 기록하다
夢謝自然志

내가 요즘 들어 술병으로 의기소침한 것이 옛날보다 심해지는 가운데, 금년 9월 19일에 정신이 산란해지면서 혼미한 상태로 낮잠에 빠져들었다가 꿈속에서 어떤 선랑(仙娘)을 만났는데 스스로 칭하기를 사자연(謝自然)이라고 하였다. 한들거리는 화관(花冠)을 머리에 쓴 그녀의 아름다운 자태가 사방에 넘쳐흐르고 금과 은의 띠와 줄이 상복(裳服)을 환히 비추는 가운데 청동(靑童)의 안내를 받고서 나의 누추한 방에 들어와 앉았다.

내가 몹시 놀라 머리를 조아리고 납작 엎드려서 엿보았더니 매끄러운 살결은 백설이 엉겨 붙은 듯하였고, 가느다란 허리는 비단 자락을 조여 맨 듯하였으며, 붉은 입술과 흰 치아 사이로 쌩긋 미소를 짓고 있었는데, 한참 있다가 말을 건네기를,

"첩은 대당(大唐) 사람입니다. 그 시대 인물들의 현우(賢愚)에 대해서 그대의 평가를 듣고 싶습니다."

하였다. 내가 평해 달라는 그녀의 속뜻을 짐작하고 대답하기를,

"이하(李賀)는 태어날 때부터 신선의 자질을 품수(稟受)하여 상제의 명을 받고 백옥루(白玉樓)의 기문(記文)을 지었으니,[24] 이는 취할 만합니다."

24 이하(李賀)는……지었으니 : 당나라 시인 이하가 천상 옥루의 기문을 짓기 위해 용을 타고 승천했다는 전설을 말한다. 315쪽 주21 참조.

하니, 선랑이 말하기를,

“경의 말씀이 매우 좋습니다. 그런데 한유(韓愈)는 어떤 사람입니까?”

하였다. 내가 말하기를,

“한유로 말하면, 문장 면에서는 비록 뛰어난 점이 있다고 하더라도, 인물 면에서는 고집이 워낙 세고 근거 없이 날조하곤 합니다.”

하니, 선랑이 말하기를,

“무슨 뜻인지 설명을 듣고 싶습니다.”

하였다. 내가 말하기를,

“말이 선랑에게 저촉되는 만큼, 어리석은 내가 만번 죽을지라도 감히 토로하지 못하겠습니다.”

하니, 선랑이 갑자기 민망한 표정을 짓다가 머리를 숙이고는 목소리를 낮춰 말하기를,

“경은 나를 피상적으로 대하는 것이오?”

하였는데, 말하는 그 뜻이 진지하고 간절하기에 내가 마침내 앞으로 다가가서 비밀히 말하기를,

“한유가 선랑의 시를 지으면서 ‘아, 저 한녀(寒女)가 영원히 이물(異物)의 무리에 의탁하였다.’[25]라고 하였습니다. 세상에서는 한유를 박

25 아……의탁하였다 : 한유의 〈사자연시(謝自然詩)〉라는 제목의 장시(長詩) 맨 마지막에 “아, 저 한녀가 길이 이물의 무리에 의탁하였다. 내가 감상에 젖어서 이 시를 지었나니, 어두운 자는 허리띠에 써넣어야 할 것이다.〔噫乎彼寒女, 永托異物群. 感傷遂成詩, 昧者宜書紳.〕”라는 구절이 나오는데, 이를 부연 설명하면 ‘아, 슬프다. 저 빈한한 집안 출신의 딸인 사자연이 영영 돌아올 길 없는 이단의 무리에 몸을 의탁하였기에, 내가 마음속으로 슬피 여기며 그녀에 대한 시를 지었으니, 이치에 어두운 자들은 응당

아(博雅)한 군자라고 칭하고 있습니다마는, 나는 홀로 그 말을 믿지 않습니다."

하였다. 선랑이 이 말을 듣고는 기쁜 기색을 띠며 말하기를,

"사람들은 경이 오만하게 굴며 세상을 경시한다고 말하는데, 오늘 만나 보고 나서는 애교를 부리는 등 귀여운 점이 있음을 느꼈습니다. 첩이 육정신(六丁神)에게 명하여 천하에 소장된 이 시를 죄다 거두어들이게 할까 하다가 우선 꾹 눌러 참고서 발동을 하지 않았는데, 경이 이렇게까지 말해 주니 술 한 잔을 상으로 드리려 합니다."

하고는, 마침내 청동에게 명하여 선주(仙酒)를 따르게 한 뒤 잔을 들어 마시라고 권하였다. 그런데 내가 얼른 달려가서 술잔을 받들다가 손발이 부들부들 떨린 나머지 손톱으로 선랑의 무명지(無名指)를 잘못 만졌으므로 황송한 심정으로 땅에 엎드려서 술을 다 마시고는 무릎을 꿇고 두 손을 모아 말하기를,

"요행히 선랑을 모시고서 하액주(霞液酒)까지 받게 되니 감격스러워 눈물이 물처럼 흘러내립니다."

하니, 선랑이 말하기를,

"경이 망상(妄想)의 싹을 틔우는 것을 태상(太上)이 감지하였으니 반드시 벌이 뒤따를 것입니다. 옛날에 진(秦)나라 농옥(弄玉)이 소사(蕭史)의 배필이 될 적에 건숙(蹇叔)과 맹명(孟明)을 중매인으로 삼았습니다.[26] 지금 경은 도골(道骨)이 빼어나서 선적(仙籍) -원문

이 시를 좌우명처럼 항상 가슴에 새겨 신선술(神仙術) 같은 사교(邪教)의 집단에 빠져들지 말아야 할 것이다.'라는 뜻이 된다. 《韓昌黎集 卷1》

26 옛날에……삼았습니다 : 건숙과 맹명은 진 목공(秦穆公)의 신하이다. 생황(笙簧)

2자 판독 불가- 속세의 업장(業障)이 아직 녹지 않아서 범속한 차원을 벗어나기 어려우니, 응당 신선이 될 때까지 기다렸다가 홍애(洪崖)와 연문(羨門)[27] 두 선생으로 하여금 혼약(婚約)을 정하게 한 뒤에야 성사될 수 있을 것입니다."

하였다. 나와 선랑의 해후가 이렇게 끝나는가 싶어서 탄식을 하며 터져 나오는 울음을 참고 있자, 선랑이 나에게 다가와서 등을 어루만지며 말하기를,

"초목의 산하가 경의 침포(侵暴)를 받자 조물(造物)이 경을 시기하며 탄압한 결과, 공명(功名)의 세계에서 배제되어 백발로 늙어 가는 것이 불쌍하기에 이렇게 와서 위로하게 되었습니다. 부부의 인연이 과연 예전부터 정해진 것이라면 뒷날 우리가 함께 흰머리가 되도록 서로 돌아보며 살아갈지 어떻게 알겠습니까. 모쪼록 고별 선물로 한마디 말씀을 내려 주신다면 마땅히 가슴에 새겨 잊지 않겠습니다."

하였다. 이에 내가 즉시 입으로 불러 읊기를,

"선랑이 오시자 가을 달빛이 맑은 물결 위에 펼쳐지듯 환하였는데, 선랑이 떠나시자 홀연히 늘그막 시름이 어지럽기가 쑥대와 같네."

하였는데, 나의 말이 채 끝나기도 전에 피리 소리가 울려 퍼지고 채색

을 잘 불었던 진 목공의 딸 농옥이 꿈속에서 퉁소의 명인인 소사를 만나 보고는 한눈에 반하여 배필이 되기를 원하자 목공이 맹명을 태화산(太華山)으로 보내 소사를 데려오게 한 뒤에 결혼시켰는데, 둘이서 몇 년 동안 봉대(鳳臺)에 머물다가 어느 날 홀연히 함께 봉황을 타고 신선이 되어 날아갔다는 전설이 《동주열국지(東周列國志)》〈농옥취소쌍과봉(弄玉吹簫雙跨鳳)〉에 보인다.

27 홍애(洪崖)와 연문(羨門) : 고대 선인(仙人)의 이름이다. 홍애는 홍애(洪厓)라고도 한다. 연문은 연문자고(羨門子高)의 약칭이다.

구름이 뒤덮인 가운데 높이 날아올라 사라져 갔다. 내가 하늘 끝까지 눈으로 전송하며 뭔가 잃어버린 것처럼 실망에 잠겨 있다가, 화들짝 놀라 일어나 꿈에서 깨고 보니, 여자 종은 밥을 짓고 닭은 아직도 횃대 위에 앉아 있었다.

몽설을 지어서 장난삼아 유학원에게 답하다

夢說戲答柳學源

이름은 인수(仁洙)이다.

인간 세상은 꿈이다. 사람이 태어나서 그 안에 거처하는 것도 꿈이니, 사람의 영욕(榮辱)도 꿈이요 생사(生死)도 꿈이다. 일월(日月)은 꿈속의 광명이요, 강하(江河)는 꿈속의 진액(津液)이며, 망망한 세계에 벌여 있는 것도 모두 하나의 꿈이다. 꿈속에서 꿈을 설하는 것도 꿈이고, 꿈꾸고 나서 꿈이 아니라 함도 꿈이다. 공과 나는 꿈속의 사람이다. 깬 상태의 일을 가지고 꿈이 아니라 함도 꿈이고, 잠잘 때의 일을 가지고 진짜 꿈이라 함도 꿈이다. 공의 첨정(僉正) 벼슬도 꿈이고, 나의 좌랑(佐郞) 벼슬도 꿈이다. 물(物)도 없고 아(我)도 없다 함도 꿈이요, 시(是)도 없고 비(非)도 없다 함도 꿈이다. 공도 꿈꾸고 나도 꿈꾸면서 그것이 꿈인 줄을 알지 못하는데, 조물옹(造物翁)에게 물어봐도 그것이 꿈인 줄을 알지 못할 것이다. 그렇다면 무엇이 꿈을 꾸는 것이며 무엇이 꿈을 꾸지 않는 것인지, 내가 이 꿈 이야기를 가지고 황제(黃帝)와 공구(孔丘)에게 가서 물어본 뒤에 다시 공에게 몽중일사(夢中一事)를 설파해 주겠다.

양성서를 지어서 홍 이상 자미[28]에게 보내다

養性書投洪二相子美

벼슬을 그만두고 광연(廣淵)에 돌아가 두문불출하였다.

무릇 사람은 동물이라서 어려서부터 장성할 때까지 쉬지 않고 육신을 수고롭게 하기 때문에, 혈기(血氣)가 강해지고 기육(肌肉)이 단단해지고 장부(臟腑)가 견고해져서 악질(惡疾)에 걸리지 않고 수명을 연장할 수가 있는 것입니다. 따라서 만약 조그만 방구석에 몸을 가두어 놓고 책상다리를 하고는 뒤척이기나 하고 여기에 또 푹신한 옷을 껴입고 따뜻하게만 지낸다면, 비유컨대 음지의 초목이 햇빛을 보면 연약해져서 쉽게 시드는 것과 마찬가지이니, 이는 이치상 당연한 일이라고 할 것입니다.

지금 우리 상공(相公)은 기질이 순수하고 학문이 고명하여 경사(經史)와 의서(醫書)에 통달하지 않음이 없는데도, 시끄러움을 싫어하여 문을 닫아걸고 분개하며 시름에 잠긴 채 계속해서 우울하게 지내신 결과 온몸의 골격이 해이해지고 기혈(氣血)의 기능이 허약해지셨습니다. 안정을 찾고자 하여 안일하게만 지낸다면 오히려 몸을 해치기 십상일 것이니, 이는 몸을 보양(保養)하는 방법이 되지 못합니다. 그러니 어찌 탄식을 금할 수가 있겠습니까.

당성(唐城 화성(華城) 남양(南陽))의 선영(先塋)에 가마를 타고 왕래

28 홍 이상 자미(洪二相子美) : 홍언필(洪彦弼, 1476~1549)이다. 이상은 찬성(贊成)의 별칭이다. 자미(子美)는 그의 자이다.

해도 좋을 것이고, 광연의 고깃배 안에서 도롱이를 걸치고 호탕하게 노래를 불러도 좋을 것이며, 친척이나 벗들과 어울려 즐겁게 오락을 해도 좋을 것입니다. 어떠한 환난을 당해서도 태연히 대처하면서 평일에 지키던 신념에 입각하여 마음이 조금도 흔들리지 않아야 할 것인데, 어찌하여 군이 두렵고 절박한 심정이 되어 스스로 위축된단 말입니까.

그리고 고전의 서적에 찌를 붙여 가며 앉아서 성현을 마주하노라면 지혜의 촛불이 광채를 드날리며 고요히 흐르는 물에 파도가 일지 않을 것이니, 이처럼 조용히 함양하면서 피곤한 줄을 알지 못하는 것도 기려(羈旅)의 생활 중에 맛보는 하나의 낙이 될 것입니다.

그런데 어찌하여 세속을 초월한 지혜를 소유하고서도 답답한 상황을 애써 지켜 가며 날조된 소문에 마음이 상한 나머지 고집스럽게 자기 주장만 우겨 대는 사람처럼 행동을 하여, 마치 새가 새장에 갇혀서 나래를 치지 못하고 물고기가 길바닥에 고인 물속에 놓여서 비늘을 떨치지 못하듯 한단 말입니까. 이렇게 하고서야 어떻게 성명(性命)을 오래도록 보전할 수가 있겠습니까.

나의 생각이 이에 이르고 보니 목메어 울고픈 심정을 가누지 못하겠습니다. 삼가 바라건대 어리석은 나의 말을 채택하고 시대 상황을 살펴 헤아리시어 마음 가는 대로 살면서 자적기적(自適其適)[29]하소서. 그러면 양성(養性)을 하는 데에 얼마간의 도움이 될 수도 있을 것입니다.

29 자적기적(自適其適) : 자기에게 맞는 것을 스스로 맞게 하라는 뜻으로, 남이야 뭐라고 하든 간에 자신의 취향에 맞는 생활을 즐겨 보라는 말이다. 《장자(莊子)》〈변무(騈拇)〉에 "남이 좋아하는 것만 덩달아 좋아하고, 정작 자기가 좋아하는 것은 좋아하지 못하는 자"가 되지 말라고 경계하는 말이 나온다.

진택에 대한 고풍의 시를 서문과 함께 지어 홍 이상에게 증정하다
眞宅古風幷序贈洪二相

보내신 서간을 받들어 읽다가, 나이가 많고 병이 중해서 회복하기 어려울 것 같다는 말씀을 접하고는 나도 모르게 늙은이의 눈물이 절로 흘러내리기에 감히 회포를 전달합니다.

무릇 사람은 소장(少壯)의 시기로부터 시작하여 쇠로(衰老)의 시기에 이르게 되는 만큼, 늙어서 죽음으로 향하는 것은 아침으로부터 시작하여 대낮에 이르는 것처럼 필연적인 사실이니, 고금의 현달(賢達)이 모두 여기에서 피할 수가 없습니다.

그리고 현인(賢人)을 천시하고 우인(愚人)을 중시하는 등 수요(壽夭)가 고르지 않아서, 팽조(彭祖)는 지혜가 요순(堯舜)보다 뛰어나지 않은데도 800년의 장수를 누렸고[30] 안연(顔淵)은 재질이 중인(衆人)보다 못하지 않은데도 30세로 요절하였습니다. 비록 주공(周公), 공자(孔子)와 같은 성인이나 맹분(孟賁), 하육(夏育)과 같은 용사라도 고개를 떨군 채 눈을 감고서 아무 말 없이 죽음을 맞이하지 않은 경우가 없으니, 어찌 비통함을 견딜 수가 있겠습니까.

공과 나로 말하면, 성명(聖明)의 세상을 만나 세 차례나 과거 급제 명단에 똑같이 이름을 올리고 벼슬길에서 함께 노닐었으니, 그사이에

30 800년의 장수를 누렸고 : 대본에는 '而壽人百'으로 되어 있다. 문맥에 근거하여 '人'을 '八'로 바로잡아 번역하였다.

궁달(窮達)과 영췌(榮悴), 비환(悲懽)과 득실(得失) 면에서 비록 같지 않은 점이 있었지만 모두 70여 년의 복을 향유하였습니다. 그런데 나는 공보다 한 살이 더 많아서 쇠약해진 정도가 더욱 심합니다. 그러니 나의 생애가 70, 80으로 그칠는지 아니면 90이나 100세까지 이어질는지 그것은 알 수 없습니다만, 조만간 자연의 변화에 따라 죽음을 맞이하게 될 것입니다.

그러면 먼저 부모님을 뵙고 눈물을 훔치며 재배한 뒤에 엄안(嚴顔)을 우러러보며 슬하에 부복(俯伏)할 것이요, 다음에는 청도(淸都)로 나아가 상제(上帝)가 계신 곳을 향하여 머리를 조아리고 재배한 뒤에 성곽을 두루 살펴볼 것이며, 뒤이어 나의 스승인 요상하목(堯顙河目)[31]을 찾아뵙고 전당(殿堂)의 강석(講席)에서 배례(拜禮)를 마친 뒤에 마음과 생각을 깨끗이 씻어 내고 무릎을 꿇고서 밝은 가르침을 받들 것이며, 좌우에 둘러서 시립(侍立)하고 있는 70제자(弟子)와 각각 읍례(揖禮)를 행한 뒤에 물러 나와 거주할 만한 땅을 찾아 나설 것입니다.

그곳은 맑은 샘물이 바윗돌을 울리고 수목이 울창하게 그늘진 지역으로, 곧장 띠풀을 베어 집을 짓게 하여 공과 함께 이웃으로 지내며

31 요상하목(堯顙河目) : 고신(高辛)을 닮은 요(堯)의 이마와 하수(河水)처럼 길쭉하며 반듯한 눈이라는 뜻으로, 공자(孔子)를 가리킨다. 소식(蘇軾)의 시에 "연로에서 돌아오며 좋은 말 들었나니, 요의 이마가 고신과 닮아서 모두 놀랐다네.〔輦路歸來聞好語, 共驚堯顙類高辛.〕"라는 표현이 있다.《蘇東坡詩集 卷28 次韻曾子開從駕》 제곡(帝嚳) 고신씨(高辛氏)의 뒤를 이어 그의 아들인 방훈(放勳)이 제위에 오르니, 이 사람이 바로 제요(帝堯)라는 기록이 《사기(史記)》〈오제본기(五帝本紀)〉에 나오고, 정(鄭)나라 동문(東門)에 서 있는 공자의 모습을 보고 정나라 사람들이 "이마가 요 임금과 비슷하다."라고 평한 말이 《사기》〈공자세가(孔子世家)〉에 나온다.

살아갈 곳입니다. 그리고 집터가 삽상하게 트이고 나무숲이 빽빽하게 우거진 곳에 100여 칸의 가옥을 짓게 한 뒤에 물을 끌어다 못을 파고는 못 위에 정자를 세우고서 난간을 공중에 가로지르게 하면 채색 구름이 환히 비치고 물고기가 뛰놀 것이니, 이곳에 주자(朱子)와 정자(程子)를 함께 초청하여 강마(講劘)하고 절차(切磋)하면서 도학(道學)의 벗으로 삼을 것입니다.

그리고 여기에 모여드는 빈객과 붕우는 모두가 공문(孔門)의 무리일 것입니다만, 내가 세상에 있을 적에 술을 충분히 마시지 못한 것이 한으로 남아 있는 만큼 때때로 유령(劉伶)과 도잠(陶潛)의 집에 가서 다른 일은 하지 않고 술만 마셔 댈 것이요, 공으로부터 술만 좋아할 뿐 예의를 아랑곳하지 않는다는 기롱을 받는다고 해도 가소롭게 여겨 버릴 것입니다.

이에 진택(眞宅 사후 안식처)의 시를 《문선(文選)》의 시체(詩體)를 본받아 지으면서, 약속한 대로 지키겠다고 마음속으로 맹세하고 함봉(緘封)하여 골수에 간직하였습니다. 이 그윽한 회포가 말 없는 가운데 계합하였는바, 견고하기가 마치 금석과 같아서 절대로 깨뜨릴 수가 없으며 만약 이를 어길 경우에는 신명(神明)이 반드시 미워할 것입니다.

시는 다음과 같습니다.

멋진 가옥 얼마나 높고도 드넓은지	傑構何宏敞
문채 밝게 드러나 광채를 머금었네	斐文炯含暉
마루 앞 섬돌에는 기화요초가 빼어나고	軒階瑤草秀
진주 드리운 발에는 채색 노을이 듬뿍	珠簾瑞霞霏
오동나무에 달님이 방금 걸리고	梧桐月初掛

버들가지에 바람이 또 살랑거릴 때 楊柳風又微
옷깃 여미고 난간에 기대어 서면 整襟倚危欄
헌칠한 우리 벗님이 찾아오신다네 有朋來頎頎
눈빛 한번 마주치매 이미 막역한 사이 目擊已莫逆
평생토록 헤어지지 않기만 바랄 따름 平生願無違
널찍하고 한가한 내 집에서 즐기면서 樂我宅寬閑
우리 함께 기심(機心) 잊고 살아갔으면 庶幾同忘機

경박함을 해명하는 글

輕薄解

예로부터 시인은 경박한 사례가 많았다. 두자(杜子 두보(杜甫))가 시성(詩聖)으로서 《시경(詩經)》의 유음(遺音)을 남겼는데도 경박하다는 평을 면치 못하였으니, 더군다나 음풍농월(吟風弄月)하며 문단에서 평론을 일삼는 자가 이런 평을 듣는다고 해도 괴이할 것이 없다.

나는 소년 시절에 시를 배운 뒤로부터 노년에 이르기까지 명시(名詩)라면 탐색하지 않은 것이 없고 기구(奇句)라면 수집하지 않은 것이 없다. 그리하여 오법(五法), 사품(四品), 삼공(三工), 이개(二概)[32]의 뜻에 대해서 마음속으로 터득하고 성정(性情)으로 발로하였을 뿐, 기량(技倆)이 경박함이 되는 줄은 알지를 못하였다. 대아(大雅)가 쇠미해진 뒤로부터 시도(詩道)가 거의 폐해지다시피 하였다가 당대(唐代)에 이르러 다시 흥기하게 되었는데, 대력(大曆) 연간 이후로 재사(才士)들이 경쟁적으로 우열을 서로 다투면서 고금의 시인들을 낱낱이 들어 거론하며 경박하다고 지목하였으니, 이 또한 심하지 아니한가.

금년에 들어서면서부터는 그동안 세상일을 겪은 것이 워낙 많아서, 성현이 마음을 쓴 경지를 몰래 엿보며 공성(孔聖)의 무문(無聞)의 경계[33]

32 오법(五法)……이개(二概) : 시를 짓는 요령을 말하는 듯하다.

33 공성(孔聖)의 무문(無聞)의 경계 : "40세나 50세가 되도록 세상에 알려짐이 없다면, 이런 사람에 대해서는 또한 두려워할 것이 없다."라고 공자가 경책한 것을 말한다. 《論語 子罕》

를 어기지 않겠다고 다짐하면서 학술에 정진하고 도의 영역에서 마음을 노닐었다. 그러면서도 멋지게 시를 짓고 싶어 손이 근질근질해지는 심정을 스스로 그만둘 수 없기에, 이백(李白)과 두보를 능가하고 황정견(黃庭堅)과 소식(蘇軾)을 압도하려고 하면서 병근을 통렬히 끊어버리고야 말겠다고 생각하였다.

그러다가 주자(朱子), 정자(程子)와 같은 선유(先儒)들을 접하고 보니 마음에 느낌이 있으면 입으로 발하여 시구로 드러내었는데, 광풍제월(光風霽月)과 같은 그 인품으로 그 시들이 인구에 회자되고 있었다. 그런 뒤에야 경박하다고 칭한다면 그것은 그의 인품이 어떠한지를 살펴보고 칭해야 마땅하지, 시를 배운 것을 가지고 하나하나 지적하여 경박하다고 칭하면 안 된다는 것을 알았다.

나는 평일에 경사(經史)를 널리 섭렵하고 선현(先賢)을 벗으로 삼으면서 야박한 습속을 날벌레 정도로 여기고 높은 벼슬자리를 진흙 구덩이 정도로 여겼으니, 세속과 거래하며 나의 사업이 잘되도록 적용하지 못한 것은 배운 것이 경박해서 빌미가 된 것이 아니었다. 그리고 나는 방탕하게 행동하면서도 덕을 가슴에 품고 모난 성격을 꺾고서 명예에서 도망치며 중도를 따르는 것을 법도로 삼아 남과 경쟁하는 일이 없었으니, 예법을 잘 지켜 사림의 영수가 되지 못한 것도 마음이 경박해서 그런 것이 아니었다.

내가 항상 읽어 보는 궤우명(机右銘)에도 "《소학(小學)》을 금서로 지정하면서부터 우리 도가 매몰되었고, 왕망(王莽)과 동탁(董卓)이 기승을 부리면서부터 한나라 기업이 사그러들었네."라고 하였고, 궤좌명(机左銘)에도 "정위(精衛)가 원망하매 바다도 기필하기 어렵고, 조사(操蛇)가 호소하매 하늘도 의심하였네.[34] 오랜 옛날부터 화와 복이 서로 들쭉날쭉하니, 첨윤(詹尹)을 불러 거북 점괘를 물어보아야겠네.[35]" 라고 하였으니, 그렇다면 심(心)과 학(學)이 경박한 것이 아니었다. 언어로 발한 것이 이와 같고 보면, "시 300편을 한마디로 요약하면 사무사(思無邪)라고 할 수 있다."[36]라는 것과 서로 호응한다고 할 것이다.

내가 공을 들이며 '사무사'의 정신에 입각해서 아송(雅頌)을 통해 완전히 발휘했으니, 더구나 경박한 요소가 어디에 들어 있다고 하겠는가. 이에 삼가 '사무사'라는 세 글자를 가지고 내가 경박하다는 세간의 평을 해명하는 바이다.

34 정위(精衛)가……의심하였네 : 정위전해(精衛塡海)와 우공이산(愚公移山)의 고사를 인용한 것으로, 실현이 불가능할 것 같은 일도 온갖 어려움을 무릅쓰고 분투노력하다 보면 하늘의 도움을 받아서 언젠가는 원대한 뜻을 성취할 수 있으리라는 말인데, 사회 변혁을 위해서는 급진적인 혁명의 방식보다는 일견 답답하게 보일 수도 있는 점진적인 개혁의 방식을 택하는 것이 바람직하다는 대관재의 생각이 들어 있지 않나 생각된다. 바다도 기필하기 어렵다는 말은, 정위조(精衛鳥)가 목석을 물고 동해에 빠뜨려 바다를 메우려고 끊임없이 노력하면 바다도 지금처럼 항상 넓고 깊으리라고 미래를 기필할 수 없다는 말이다. 조사(操蛇)는 우공이 산을 옮기려 하자 자신의 거처가 없어질까 두려워하여 천제(天帝)에게 호소했다는 산 귀신 이름인데, 그의 호소를 들은 천제가 그럴 수도 있겠다 싶어서 역신(力神) 과아(夸娥)의 두 아들에게 명하여 산을 옮겨 놓게 했다고 한다.

35 오랜……물어보아야겠네 : 대관재 자신이 부단히 노력은 해야겠지만 선인(善人)이 화를 받고 악인(惡人)이 득세하는 현실 속에서 앞으로는 과연 어떻게 상황이 전개될지 불투명하니, 유명한 점쟁이인 정첨윤(鄭詹尹)을 불러다가 거북점을 치게 해서 한번 물어보고 싶은 마음이 든다는 말이다.

36 시……있다 : 마음속에 간사한 생각이 없다는 뜻의 '사무사'라는 말이 《시경》 〈노송(魯頌) 경(駉)〉에 나오는데, 공자가 "《시경》에 나오는 300편의 시를 한마디로 요약하면 사무사라고 할 수 있다."라고 한 말이 《논어》 〈위정(爲政)〉에 보인다.

한발을 축출하는 글

逐旱魃文

기사년(1509, 중종4)에 신(臣) 의(義)는 서당(書堂)에 있었습니다. 지난봄부터 여름에 이르기까지 달을 이어 계속해서 비가 오지 않자, 전하께서 궁침(宮寢)을 버리고 주선(廚膳)을 줄이시며 대정(大庭)의 관소(館所)로 물러나 거하며 잠심(潛心)하여 묵도(默禱)를 올리셨습니다. 그런데도 하늘이 또 비를 내리지 않아 토산(土山)이 타들어 가고 곡식이 병들었으므로, 사방에 제사를 올려 신(神)을 높이지 않음이 없었으며 토룡(土龍 흙으로 빚은 용)에게 술잔을 올리고 피고(皮鼓 가죽으로 만든 북)를 울렸습니다. 하지만 하늘이 또 비를 내리지 않아 노약(老弱)이 애달프게 울부짖는 등 어느 곳이나 편안한 데가 없게 되었습니다.

신이 《신이경(神異經)》을 상고해 보건대 "남방에 신장 2, 3척의 사람이 있는데, 알몸을 드러내고 눈이 정수리 위에 있다. 그가 출현하는 나라는 크게 가뭄이 드는데, 누구든지 그를 잡아서 뒷간에 던져 넣어 죽이면 가뭄의 재해가 비로소 해소된다."[37]라고 하였습니다.

신이 생각건대, 천지(天地)의 도는 음(陰)이 아니면 양(陽)입니다. 이 음과 양이 각각 시기를 잃어서 수재(水災)와 한재(旱災)가 교차하여 발생하는 것이니, 군상(君上)의 입장에서는 이런 재해에 반응하여

37 남방에……해소된다 : 가뭄을 일으킨다는 전설상의 괴물인 한발에 대한 설명이다. 《태평어람(太平御覽)》〈귀상(鬼上)〉에 동방삭(東方朔)이 지었다고 전해지는 《신이경》을 인용하여 기록하고 있는데, 대관재가 주요 내용을 간추려 소개하였다.

제대로 대처하기만 하면 될 것입니다. 그러나 한발 귀신이 실제로 이런 짓을 저지른다면 천제(天帝)가 반드시 천위(天威)를 발동하여 족류(族類)를 섬멸함으로써 음양과 관련된 수재와 한재가 처리되게 해야만 종식될 것이니, 어찌 이류(異類)를 비호하여 멋대로 포학하게 굴게 함으로써 하국(下國)이 이처럼 참혹하게 그 피해를 받게 해서야 되겠습니까. 이에 신이 일단 하토(下土)에 몸담고 있는 신분이라서 천제에게 직접 호소할 수가 없기에 글을 지어서 그 귀신을 축출하기로 하였습니다.

신묘막측한 변화의 추기(樞機)를	冥冥化機
주재하는 자 누구이기에	尸者誰兮
음이 잠복하고 양이 과도해서[38]	伏陰愆陽
은택이 베풀어지지 않게 하여	澤莫施兮
봄이 지나도록 큰 가뭄이 들어	徂春大旱
그동안 푹푹 찌게 했단 말인가	旣蘊隆兮
아, 너 한발 귀신아	嗟爾旱魃
바람처럼 질주하면서	走如風兮
때를 틈타 기승을 부리며	乘時奮氣
흉포하게 멋대로 날뛰는구나	肆厥凶兮

38 음(陰)이……과도해서 : 음양(陰陽)이 절서(節序)를 잃어 기후가 순조롭지 못한 것을 말하는데, 《춘추좌씨전(春秋左氏傳)》 소공(昭公) 4년에 "성인이 위에 계실 때에는……겨울에는 양이 치성해서 따뜻해지는 기후 변화가 없고, 여름에는 음이 잠복해서 서늘해지는 기상 이변이 없다."라는 말이 나온다.

키는 난쟁이보다 왜소하고 短愈僬僥
모양은 뱀이 껍질을 벗은 듯 形蟉脫兮
움푹한 웅덩이에서 기세를 떨치며 案衍炎驕
널리 자기 무리를 끌어모아서 旁攢仄兮
천 리 땅을 붉게 태우니 赤地千里
밭이 거북등처럼 갈라졌어라 田背拆兮
초목이 금방 말라 죽고 草木立枯
쇠와 돌이 녹아 흐르는 듯 金石流兮
사방을 온통 도가니로 만들어 烘窯四隅
불기운이 하늘로 치솟으니 騰鬱攸兮
백성의 기운이 펴지지 않아 民氣不舒
그저 하늘을 쳐다보며 절규하누나 徒叫玄兮
기근이 거듭 이어지면서 飢饉荐臻
엎어지고 넘어지게 하여 使踣顚兮
유리걸식하고 구렁에 나뒹굴 뿐 流離溝壑
추수할 희망을 잃고 말았으니 失西成兮
어찌하여 이렇듯 참혹한 재난이 奈此妖虐
우리 백성에게 닥치게 한단 말인가 仍吾氓兮
흙 인형을 물에 적셔 흐물거리게 하고[39] 土梗蜿蟺

39 흙……하고 : 토경(土梗)과 목경(木梗)의 고사를 인용하여 장마처럼 비가 쏟아지라는 뜻으로 기우(祈雨)했던 하나의 방법이다. 나무로 만든 인형인 목경이 흙으로 만든 인형인 토경에게 "이제 장마가 질 터이니, 자네는 비를 맞으면 그대로 허물어지고 말 것이다." 하니, 토경이 "나는 원래 흙에서 나왔으니 흙으로 돌아가는 것이 당연하지만, 자네는 이제 홍수에 떠밀려 정처 없이 떠돌아다닐 것이다."라고 대답하며 비웃었다는

시장을 다른 데로 옮기는가 하면[40]	市肆遷兮
우리의 규벽을 제단에 올리는 등	奠我圭璧
정성이 갈수록 경건했는데도	誠益虔兮
하늘은 왜 들은 체 만 체하여	天胡邈然
이 지경에 이르게 하였단 말인가	而至斯兮
천제는 밝게 듣고 밝게 보시니	帝之聰明
높이 계셔도 아래를 다 아실 텐데	高聽畢兮
어찌하여 엄하게 벌을 내려서	胡不降罰
신명을 철저히 단속하지 않고	肅神祇兮
일개 한발 귀신을 찢어 죽여서	磔死一魃
해를 끼치지 못하게 아니 하는가	害不貽兮
더군다나 지금 성명한 임금님이	況今明王
소통하고 화합하는 교화를 펼치며	化絪縕兮
상림의 기도를 간절히 올리면서[41]	禱切桑林
심정이 용광로처럼 달아오르니	心如爐兮
감촉을 하면 반응을 하는 것이	有感斯應

고사가《사기(史記)》〈맹상군열전(孟嘗君列傳)〉에 보인다.

40 시장을……하면 : 국상(國喪)을 당했을 때나 가뭄이 심할 때에, 일상생활에 꼭 필요한 물품만 조달할 뿐 재리(財利)는 추구하지 않는다는 뜻으로 시장을 옮겨서 경건한 마음을 표시하는 고대의 예법이 있었다.《禮記 檀弓下》

41 상림(桑林)의……올리면서 : 중종이 간절히 기우제(祈雨祭)를 올렸다는 말이다. 은(殷)나라에 큰 가뭄이 들었을 때 탕왕(湯王)이 모든 허물을 자신에게 돌리며 상림의 사당에 나아가 상제(上帝)에게 기도를 드리자, 말이 채 끝나기도 전에 비가 쏟아져 내렸다는 고사가 전한다.《呂氏春秋 順民》

이치상 당연한 일이건마는　理之常兮
한발이 이토록 해를 끼치는데도　魃害至此
어찌하여 나 몰라라 한단 말인가　胡茫茫兮
아, 너 한발 귀신아　嗟爾旱魃
결국 어디에 의지하려느냐　竟何托兮
해 지는 골짜기 차디찬 북극　昧谷寒門
냉기가 매섭게 몰아치는 곳　氣儼烈兮
얼음과 눈이 켜켜이 쌓여 있는　氷雪嵯峨
천수의 골짜기 그곳을 향해　天首谷兮
화염의 위세 한껏 떨치면서　汝宜亟去
모쪼록 얼른 여기를 떠나려무나　煽炎威兮
어린싹들 생기를 되찾도록　句萌昭蘇
따스한 햇빛 내리비치면서　赫陽暉兮
마음 편히 남은 해를 보낸다면　優游卒歲
어느 누가 너를 비난하겠느냐　人誰非兮
의지할 곳 어디인지 제대로 알아서　庶免死溷
뒷간에서 죽는 일을 면하도록 하라　識所依兮

송도에서 거행한 문무과의 시관의 계문

松都文武科試官契文

금상이 즉위하신 지 30년 되는 해에 제릉(齊陵)을 참배하고 그 일을 계기로 문무(文武)의 인재를 시취(試取)하였으니, 이는 예(禮)에 근거한 것이다. 미리 가까운 고을의 무부(武夫)를 소집하고, 개경 유수(開京留守)인 이공 귀령(李公龜齡) 및 광주 목사(廣州牧使) 박륙(朴稑)과 강화 부사(江華府使) 황기찬(黃耆贊)을 명하여 시관으로 삼았으며, 나아가 참시관(參試官)에 출신자(出身者)까지 포함하여 정하고 20인을 선발하여 초시 합격자로 삼았다.

중추일 저녁에 유수(留守) 상공(相公)이 만월당(滿月堂)에 베푼 술자리에서 서로 더불어 이미 망한 고려(高麗)를 상탄(傷歎)하고 그 산하(山河)를 호연히 감상하면서, 소나무에 걸린 달이 술동이를 엿보는 가운데 셀 수 없이 술잔을 주고받았다. 그리고 풍악이 요란하게 울려 퍼지자 연달아 일어나서 노래하고 춤을 추는가 하면 손을 맞잡고 통음(痛飮)을 하며 세속의 흉금을 떨쳐 버렸으니, 이 또한 벼슬살이 중 하나의 즐거운 일이었다.

아, 우리가 다 같이 성명(聖明)의 조정에 태어나서 마땅히 있는 힘을 다해 나라에 보답할 마음을 지녀야 하는데, 부평초처럼 만났다 흩어져 해후하기가 어려우니, 오늘처럼 마음으로 화합하는 문무(文武)의 성대한 모임이 어디에 또 있겠는가. 당연히 송백(松柏)의 곧은 절조를 보존하며 눈서리 속 세한(歲寒)의 맹약을 어기지 말아야 할 것이니, 이를 등지는 자는 신명(神明)이 미워할 것이다. 이에 시를 지어 기념하며 잊지 말자고 다짐하는 바이다.

시는 다음과 같다.

행궁에서 먼저 인재를 뽑고 나서	行宮先選士
한가한 날 술자리 마련하였네	暇日設金尊
우뚝한 누대에 솔 그늘이 합석하고	臺兀松陰合
깊은 술잔에는 달그림자가 뒤척이네	杯深月影翻
시서로 빛나는 문장을 기필하고	詩書期黼黻
궁검으로 변방을 진압해야겠지	弓劍鎭邊藩
문무가 환락과 희학을 함께하며	龍虎共歡謔
어려워도 잊지 말자고 다짐하노라	寒盟托不諼

망우 황자겸에 대한 제문

祭亡友黃子謙文

이름은 윤준(允峻)이다.

유세차 모년 모월 모일에 고인(故人) 심자(沈子)는 조촐히 제수(祭需)를 마련하고 초혼가(招魂歌)를 불러 망우(亡友)인 황공 자겸(黃公子謙)의 혼령을 불러내어 술 석 잔을 올리고 곡을 하며 탄식하고 제문을 올립니다.

세리를 다투며 서로들 삐걱거려	勢利軋
교우의 도가 각박해진 세상에서	交道薄
공은 담담하기가 물과 같아서	公如淡水
시종 흐려진 때가 없었네	始終不濁
사람들 마음은 미혹에 빠져	人心汨
물욕이 본심을 갉아먹는데	物慾蝕
공은 가난해도 편히 여기면서	公安貧窶
결백과 청렴을 숭상하였다네	潔廉是尙
다른 사람은 아들을 두어도	人有胤
혼자 길 가는 소경과 같은데	盲無相
노천의 두 분 아드님[42]은	老泉二兒

42 노천(老泉)의……아드님 : 노천이라고 자호(自號)한 소순(蘇洵)의 아들 소식(蘇軾)과 소철(蘇轍)처럼 뛰어난 황윤준의 두 아들이라는 말이다.

앉아서 일만 군사 상대한다네 坐敵萬兵

공의 아들인 염(恬)과 박(愽) 모두가 명사(名士)이다.

식자가 시를 배워도 士有學
격조가 경박한데 格律輕
정요[43]의 시어로 貞曜詩語

맹교(孟郊)이다.

무너지는 기둥을 지탱했다네 重撑頹杜
영화로운 벼슬길에서 榮宦路
영명한 임금님을 섬기며 事聖主
육십여 년을 보내고 六十餘年
저 천국으로 올라가시니 昇彼天宇
벗들은 안타까워하고 朋儕憐
조정은 애석해하는데 朝著惜
유안은 다시 하얗게 변해 劉眼更白
아현을 길이 끊어 버렸다오[44] 牙絃永絶

43 정요(貞曜) : 맹교의 사시(私謚)이다. 맹교는 평생 빈궁과 싸우며 불우하게 살면서 사회의 부조리를 고발하는 시를 많이 지었는데, 그의 절친한 벗인 한유(韓愈)가 〈정요선생묘지명(貞曜先生墓誌銘)〉을 지으면서 "그의 시는 눈을 후벼 파고 심장을 바늘로 찌르는 듯하였으며, 칼날을 대면 얽힌 실이 술술 풀리는 듯하였다."라고 평하였다.

44 유안(劉眼)은……버렸다오 : 대관재가 지기(知己)를 잃은 뒤로는 의욕을 잃고 슬픔에 젖어 다시 세상의 속인들을 백안시(白眼視)하게 되었다는 말이다. 유안은 유령(劉伶)의 눈이라는 뜻으로 대관재가 쓴 듯한데, 완적(阮籍)의 백안(白眼) 고사에 의거하여 '유(劉)'는 '완(阮)'으로 바로잡아야 할 듯하다. 삼국 시대 위(魏)나라 완적이 속된 사람을 만나면 백안 즉 흰 눈자위를 드러내어 경멸하는 뜻을 보이고, 의기투합하는 사람을 만나면 청안(靑眼) 즉 검은 눈동자로 대하여 반가운 뜻을 드러냈다고 한다. 《世說新語

이렇게 말하고 호곡하며 절하고 영결하니, 영령은 황홀히 내려와 흠향하소서. 아.

簡傲》 아현(牙絃)은 백아(伯牙)의 거문고 줄이라는 뜻이다. 백아가 지음(知音)인 종자기(鍾子期)를 잃은 뒤로는 자기 음악을 이해해 줄 사람이 없다고 하여 거문고 줄을 끊은 고사가 전한다. 《列子 湯問》

임 지사에 대한 제문

祭任知事文

휘는 유겸(由謙)이다.

슬프고 슬프다 영령이시여 哀哀英靈
풍도와 자태가 걸출하신 분 風姿魁偉
고위 관직을 두루 역임하면서 歷踐崇班
몸과 마음 다해 실력을 발휘하였네 盡瘁設施
여러 조정에서 유유자적하면서 優游累朝
흰머리 치렁치렁 드리웠나니 鬖髿鬢絲
복록을 거두어 모은 것은 福祿收聚
적선한 바탕이 있어서라오 積善有基
봉황의 새끼가 날개를 펄럭이고 鳳雛矯翮
옥 나무가 가지를 드리웠나니 玉樹垂枝
홍문관과 사헌부의 청현직이요 鑾坡霜臺
경연에서 보좌하는 신분이라오 左右經帷

공의 아들인 추(樞)와 권(權) 모두가 명사(名士)이다.

모두에게 덕인의 칭송을 받으면서 咸曰德人
경사가 쌓인 것이 이와 같은데 鍾慶如斯
어찌하여 한 번 자리에 누워 云胡一臥
길이 세상과 작별을 하셨나요 長與世辭
임금님도 깜짝 놀라 애도하시고 宸衷震悼
사림도 슬퍼서 눈물을 떨굽니다 士林酸悲

맑은 조정에서 모 등이 함께 모시면서	某等共侍清朝
덕스러운 위의를 진작부터 사모했기에	夙慕德儀
이렇게 와서 정성껏 술잔을 올리니	來奠泂酌
바라건대 강림하여 흠향해 주소서	庶冀格思

망우 박공근[45]에 대한 제문

祭亡友朴公瑾文

유세차 모년 모월 모일에 대관자(大觀子) 모는 여러 가지 제사 음식을 마련하고 초혼가(招魂歌)를 부르며 망우(亡友) 공근(公瑾)의 혼령을 불러내어 술잔을 올리고 제문을 올리며 다음과 같이 말합니다.

영령의 사람됨으로 말하면 기운이 쇄탈한 데다 경세제민의 재질이라 내가 혼자서 예우하였고, 과거에 급제한 뒤에 임금을 요순 같은 성군(聖君)으로 만드는 것을 목표하였기에 내가 혼자서 환희하였지요. 금석에 뜻을 새기고 송백에 맹세하였으니 우리의 우정이 얼마나 돈독하였소. 부박한 풍조를 녹여 없애고 순수한 본성을 보전하면서 통음하는 일 어찌 사양하였겠소. 권세와 이익을 다투는 길목에서 사람들이 칼자루 쥐고 노려보다가 급기야 공에게도 -원문 2자 판독 불가-를 가했나니, 백아는 거문고 줄을 끊어 버리고 유령은 눈자위가 하얗게 변한 채[46] 끝내는 공을 위해 곡하게 됐소그려. 어질어서 예우했고 쓰여서 환희하였으며 뜻을 새기고 한마음으로 통음을 하였는데, 세상은 알아주지 않고 하늘은 수명을 주지 않았네. 이 슬픔 씻기 어려워 통곡을 금치 못하면서 술 석 잔 올리니, 부디 -원문 3자 판독 불가- 와서 흠향하소서.

다음과 같이 시를 덧붙입니다.

45 박공근(朴公瑾) : 공근은 박유(朴瑜)의 자이다.

46 백아(伯牙)는……채 : 지기(知己)를 잃은 슬픔을 표현한 말이다. 341쪽 주44 참조.

갓의 먼지를 누가 털어 줄 것이며[47] 冠帽誰拂
외로운 이 사람을 누가 찾아 줄까 形影誰尋
청산은 끝없이 구불구불 이어지고 青山兮邐迤
나무숲은 울창하게 그늘을 드리웠네 樹林兮陰森
웃고 만났던 친척들도 곡하고 다시 집으로 笑見親戚哭還家
세상 버리고 대자로 누워 무슨 생각 하실까 棄世大臥何許心

홍진 세상에서 그 누가 돌아보며 塵世誰顧
처자는 그 누가 긍휼히 여겨 줄까 妻子誰矜
산과 강이 나의 보금자리요 山河兮我窟
솔에 걸린 달이 나의 등불일세 松月兮我燈
구만리 창공의 붕새를 뒤따라가며 追逐溟鵬九萬里
화택[48] 삼천 층을 흘겨볼 따름 睥睨火宅三千層

47 갓의……것이며 : 지기와 함께 벼슬길에 나서는 것을 말한다. "왕길(王吉)이 관직에 임명되자, 친구인 공우(貢禹)도 덩달아 갓의 먼지를 털고 벼슬길에 나갈 채비를 했다."라는 말이 《한서(漢書)》 〈왕길전(王吉傳)〉에 나온다.

48 화택(火宅) : 불타는 집이라는 뜻으로, 각종 미혹에 빠져 고통받는 중생의 세계를 비유한 것이다. "삼계가 편안치 못하니, 비유하면 불타는 집과 같도다.〔三界無安, 猶如火宅.〕"라는 《법화경(法華經)》 〈비유품(譬喩品)〉의 삼계화택유(三界火宅喩)에서 나온 말이다.

안 응교 처성 에 대한 제문

祭安應教 處誠 文

안 선생이 임시 머물던 달팽이 집을 떠나서 높고 밝은 참 안식처로 돌아갔기에, 고인(故人)인 심자(沈子)가 이 소식을 듣고 엉금엉금 기어 와 이별 잔에 술을 담아 권하며 제문을 올립니다.

아, 노예에게는 생이 고통이요, 진인에게는 죽음이 안식처라. 장수와 요절은 누가 주관하며 노래와 통곡은 어디서 비롯되는가. 생사에 달관한 자는 오래 살고 일찍 죽어도 태연히 평온하고, 명리를 붙좇는 자는 이해득실 다투며 안절부절 정신을 못 차리네. 가의(賈誼)는 복조(鵩鳥)[49]를 읊으며 자신의 명을 알았고 도잠(陶潛)은 스스로 만사를 지어 자기 존재를 잊었나니,[50] 금인은 죽음을 어찌할 줄 모르지만 고인은 아름답게 수용할 줄 알았다오. 사람들은 혹 공이 가업을 이을 자식 없음을 한탄했다고 하지만 내가 듣건대 자손은 타인이요 몸도 자기 소유가 아니라고 하니,[51] 이는 참으로 사리에 통달한 말이로세. 사람들

49 복조(鵩鳥) : 올빼미와 비슷하게 생긴 새로, 상서롭지 못한 요조(妖鳥)로 일컬어진다. 한 문제(漢文帝) 때 가의가 권신(權臣)의 배척을 받아 장사왕(長沙王)의 태부(太傅)로 좌천되어 귀양 갔는데, 그곳의 열악한 환경 속에서 복조 한 마리가 집으로 날아든 것을 보고는 자신의 수명이 길지 않을 것을 알고 〈복조부(鵩鳥賦)〉를 지어 읊은 고사가 전한다. 《文選 卷13 鵩鳥賦序》

50 도잠(陶潛)은……잊었나니 : 도잠 스스로 자기가 죽은 뒤의 상황을 소재로 지은 〈만가시(挽歌詩)〉 3수가 《도연명집(陶淵明集)》 권4에 전한다.

은 혹 공이 재상 자리에 앉지 못해 아쉬워했다고 하지만 내가 듣건대 부귀는 뜬구름과 같고 공명은 그림 속의 떡이라고 하니, 이는 참으로 교훈 삼을 말이로세. 사람들이 공을 아는 것은 외면이지 내면이 아니요, 내가 공을 아는 것은 마음이지 껍질이 아니로세. 인의를 추환(芻豢)처럼 맛있게 여기고[52] 충효로 청자(青紫)[53]를 아름답게 꾸몄나니, 흉금은 맑은 달빛과 같고 기상은 호해(湖海)에 노니는 선비였어라. 사람들은 모두 우물 안의 개구리이지만, 공만은 홀로 하늘의 차원에서 바라보아 동방을 탄환 정도로 작게 여기고 인물을 개미 떼처럼 굽어보았다오. 나의 원래의 참모습을 회복하고 저 속진의 속박을 염오하면서, 노을 옷자락을 성대히 드리우고 구름 깃발을 너울너울 나부꼈지요. 빼어난 정기가 공에게 모여들어 한 몸에 울툭불툭 똬리를 틀었나니, 하늘에 있으면 상서로운 별이 되어 태평의 치세를 상징할 것이요, 땅에 있으면 신령스러운 대춘(大椿)이 되어 오랜 수명을 향유할 것이라네. 강해는 혈맥의 자리처가 될 것이요 산악은 골상의 의지처가 될 것이라, 신선의 시해(尸解)[54]를 과연 믿을 수 있다면 삶이 죽음보다 나은 줄

51 자손은……하니 : 인간의 몸은 천지자연이 벗어 놓은 허물과 같은 것으로서 자기의 소유라고 할 수가 없고, 자손도 이와 마찬가지로 자기 자신이 남겨 놓은 것이라고 할 수 없다는 말인데, 《장자(莊子)》 〈지북유(知北遊)〉의 "당신의 몸은 당신의 소유가 아니라, 천지가 자기 모습을 맡겨 놓은 것이고, 자손도 당신의 것이 아니라 천지가 자기 허물을 맡겨 놓은 것"이라는 말을 발췌한 것이다.

52 인의를……여기고 : 추환은 초식 가축과 잡식 가축으로 요리한 맛있는 고기 음식을 말한다. 대관재가 《맹자》 〈고자 상(告子上)〉의 "의리가 우리의 마음을 즐겁게 하는 것은 마치 추환이 우리의 입을 즐겁게 하는 것과 같다."라는 말을 전용한 것이다.

53 청자(青紫) : 한나라 때 구경(九卿)이 허리에 찼다는 청색과 자색의 인끈을 말하는데, 보통 존귀한 관직을 비유하는 말로 쓰인다.

어찌 알겠으며, 불가의 윤회설이 거짓이 아니라면 다음 생이 없는 줄 또 어찌 알겠는가. 명성은 마른 뼈를 적실 수 없는 것[55]으로서 모두 떠다니는 티끌 먼지가 만들어 낸 것이니, 떴다 꺼졌다 들락날락하며[56] 물(物)과 아(我)가 신지(薪指)하는 것[57]은 혈육의 일신을 지닌 자에게는 너와 나 모두 예외가 없는 법이네. 고관대작이 된다 해도 귀중한 것이 못 되고 서간충비(鼠肝蟲臂)가 된다 해도 수치가 아닌데,[58] 자신의 사욕을 위해 치달릴 뿐이니 구렁 앞에서 멈출 줄 누가 알리오. 공의 먼 여행을 전송하면서 곡하는 대신에 뇌문을 올리노라.

54 시해(尸解) : 육신이 죽고 나서 신선이 되는 것을 말한다. 신선에는 육신을 지닌 채 승천하는 천선(天仙)이 있고, 명산에서 노니는 지선(地仙)이 있고, 죽은 뒤에 몸을 벗어버리는 시해선(尸解仙) 등 세 종류가 있다고 한다. 《抱朴子 卷1 論仙》

55 명성은……것 : 뒷날 길이 전해질 명성을 소유했다 하더라도 일단 죽으면 아무 소용이 없다는 말이다. 《열자(列子)》 〈양주(楊朱)〉에 "한때의 칭찬에 마음이 들떠 자기 육신을 괴롭히면서 죽은 뒤에 수백 년의 명성을 바란다 한들, 그 명성이 어떻게 죽어서 말라 버린 뼈를 적셔 줄 수 있겠는가."라는 말이 나온다.

56 떴다 꺼졌다 들락날락하며 : 부(浮)와 휴(休), 즉 생과 사의 세계를 반복해서 왕래한다는 말이다. 《장자》 〈각의(刻意)〉에 "삶이란 물 위에 떠 있는 거품과 같고, 죽음이란 그 거품이 꺼지는 것과 같다."라는 말이 있다.

57 물(物)과……것 : 꺼져 가는 아궁이 속의 불씨가 새로운 장작을 집어넣으면 다시 살아나서 불타오르는 것처럼, 내[我]가 나 아닌 다른 것[物]으로 변화하며 영속적으로 생명 활동이 이어지는 현상을 말한다. 신지는 손으로 땔나무를 공급하는 것을 말한다. 《장자》 〈양생주(養生主)〉 말미에 "손으로 집어넣는 땔나무가 다 타더라도 불씨는 새로 전해져서 끝날 줄을 알지 못한다."라는 말이 있다.

58 서간충비(鼠肝蟲臂)가……아닌데 : 죽어서 하찮은 무엇이 되더라도 아무 상관이 없다는 말이다. 친구인 자래(子來)가 죽기 직전에 자리(子犁)가 찾아와서 "조화옹이 자네를 쥐의 간으로 만들 것인가, 아니면 벌레의 팔뚝[蟲臂]으로 만들 것인가?"라고 질문하며 대화를 이어 가는 대목이 《장자》 〈대종사(大宗師)〉에 보인다.

현수의 구슬[59]을 노잣돈으로 드리고	賮以玄水之珠
태초의 혼돈의 원기를 전수하노라	鉢以太易之始
상여 노래 마치니 이슬만 써늘할 뿐	薤歌闋兮露凄凄
생전의 음성과 모습 아득히 사라지고	杳音容之已矣
〈태초〉[60] 흉내 내어 위로의 글 짓는 지금	設慰詞兮擬太招
마음이 몹시 아파도 어떻게 그만두리오	心孔瘁兮曷已

59 현수(玄水)의 구슬 : 현주(玄珠)를 말한다. 황제(黃帝)가 이 구슬을 잃어버렸는데, 아무도 찾지 못하다가 무심(無心)을 뜻하는 상망(象罔)이 찾아내었다는 이야기가 《장자》〈천지(天地)〉에 나온다. 현주는 흑색의 구슬이라는 뜻으로, 도의 본체(本體), 제법실상(諸法實相), 포도(葡萄), 묵(墨) 등을 비유하는데, 여기서는 백지에 먹으로 쓴 대관재의 진기한 글이라는 뜻으로 쓴 것이 아닌가 한다.

60 태초(太招) : 《초사(楚辭)》의 편명인 〈대초(大招)〉를 말한다. 초혼(招魂)하는 내용으로 되어 있다. '태(太)'는 '대(大)'와 통한다.

심 정언[61] 세림 에 대한 제문
祭沈正言 世霖 文

유세차 모년 모월 모일에 노숙(老叔) 모(某)는 삼가 조촐한 제수를 갖추어 통곡하고 눈물을 흘리며 망질(亡姪)인 모관(某官) 모(某)의 혼에 제사를 올리노라.

아, 영령이여	惟靈
영특한 자태와 탁월한 자질로	英姿茂質
일찍이 경전과 사서에 통달하여	夙通經史
급제자 명단에 이름을 올리고	登名金榜
벼슬길에서 영명을 떨치면서	蜚英青紫
순반[62]에서 홀을 바르게 잡고	正笏筍班
언로를 넓히려고 노력하였네	務恢言路
사통팔달한 평탄한 앞길을 향해	亨衢坦夷
바야흐로 천리마 발굽을 내딛는 때	方展驥步
봄 꽃송이 이제 막 터뜨리려는데	春蕊纔拆
모진 된서리가 휘몰아쳐 왔다네	嚴霜摧些

61 심 정언(沈正言) : 대관재의 족질(族姪) 심세림이다. 1538년(중종33) 별시 문과에 급제하였으며, 사간원 정언으로 재직 중 1545년(명종 즉위년)에 발생한 을사사화(乙巳士禍) 때에 목숨을 잃었다.

62 순반(筍班) : 옥순반(玉筍班)의 준말로, 뛰어난 인재들이 즐비한 조정의 반열이라는 말이다.

밝은 달이 둥실 올라오는 때에	皓月初吐
검은 구름 시기하여 뒤덮는데도	頑雲猜些
하늘이 보우해 주지 않아서	天之不祐
갑자기 목숨을 잃고 말았네	遽喪生些
호호백발 늙은 모친은	鶴髮老母
가슴을 치며 목 놓아 울고	撫胸失聲
푸른 눈썹 젊은 아내는	翠眉弱妻
관을 두드리며 피눈물 흘리네	叩柩泣血
조정에서는 부의를 후히 하고	朝家厚賻
종족이 옆에서 보살필 터이니	宗族在側
경건히 올리는 맑은 이 술잔을	恭奠泂酌
부디 내려와서 흠향해 주시기를	庶冀來格

십의잠

十宜箴

구언(求言)에 따라 잠계(箴戒)를 올리니, 상이 이르기를 "고사(故事)를 근거로 인용하여 잘못을 깨우치도록 간절히 풍간(諷諫)하였다. 근래에 소장을 올린 자들이 비록 많으나, 이 소장처럼 강개(慷慨)한 것은 없었다.……" 하였다.

몸과 마음을 바르게 해야 합니다 身心宜正

몸과 마음을 바르게 하여 자기의 덕을 밝혀야 합니다.

태조(太祖)께서 바야흐로 지극한 정치에 단단히 뜻을 두고 계실 때에 신료(臣僚)가 진언하기를 "군왕의 마음이야말로 국가를 다스리는 원천입니다. 본성을 보존하여 함양하고 선악의 기미를 살펴 단속하는 공부와 정치를 잘하여 나라가 화평해지는 근본은 모두 마음과 몸으로부터 비롯되는 것입니다."라고 하였습니다.

신이 삼가 생각건대, 사람이 이런 몸을 갖고 있으면 반드시 이런 마음이 있게 마련이고 이런 마음을 갖고 있으면 반드시 이런 이치가 있게 마련이니, 참으로 함양을 잘하기만 하면 지기(志氣)가 청명해져서 인욕(人欲)이 물러나 말을 듣게 되는 것입니다. 이런 방식으로 이치를 궁구하면 이치가 반드시 분명해지고 이런 방식으로 자기 몸을 돌이켜 보면 몸이 반드시 닦여져서, 사업(事業)에 적용하는 것들마다 장차 근본이 있게 되어 무궁하게 발전할 것입니다.

태조께서 마음과 몸을 바르게 하신 것도 바로 여기에 있다고 할 텐데, 그렇다면 바르게 하지 않으면 안 될 것은 마음과 몸이니, 여기저기 치달리고 거들먹거리면서 이 한 몸의 바깥으로 물욕(物欲)을 따라다녀서야 되겠습니까. 신은 바라건대, 전하께서 몸과 마음을 바르게 하는 것으로 자기의 덕을 밝히는 근본을 삼으셨으면 합니다.

잠(箴)은 다음과 같습니다.

몸이 하나의 집이라면	身是一屋
마음은 바로 주인이니	心乃主翁
집을 수선하지 않는다면	一屋不修
주인이 어떻게 잘 마칠까	翁其善終
묵묵히 이치에 계합을 하면	默與理會
심오한 경지가 무궁하겠지만	沕穆無窮
마음의 빗장이 한번 풀리면	玄鑰一啓
상하 사방으로 원숭이[63]가 날뛰리라	猿走六虛
조존[64]을 하는 데에 방법이 있나니	操存有方
어찌 그 근본으로 돌아가지 않으리오	盍反厥初

학문에 힘써야 합니다 學問宜勤

학문에 힘써서 왕도(王道)를 밝혀야 합니다.

세종(世宗)께서는 비록 수라를 드실 때라도 반드시 책을 펴서 좌우에 놔두곤 하셨으며, 또 일찍이 이르기를 "경서(經書)의 구두(句讀)를

63 원숭이 : 외물(外物)의 경계를 접하고 동요하여 제어하기 어려운 마음을 비유하는데, 심원(心猿) 혹은 의마(意馬)라는 표현을 쓰기도 한다.

64 조존(操存) : 조즉존(操則存)의 준말로, 도망가지 못하게 마음을 붙잡아 보존하는 것을 말한다. 《맹자》〈고자 상(告子上)〉의 "잡으면 있다가 놓으면 없어지고, 일정한 때가 없이 들락날락하면서 어디로 가는지 종잡을 수가 없는 것, 이것이 바로 마음이라는 것이다.〔操則存, 舍則亡, 出入無時, 莫知其鄕, 惟心之謂與!〕"라는 말에서 나온 것이다.

떼는 것만으로는 학문에 유익함이 없다. 반드시 마음속으로 공부가 되어야만 유익하게 되는 것이다."라고 하셨습니다.

신이 삼가 생각건대, 학문을 하는 도리는 이치를 궁구하는 것보다 앞서는 것이 없고 이치를 궁구하는 요령은 반드시 학문을 하는 그 사이에 있는 만큼, 순서에 따라 정밀하게 하면서 바닷물에 몸을 담그고 흠뻑 적시듯이 하면 마음속으로 경륜(經綸)하는 일을 점차로 성취할 수 있습니다. 이것이 바로 《대학》에서 말하는 격물(格物), 치지(致知)요, 《중용》에서 말하는 박학(博學), 심문(審問), 신사(愼思), 명변(明辨)입니다.

세종께서 학문에 힘쓰신 것도 바로 여기에 있다고 할 텐데, 그렇다면 힘쓰지 않으면 안 될 것은 학문이니, 성현의 가르침에 대해서 게을리하고 머뭇거리면서 지루하게 여겨 한눈을 팔아서야 되겠습니까. 신은 바라건대, 전하께서 학문을 힘쓰는 것으로 왕도를 밝히는 근본을 삼으셨으면 합니다.

잠은 다음과 같습니다.

학문의 도라고 한다면	學問之道
성실함이 아니고 무엇이겠는가	非誠而何
남이 백 번 할 때 나는 천 번 하면	人百己千
그 공부가 갑절이나 많이 되리라	厥功倍多
마음을 비워 함영을 하고	虛心涵泳
천착하거나 들뜨지 말 일이라	勿鑿勿浮
참이 아니면 이루어질 물이 없으리니	不誠無物
안일하고 방종하면 날로 구차해지리	安肆日偸
일분일초라도 응당 아껴서	寸陰當惜

모쪼록 선현의 뒤를 따르시기를 庶追前修

하늘의 견책에 응답해야 합니다 天譴宜答

하늘의 견책에 응답하여 재앙과 환난을 방지해야 합니다.

세종께서 누차 천재지변을 만나서 직언을 듣고 하늘의 견책에 응답하려고 하자, 양상(良相)인 허조(許稠)가 진언하기를 "근래에 날씨가 순조롭지 못한 것을 볼 때, 신은 재앙과 환난이 일어날 조짐이 이미 드러나지 않았나 싶어 두렵습니다."라고 하였습니다.

신이 삼가 생각건대, 하늘과 인간의 관계는 감촉을 하면 반드시 반응하기 마련이라서, 아래에서 일이 잘못될 경우에는 위에서 견책을 보이는 것이라고 여겨집니다. 따라서 임금이 제대로 이를 두려워하여 덕을 닦으면서 반응을 하면 하늘이 경책을 내린 것이 곧바로 사랑하는 것이 되어 어제의 재앙이 오늘의 상서로 바뀌는 효과가 있게 될 것입니다. 그러나 한 번이라도 스스로 깨닫지 못하고 소홀히 하면 재앙과 환난이 그림자나 메아리보다도 빠르게 일어나 자신의 한 몸도 보전하지 못하는데, 하물며 국가이겠습니까.

세종께서 하늘의 견책에 응답하신 것도 바로 여기에 있다고 할 텐데, 그렇다면 응답하지 않으면 안 되는 것은 하늘의 견책이니, 천변(天變)을 상수(常數)로 여겨서 두려워할 것이 없다고 해서야 되겠습니까. 신은 바라건대, 전하께서 하늘의 견책에 응답하는 것으로 재앙과 환난을 방지하는 근본을 삼으셨으면 합니다.

잠은 다음과 같습니다.

천재지변이 일어나는 것은 災咎之應

실로 사람이 자초했기 때문이니 實由人招

보여 줌이 비록 미세하더라도	其示雖微
그 잘못은 매우 크다 하리라	厥謬孔昭
길흉이 나 하기에 달려 있어서	妖祥在我
장차 흥하거나 장차 망할 것이니	將興將廢
혹시라도 반성을 하지 못한다면	苟或不省
천명이 어떻게 그 몸에 있겠는가	天命其在
당연히 성실하게 반응을 하여	宜應以實
하늘의 사랑을 저버리지 말지어다	毋負仁愛

음식을 절제해야 합니다 飮食宜節

음식을 절제하여 기욕(嗜欲)을 제거해야 합니다.

세종께서 일찍이 소갈증을 앓으실 때에 의원이 아뢰기를 "먼저 음식으로 다스려야 하니, 닭과 꿩과 양의 고기를 공진(供進)하게 하소서." 라고 하니, 답하기를 "어찌 자신을 봉양하려고 다른 목숨을 해칠 수가 있겠는가."라고 하셨습니다.

신이 삼가 생각건대, 인군(人君)이 한 국가의 부(富)를 소유하고서 후하게 자신의 몸을 봉양하며 달고 연하고 비리고 진한 음식과 술을 실컷 먹고 마시며 놀기만 할 뿐, 맛있는 음식과 요리가 모두 생민(生民)의 땀과 기름과 피와 살에서 나오는 줄을 알지 못한 채 타성에 젖어서 섭생의 도리를 잃다 보면 그 몸까지 또 젊은 나이에 죽고 맙니다. 이를 비유하자면 음식을 탐내는 사람이 자신의 살점까지 뜯어 먹다가 살점이 다하면 죽는 것과 같으니, 이는 사리로 볼 때 당연한 일입니다. 옛사람이 안일을 독약으로 여기고 오미(五味)를 소태처럼 여기라고 경계한 것은 참으로 나라를 소유한 자에게 좋은 명언입니다.

세종께서 음식을 절제하신 것도 바로 여기에 있다고 할 텐데, 그렇다면 절제하지 않으면 안 되는 것은 음식이니, 전적으로 입과 배만 기르고 어깨와 등을 잃어서야 되겠습니까.[65] 신은 바라건대, 전하께서 음식을 조절하는 것으로 기욕을 제거하는 근본을 삼으셨으면 합니다.

잠은 다음과 같습니다.

큰 상 가득 진수성찬은	方丈八珍
입맛이나 맞출 따름이니	適口而已
맛을 구하면 정신이 망가지고	求味爽精
배부름을 구하면 몸을 해치네	求飽害己
궁중 요리사가 조리할 때에도	膳夫御饌
으레 정한(程限)이 있게 마련인데	例有程期
먹는 일을 어째서 욕심대로 하여	云胡恣慾
멸망이 곧바로 뒤따르게 할까	滅亡旋隨
아무쪼록 이양[66]을 잘하시어	庶幾怡養[67]
국가가 절로 살지게 하시기를	國家自肥

65 전적으로……되겠습니까 : 입과 배를 채우는 음식만 욕심내다가 정작 다른 주요 기관의 기능을 해치는 결과를 초래하면 안 된다는 말인데, 《맹자》 〈고자 상(告子上)〉에 "한 손가락만 기르고 어깨와 등을 잃으면서도 알지 못한다면, 이는 병든 승냥이와 같은 사람이다."라는 말이 있다.

66 이양(怡養) : 보양(保養) 즉 몸을 보호하며 잘 관리하는 것을 말한다.

67 養 : 대본에는 '▨'로 되어 있는데, 문맥에 근거하여 '▨'에 '養'을 보충하였다.

기강을 세워야 합니다 紀綱宜立

기강을 세워 국맥(國脈)을 배양해야 합니다.

태조께서 나라를 처음 세우셨을 때, 신료가 맨 먼저 기강을 세워야 한다는 조목을 가지고 진달하기를 "나라를 잘 경영하는 자는 그 안위를 살피지 않고 기강이 세워지지 않음을 두려워하는 법입니다."라고 하였습니다.

신이 삼가 생각건대, 기강이 느슨해지고 켕기는 것에 비례하여 국가의 성쇠(盛衰)가 직결된다고 여겨집니다. 그러므로 비록 공손하고 검소하기를 한 원제(漢元帝)처럼 하고 총명하게 사물을 살피기를 당 소종(唐昭宗)처럼 하더라도 결국 맥이 빠져서 다시 회복할 수 없는 지경에 이른 것은 나라에 기강이 없었기 때문인데, 그렇게 되면 비록 일마다 제대로 처리해 보려 해도 마치 헝클어진 실을 추스르는 것과 같으니, 어떻게 처리할 수가 있겠습니까.

태종(太宗)께서 기강을 세우신 것도 바로 여기에 있다고 할 텐데, 그렇다면 세우지 않으면 안 될 것은 기강이니, 구차하게 세월만 헛되이 보내며 한 시대의 규모를 세우지 않아서야 되겠습니까. 신은 바라건대, 전하께서 기강을 세우는 것으로 국맥을 배양하는 근본을 삼으셨으면 합니다.

잠은 다음과 같습니다.

한 나라의 명맥은	一國之脈
기강이 바로 그것이라	紀綱是已
유약하면 쇠퇴하고	柔則陵遲
굳세면 떨쳐 일어나니	剛能振起
흥하고 망함이 여기에 기인하고	興衰所由

길고 짧음이 이와 직결되는 바라	脩短攸係
중흥의 성대한 기업이	中興盛業
질서 정연하여 바뀌지 않게	秩然不替
벼리가 들려 그물눈이 펴지듯이	綱擧目張
기강을 길이 후손에게 물려줄지어다	永貽後裔

규간을 받아들여야 합니다 規諫宜納

규간을 받아들여 총명(聰明)을 넓혀야 합니다.

성종(成宗)께서 제왕이 규간을 따르고 규간을 거부하는 데 따른 득실을 논하며 이르기를 "나무가 먹줄을 따르면 곧아지고 임금이 규간을 따르면 거룩해지니, 임금의 도 가운데 규간을 따르는 것보다 더한 것이 뭐가 있겠는가."라고 하셨습니다.

신이 삼가 생각건대, 국가가 대간(臺諫)의 직임을 설치하여 이목(耳目)을 담당하는 관원으로 삼은 것은 오직 그들이 듣고 본 것을 모두 말하게 하고자 함입니다. 따라서 과실을 적발하고 잘못을 바로잡으며 옳은 것을 옳다 하고 그른 것을 그르다고 함으로써 공론(公論)이 행해질 수 있게 하여 조정이 청명하게 되는 것은 바로 이 직임에 달려 있지 않겠습니까. 그러니 인주(人主)가 듣기 싫어한 나머지 교묘하게 그들의 입에 자물쇠를 채워서 감히 말하지 못하게 한다면 국가가 망하는 날이 머지않아 도래하리라는 것을 예상할 수 있습니다.

성종께서 규간을 받아들이신 것도 바로 여기에 있다고 할 텐데, 그렇다면 받아들이지 않으면 안 되는 것은 규간이니, 점차로 처음만 못하게 되어 규간을 거부하고 고집을 부려서야 되겠습니까. 신은 바라건대, 전하께서 규간을 받아들이는 것으로 총명을 넓히는 근본을 삼으셨으면 합니다.

잠은 다음과 같습니다.

올곧게 바른말을 하는 것은 諤諤讜論
자기 몸을 위해서가 아니라 非以爲己
국가의 명맥을 배양하고 培植國脈
기강을 부지하기 위함이니 扶持綱紀
성의를 보이며 마음을 비우면 開誠虛懷
귀에 거슬리는 말을 어찌 꺼리겠는가 何憚逆耳
옳게 여겨 절하고 받아들이면 宜拜而受
-원문 1자 판독 불가-[68] 기대할 수가 있겠지만 ▨伏可企
잘난 체하는 모습을 보인다면 苟曰訑訑
천 리 밖에서 사람을 막으리라[69] 拒人千里

참언을 미워해야 합니다 讒言宜壂

참언을 미워하여 간사한 소인들을 축출해야 합니다.

태종께서 일찍이 이르기를 "참언은 분변하기가 어렵다. 만약 직언을 참언이라고 한다면 그 잘못이 크다."라고 하셨습니다.

신이 삼가 생각건대, 소인(小人)이 군자(君子)를 투기하여 해칠 때

68 원문……불가 : 원문은 '▨伏'이다. '伏'은 원문의 문제로 번역하지 않았다.

69 잘난……막으리라 : 《맹자》 〈고자 하(告子下)〉에 "만약 선을 좋아하지 않게 되면 사람들이 장차 '잘난 체하는 꼴을 보니, 내가 벌써 알았다.'라고 할 것이니, 잘난 체하는 목소리와 얼굴빛이 사람을 천 리 밖에서부터 막아 버릴 것이다. 그리하여 선비들이 천 리 밖에 떨어져 있게 되면 참소하고 아첨하는 사람들만 올 것이니, 참소하고 아첨하는 사람들과 같이 있으면 나라를 잘 다스리려 한들 될 수 있겠는가."라는 말이 있다.

에는 반드시 은밀히 빈틈을 엿보다가 유언비어를 퍼뜨리곤 하는데, 인주(人主)가 이를 깨닫지 못하고서 조금이라도 그 술수에 떨어지게 되면 패망하지 않는 경우가 드물다고 여겨집니다. 예전에 사신(邪臣) 유자광(柳子光)이 무오(戊午)의 옥(獄)[70]을 일으켰을 때나 임사홍(任士洪)이 사림(士林)의 화(禍)[71]를 부추겼을 때에도 모두 교묘한 말솜씨로 우리 국가를 전복하여 그로 인한 재앙이 참혹하였습니다.

태종께서 참언을 미워하신 것도 바로 여기에 있다고 할 텐데, 그렇다면 미워하지 않으면 안 되는 것은 참언이니, 달콤하게 아첨하는 말이 침윤부수(浸潤膚受)[72]하여 주광(黈纊)[73]에 들리게 놔두어서야 되겠습니까. 신은 바라건대, 전하께서 참언을 미워하는 것으로 간사한 소인을 축출하는 근본을 삼으셨으면 합니다.

잠은 다음과 같습니다.

참소하는 입이 그럴듯하게 얽어내어 讒口羅織
옳고 그름을 얼떨떨 헷갈리게 만드나니 眩亂是非
꿀이 아닌데도 달콤한 맛을 내고 非蜜而甘
날개 없이도 마구 날아다닌다네 不翼而飛

70 무오(戊午)의 옥(獄) : 무오사화(戊午史禍)를 말한다.

71 사림(士林)의 화(禍) : 갑자사화(甲子士禍)를 말한다.

72 침윤부수(浸潤膚受) : 침윤은 물이 점점 스며들듯이 점점 믿게 만든다는 말이고, 부수는 살을 에는 듯 통절하게 호소하여 생각할 겨를도 없이 믿게 만든다는 말인데, 이와 같이 현혹하는 간신의 참소를 제대로 분별해서 듣지 않는다면 밝은 임금이라고 할 수 없다는 말이 《논어》 〈안연(顔淵)〉에 나온다.

73 주광(黈纊) : 면류관(冕旒冠) 양쪽으로 귀에 닿을 만큼 늘어뜨린 누런 솜 방울을 말하는데, 제왕이 무익한 말은 듣지 않음을 상징한다.

사관이 곧은 붓을 손에 쥐고서　史秉直筆
뒤따라 이르러 곧장 기록하자　隨至輒記
기회를 엿보다 한번 화풀이하매　窺斎一售
나라가 상하는 원인이 되었나니[74]　喪邦所自
차라리 저 하늘에 던져 주어서　寧爲投畀
우리를 훼방하지 못하게 하라[75]　毋使我毁

현사를 분변해야 합니다 賢邪宜辨

현사를 분변하여 선악을 구별해야 합니다.

문종(文宗)께서 일찍이 이르기를 "현자(賢者)가 포관격탁(抱關擊柝)[76]을 하고 불초자(不肖者)가 요행히 진출하여 중용된다면, 비록 국가가 패망한다고 말을 해도 좋을 것이다."라고 하셨습니다.

74 사관(史官)이……되었나니 : 사관 김일손(金馹孫)이 스승 김종직(金宗直)이 지은 〈조의제문(弔義帝文)〉을 사초(史草)에 실었는데, 평소 앙심을 품고 있던 유자광이 이를 빌미로 세조(世祖)의 즉위를 비방했다면서 대역 죄인으로 몰아 무오사화를 일으킨 것을 말한다.

75 차라리……하라 : 천지 사이에 참소하는 사람이 아예 발을 붙이지 못하도록 멀리 내쫓아 격리해야 한다는 말이다. 던져 준다는 말은 《시경》 〈소아(小雅) 항백(巷伯)〉의 "참소하는 저 사람을 잡아다가, 승냥이나 범에게 던져 주리라. 승냥이나 범도 먹지 않으면, 북녘땅 불모지에나 던져 주리라. 북녘땅 불모지도 받아 주지 않거든, 신명이 처벌하게 하늘에 던져 주리라.〔取彼譖人, 投畀豺虎. 豺虎不食, 投畀有北. 有北不受, 投畀有昊.〕"라는 말에서 나온 것이다.

76 포관격탁(抱關擊柝) : 관문을 지키거나 딱따기를 치며 돌아다닌다는 뜻으로, 미관말직을 비유한다. 가난한 집안 출신으로 어버이를 봉양하기 위해 벼슬할 경우에는 높은 관직을 사양하고 성문을 지키거나 목탁(木鐸)을 치며 순찰을 도는 일 등의 낮은 자리에 처해야 한다는 《맹자》 〈만장 하(萬章下)〉의 말에서 비롯된 것이다.

신이 삼가 생각건대, 인주(人主)가 만기(萬機)를 홀로 처리할 수는 없는 만큼, 제대로 현사를 분변하여 임용하고 의심해서는 안 된다고 여겨집니다. 군자와 소인은 그릇이 같지 않아서, 그들이 한 번 나아오고 한 번 물러가는 데에 따라 흥망성쇠가 결판나게 마련입니다. 만약 고결한 선비는 하류(下流)에 침체되고 간사한 소인이 조정에서 현달하여, 향초와 악초가 나뉘지 않은 채 번갈아 논척을 하게 된다면 국가가 어떻게 오래 유지될 수 있겠습니까.

문종께서 현사를 분변하신 것도 바로 여기에 있다고 할 텐데, 그렇다면 분변하지 않으면 안 되는 것은 현사이니, 어찌 현자를 보고도 발탁하지 못하여 끝내 곽망(郭亡)[77]의 결과를 빚어내서야 되겠습니까. 신은 바라건대, 전하께서 현사를 분변하는 것으로 선악을 구별하는 근본을 삼으셨으면 합니다.

잠은 다음과 같습니다.

마음의 거울에 먼지가 없어지면	心鑑無垢
취사함이 당연히 환히 밝아져서	取舍宜明
음의 사악함이 일어나지 않고	陰邪不起
양의 도가 이에 행해지느니라	陽道乃行
위태로움은 선악의 뒤섞임에서 싹이 트고	危兆混淆
다스려짐은 인재들의 진출에서 비롯되나니	治由彙征

77 곽망(郭亡) : 군주가 선인과 악인을 제대로 처리하지 못해 나라가 망하는 것을 비유하는 말이다. 제 환공(齊桓公)이 곽(郭) 지역에 가서 곽나라가 망한 이유를 묻자, 부로(父老)들이 곽공(郭公)이 선인을 좋아하기는 했으나 제대로 임용하지 못했고 악인을 미워하기는 했으나 제대로 제거하지 못해서 망하게 되었다고 말한 고사가 있다. 《春秋大全 卷10 莊公24年》

임간이 국권을 농단하여	任姦弄權

임간은 임사홍(任士洪)을 말한다.

정충[78]이 사형을 받았도다	鄭忠棄市

정충은 정성근(鄭誠謹)을 말한다.

연산군이 어두워서 패망했으니	廢主昏亡
역사의 교훈이 여기에 있다 하리	殷鑑在此

형벌을 신중히 해야 합니다 刑罰宜愼

형벌을 신중히 하여 전칙(典則)을 따라야 합니다.

세종께서 일찍이 이르기를 "무릇 사죄(死罪)에 대해서 반드시 삼복(三覆)을 하여 아뢰게 하는 것은 인명(人命)을 중히 여기기 때문이다. 그런데 지금 형조가 이복(二覆)을 한 이후에 원래의 문권을 상고하지 않았는데 이는 입법의 취지에 어긋나니, 모름지기 원래의 문권에 의거하여 자세히 논의해서 아뢰라."라고 하셨습니다.

신이 삼가 생각건대, 《주관(周官)》 〈대사도(大司徒)〉에 "팔형(八刑)으로 백성을 바로잡는다."라고 하였으니, 이는 형벌을 단지 교화의 수단으로 삼은 것이라고 여겨집니다. 그런데 지금 안으로 법조(法曹)와 밖으로 군국(郡國)에서 첩소(牒訴)에 조금 맞지 않는 점이 있으면 번번이 형신(刑訊)을 쓰기 때문에, 스스로 수긍하는 자는 드물고 억울

78 정충(鄭忠) : 충효의 신하 정성근이라는 말이다. 그는 부모상을 당하여 여묘살이를 하는 3년 동안 애통해하며 예법을 다하였고, 성종이 승하한 뒤에도 심상(心喪) 삼년복을 입어서 천성적으로 충효를 두루 갖추었다는 칭송을 받았는데, 1504년(연산군10)에 임사홍이 주도한 갑자사화 때에 가식적인 행동이라는 비판을 받고 군기시 앞에서 참수되었다.

하게 여기는 자가 많아서 참혹한 기운이 쌓여 이상 기후를 만들어 낸 결과 홍수와 가뭄이 농사를 망치게 하니, 어찌 애통한 심정을 금할 수 있겠습니까.

세종께서 형벌을 신중히 하신 것도 바로 여기에 있다고 할 텐데, 그렇다면 신중히 하지 않으면 안 되는 것은 형벌이니, 어찌 인명을 경시하여 흠휼(欽恤)의 도리를 망각해서야 되겠습니까. 신은 바라건대, 전하께서 형벌을 신중히 하는 것으로 전칙을 따르는 근본을 삼으셨으면 합니다.

잠은 다음과 같습니다.

감옥에 음기가 누적되고	犴獄陰積
형구(刑具)가 구름처럼 쌓여	桁楊委雲
구리와 쇠도 녹여 낼 판이니	銅鐵尙融
이 억울함을 누가 알아줄까	冤枉誰分
생사가 복심(覆審)에 달렸다는	生死在覆
임금님의 마음이 단호하니	斷在宸衷
관대함과 준엄함으로 상호 보완하고	寬猛相濟
경중을 지극히 공정하게 시행하여	輕重至公
부디 형벌 받는 사람이 없이	庶期無刑
감옥이 텅 빌 수 있게 되기를	囹圄以空

수령을 엄선해야 합니다 守令宜擇

수령을 엄선하여 백성을 사랑해야 합니다.

성종께서 일찍이 이르기를 "근래에 수령을 선발하는 것이 상당히 경솔해서 한산(閑散)한 범부들을 그 자리에 메우곤 하는데, 백성의 원망과 탄식이 실로 여기에 기인하니, 모쪼록 청렴하고 명망이 있는 자를 가려서 제수하라."라고 하셨습니다.

신이 삼가 생각건대, 옛날 한 선제(漢宣帝)는 이민(吏民)을 중히 여겨서 선정(善政)을 행하는 자가 있으면 새서(璽書)를 내려 권면하며 격려하였고, 공경(公卿)의 자리가 비면 차례로 그들을 보임하였습니다. 그런데 지금은 민생을 안정시켜 백성을 귀찮게 하지 않는 자는 승진하는 포상을 받지 못하고, 큰 쥐처럼 재화를 긁어모으는 탐관오리는 축출되는 처벌을 받지 않는 등 아묵(阿墨)의 훼예(毁譽)[79]도 분변하지 못하는 상황이니, 더군다나 상벌(賞罰)을 시행하여 권선징악을 할 수나 있겠습니까.

성종께서 수령을 엄선한 것도 바로 여기에 있다고 할 텐데, 그렇다면 엄선하지 않으면 안 되는 것은 수령이니, 어찌 범부들을 목민관의 직책에 임명해서야 되겠습니까. 신은 바라건대, 전하께서 수령을 엄선하는 것으로 백성을 사랑하는 근본을 삼으셨으면 합니다.

잠은 다음과 같습니다.

반사가 관리의 열전을 지을 때에도 班史傳吏

79 아묵(阿墨)의 훼예(毁譽) : 즉묵(卽墨)의 청백리는 헐뜯음을 당하고, 아(阿)의 탐관오리는 칭찬을 받는 부조리한 현실을 비유한 말이다. 제(齊)나라 위왕(威王)이 즉위한 지 9년이 되도록 나라가 잘 다스려지지 않자 즉묵과 아 지방에 사신을 보내 그 정사를 살펴보게 하고는 두 지방을 다스리는 대부를 부른 뒤에, 헐뜯는 말이 날마다 들린 즉묵 대부(卽墨大夫)에게는 임금의 측근에게 아부를 하지 않고 정치를 잘했다면서 만가(萬家)의 식읍(食邑)을 봉해 주고, 칭찬하는 말이 날마다 들린 아 대부(阿大夫)에게는 임금의 측근에게 아부만 하면서 정치를 잘못했다면서 그를 칭찬한 사람들과 함께 삶아 죽였는데, 그 뒤로 제나라가 크게 다스려졌다는 고사가 전한다. 《史記 田敬仲完世家》

순리와 혹리를 나누어 기록하였는데[80] 循酷異流

오늘날 서민의 시름과 탄식을 白屋愁歎

누가 임금님에게 들려 드리는가 誰徹冕旒

백성의 고혈을 짜내어 착취를 하고 侵漁民膏

공가를 축내어 자기를 살찌우는 자를 瘠公肥己

승진 축출의 법으로 바로잡게 한다면 黜陟宜正

상과 벌이 바로 여기에 있다 할 텐데 賞罰在是

어찌하여 밝고 어진 이를 보내어 盍遣明賢

나와 함께 다스리게 하지 않는가[81] 與我共理

80 반사(班史)가……기록하였는데 : 반고(班固)의 《한서(漢書)》와 사마천(司馬遷)의 《사기(史記)》에서 〈순리열전(循吏列傳)〉과 〈혹리열전(酷吏列傳)〉을 통해 관리의 현사(賢邪)를 분류해 기록했다는 말이다.

81 어찌하여……않는가 : 어진 관리를 수령으로 보내어 선정을 행하게 해야 한다는 말이다. 나와 함께 다스리게 한다는 말은, 한 선제(漢宣帝)의 "나와 함께 다스릴 자는 오직 연봉 2000석의 어진 수령들뿐이다."라는 말에서 나온 것이다. 《舊唐書 褚遂良列傳》

오시잠 병서

五始箴 幷序

신 모는 목욕재계하고 황공한 심정으로 이마를 조아리며 삼가 주상 전하에게 잠(箴)을 올립니다.

신이 삼가 생각건대, 사계절 중 봄은 한 해의 으뜸으로서, 하늘과 땅이 다시 시작되는 때입니다. 그리하여 뭇 음(陰)이 모두 엎드리고 냉기가 일지 않아서 조정이 청명해지며 태평의 운세가 바야흐로 열리는 때이니, 흥망성쇠의 기틀이 바로 금일에 있다고 할 것입니다. 따라서 전하께서 어린 나이로 새로 정사를 맡게 되셨으니, 이런 때에 먼저 해야 할 일을 겸행(兼行)하시는 것이 참으로 옳습니다.

마음은 몸속에 있으면서 만화(萬化)의 근본이 되니, 성경(誠敬)에 입각하여 지어 나아가면 성현(聖賢)과 같은 길로 함께 돌아갈 수가 있습니다. 그리고 도(道)는 효제(孝悌) 속에 내재하여 백행(百行)의 근원이 되니, 혈구(絜矩)의 도리를 적용해 나아가면 요순(堯舜)의 경지도 기대할 수가 있습니다.

먼저 농사에 관한 일을 아셔야 소민(小民)을 보호할 수 있고, 열심히 경연(經筵)에 참여하셔야 총명을 넓힐 수가 있습니다. 자만하여 아는 체하면서 충성스러운 간언을 막지 마시고, 두루 포용하며 의견을 구하여 모든 정사를 함께 새롭게 해 나가셔야 합니다.

그리고 편히 놀며 즐기는 데에 빠져서 학문을 게을리하지 마시고, 촌음(寸陰)을 아껴서 밤낮을 가리지 말고 공부하셔야 합니다. 그리하여 엄숙하고 장중한 자세로 정밀하고 전일하게 하여 중도(中道)를 잡는 공부에 매진하시면서 항상 어진 사대부와 더불어 치란(治亂)에 대해 강론하셔야 하니, 제왕의 격물치지(格物致知)의 학문과 나라를 다스리는 요체는 단적으로 여기에 있습니다.

소신(小臣)이 문묵(文墨)의 작은 기예를 가지고 잠규(箴規)를 지으려니 보필할 수 있는 자격이 되지 못해서 부끄럽긴 합니다만, 신의 나이가 일흔이 된 이때, 변변찮은 건의나마 올리고 싶은 정성이 간절하기에 삼가 〈오시잠〉을 지어 공경히 대궐에 바칩니다. 궤석(几席)의 명(銘)으로 간주하시고 출입하실 때마다 살펴보신다면 그런대로 치도(治道)에 도움이 될 수도 있을 것입니다.

원은 기의 시작이다 元者氣之始

어떤 물건[82]이 혼연히 이루어져 有物混成
음과 양을 경영하며 관리하나니 經紀兩儀
해가 돌고 달이 돌아오면서 日回月周
만물이 자라나 번창한다네 百昌蕃孽
사대가 직분을 나눈 가운데 四大分職
왕이야말로 가장 존귀하니 王乃最尊
덮어 주면서 포용을 하면 覆燾包含
거의 천지와 합치하리라 庶合乾坤

82 어떤 물건 : 도(道)를 말한다. 〈상원(象元)〉이라는 제목이 붙어 있는 《노자(老子)》 25장 첫머리에 "어떤 물건이 혼연히 이루어졌나니, 이 물건은 천지보다 먼저 생겼다.〔有物混成, 先天地生.〕"라는 말이 나온다. 상원은 근원을 본뜬다는 뜻인데, 이 근원은 바로 도를 가리킨다.

봄은 사계절의 시작이다 春者四時之始

새해가 되어 봄이 열리면서 獻歲開春
만물이 태어나 자라나나니 資始資生
기어 다니며 숨 쉬는 벌레들까지 跂行喙息
무형의 은택을 흠뻑 받느니라 稟受無形
성군이 나와서 다스리는 것도 聖主出治
봄날의 인이 아니고 무엇이랴 非仁而何
화기에 감동하여 믿고 심복하니 協氣感孚
차질 없이 신진대사 이뤄지리라 代謝無差

정월은 정령의 시작이다 正月者政令之始

목덕의 인에 입각하여 木德建仁
윤음을 널리 선포하매[83] 綸音渙汗
대신은 정책을 건의하고 大臣獻可
대간은 논란을 벌이네 臺諫論難
번다함과 간략함에 원칙이 없으면 煩約無常
실제로 안위와 직결되는 만큼 實係安危
내놓는 것을 균일하게 해야 其出惟均
사시처럼 믿음을 받으리라 信如四時

83 목덕(木德)의……선포하매 : 초목을 생육하는 봄날처럼 인애(仁愛)한 마음으로 백성을 보살펴 주는 임금의 조서(詔書)가 국내에 선포된다는 말이다. 봄은 오행(五行) 가운데 목(木)에 해당한다. 《예기》 〈월령(月令)〉에 맹춘지월(孟春之月)의 입춘(立春)은 성덕(盛德)이 목에 있다는 말이 나온다. 또 인의예지신(仁義禮智信) 가운데 인은 목은 해당한다.

왕이 됨은 천명을 받는 시작이다 王者受命之始

제왕이 될 자격이 걸출하여 元后首出
왕위를 이에 받으시니 大寶斯畀
만백성이 우러러 쳐다보고 萬姓聳瞻
천지인의 신령이 복을 바치네 三靈薦祉
정통을 이미 크게 확보한 지금 正統旣大
지영[84]의 자세를 더욱 굳게 지니고 益堅持盈
천명이 항상 있다 말하지 말기를 勿謂有命
하느님이 환히 살펴보고 계시니까 上天孔明

왕의 즉위는 한 국가의 시작이다 卽位者一國之始

하느님이 복을 내려 上天降祚
왕업의 기틀이 잡히니 王業兆基
종사가 빛을 더하고 宗社增光
신민이 또 기뻐하네 神民載熙
공벽[85]처럼 소중히 간수하고 守如拱璧
후삭처럼 조심해서 몰면 馭若朽索
왕조의 역법(曆法)이 皇圖歷算
영원토록 전해지리라 永世有托

84 지영(持盈) : 《노자(老子)》 9장의 "손에 쥐고 가득 차서 흘러넘치게 하기보다는 아예 손에 쥐지 않는 것이 낫다."라는 말에서 나온 것으로, 매사에 조심하면서 신중하게 대처하는 것을 말한다.

85 공벽(拱璧) : 두 손으로 감쌀 정도로 큰 구슬을 말한다.

충효잠을 지어 제생에게 보여 주다
忠孝箴示諸生

옛말에도 있다시피	古語有之
충이 아니면 임금이 없고	非忠無君
효가 아니면 어버이가 없으니	非孝無親
임금과 어버이는 한 몸인 만큼	君親一體
자기를 극복하고 따라야 하느니라	克服以遵
신하는 임금에 대하여	臣之於君
명분상으로 호칭이 달라	名分異號
요순은 인애하다 하고	堯舜以仁
걸주는 광포하다 하는바	桀紂以暴
성인에게 꼭 몸을 팔 것도 없고	聖未必鬻
광인에게 꼭 아첨할 것도 없느니라	狂未必佞

자주(自註)에 "요순(堯舜)과 같은 성인에게도 선비는 자기 몸을 팔면 안 되고, 걸주(桀紂)와 같은 광인에게도 선비는 아첨을 하며 벼슬하면 안 된다."라고 하였다.

자식은 어버이에 대하여	子之於父
천성적으로 원래 정해진 만큼	天性素定
뜰 지날 때 예를 물으신 어버이와	趨庭問禮
우물 팔 때 흙을 덮은 어버이에게	浚井謀蓋
가르침 내리시면 공경히 받들고	粥粥受誡
잘 인도하며 해를 멀리하느니라[86]	烝烝遠害

역사적으로 잘되고 잘못된 일을	前古得失
묵묵히 마음으로 깊이 깨달아서	默契神會
나라 위해 더욱 경건히 몸을 바치고	匪躬益虔
부모님께 더욱 애써 안부를 여쭐지라	定省尤大
벼슬 없는 초야의 삶이 욕이 아니요	沈涵非辱
쌀을 등에 지는 것[87]이 수고가 아니니	負米非勞
내면의 성심이 격동되는 바에	內誠所激
충효의 행실이 더욱 높아져서	忠孝益高
명류가 되어 만년토록	名流萬載
사람들이 고풍을 우러르리니	高風可企
아, 그대 학생들이여	嗟爾小子
혹 두마음을 갖지 말지어다	罔或有貳

86 뜰……멀리하느니라 : 어버이가 훌륭한 성인이든 완악한 소인이든 자식의 입장에서는 똑같이 효성을 바치며 섬겨야 한다는 말이다. 공자가 홀로 서 있을 때에 아들 백어(伯魚)가 종종걸음으로 뜰을 지나가자 공자가 그를 불러 세우고서 시(詩)와 예(禮)를 배웠느냐고 물어보고는, 아직 배우지 못했다고 대답하자 배워야 한다고 가르침을 내리니, 백어가 그 가르침을 공경히 받들었다는 고사가 있다.《論語 季氏》또 순(舜)의 부친인 고수(瞽瞍)가 순에게 우물을 파게 하고는 흙을 덮어서 묻어 버리려고 하자 순이 지혜를 써서 빠져나왔으며, 지극한 효성으로 잘 인도하여 간악한 데에 이르지 않게 했다는 고사가 있다.《書經 堯典》

87 쌀을……것 : 효자가 어버이의 봉양을 위해 애쓰는 것을 말한다. 공자의 제자 자로(子路)가 가난했을 때에 자기는 아무 음식이나 먹어도 어버이를 위해서는 100리 바깥에서 쌀을 등에 지고 오곤 하였던 고사에서 나온 것이다.《孔子家語 致思》

형제잠 병서

兄弟箴 幷序

종형인 백원(百源) 씨[88]가 《소학(小學)》의 형제 우애의 길로 이끌어 주며 말하기를 "지금 세상 사람들이 부모의 자식들을 자기 자식들보다 가볍게 여기는가 하면, 심지어는 원수처럼 여기면서 오히려 민간의 소인(小人)들보다도 못하게 대한다. 이는 다른 이유에서가 아니라 사욕(私欲)의 생각이 덮어 버리기 때문이니, 어찌하여 〈사간(斯干)〉[89]의 시(詩)를 취하여 서로 경계하지 않는가."라고 하였다. 내가 이 말을 듣고는 애달프게 여겨지기에 물러나서 이 잠을 지어 자질(子姪)들을 경계하였다.

천지 부모의 정기를 받아 乾坤受精
한 떨기에서 형체가 나뉘었으니 一苞分形
팔다리가 한 몸을 공유한 것이 四支共體
바로 형제 골육의 정이니라 骨肉之情
우리 각자가 낳은 자식들이 我已之兒
우리 친족을 형통케 하리니 我天之亨
사랑과 미움의 차이가 없을진대 旣無愛惡
더구나 한쪽을 경시하고 중시하랴 況偏重輕

88 백원(百源) 씨 : 심극효(沈克孝)이다.

89 사간(斯干) : 《시경》 〈소아(小雅)〉의 편명이다.

사적인 욕심이 쌓이게 되면 私意所鍾
담벼락이 생겨 막아 버리나니 鬩墻乃成
너희가 이를 생각하지 못하면 汝若罔念
인육이 달리고 시체가 걸으리라[90] 肉走屍行

90 인육이……걸으리라 : 영혼은 없이 형체만 있어서 어디에도 쓸모가 없다는 말이다. 후한의 임말(任末)이 스승의 상을 당해 급히 달려가다가 길에서 죽었는데, 임종할 적에 조카에게 자신의 시신을 스승의 집까지 데려다 달라고 부탁하면서 "사람이 학문을 좋아하면 몸은 비록 죽더라도 영혼은 살아 있는 것과 같은데, 이와 반대로 학문을 하지 않으면 몸은 살아 있더라도 걸어 다니는 시체요 달리는 인육이라고 할 것이다."라고 말한 고사가 전한다. 《拾遺記 後漢》

이상잠[91]

履霜箴

해가 떠오르네	日之昇矣
처음에는 창량[92]	滄涼乎初
기운을 내뿜네[93]	氣之噫矣
간들간들 조조[94]	刁調乎舒
하나의 원기가 조용히 맺혔다가	一元凝寂
끝없이 변화하며 쌓였다 흩어졌다	闢闔散積
아침에 해가 뜨고 바람이 간들거림은	由初動而舒布

91 이상잠(履霜箴) : 미세한 조짐을 보고서 앞으로 닥칠 일을 미리 알아 대처해야 한다고 경계하는 글이다. 이상은 《주역》〈곤괘(坤卦) 초육(初六)〉의 "서리를 밟으면 두꺼운 얼음이 어는 때가 곧 닥친다.〔履霜堅氷至〕"라는 말에서 발췌한 것이다.

92 창량(滄涼) : 서늘하고 시원하다는 뜻의 '창창양량(蒼蒼涼涼)'의 준말로, 해가 처음 떠오를 때의 광경을 표현한 것이다. 태양과의 거리를 두고 두 아이가 논쟁을 벌였는데, 그중 한 아이가 "해가 처음에 떠오를 때에는 서늘한 기운이 감돌다가 중천에 오게 되면 뜨거운 물에 손을 집어넣는 것과 같으니, 중천에 있을 때는 거리가 가까워서 뜨겁고 일출 때에는 거리가 멀어서 서늘한 것이 아니겠느냐."라고 말한 고사에서 연유한 것이다. 《列子 湯問》

93 기운을 내뿜네 : 바람이 분다는 말이다. 《장자(莊子)》〈제물론(齊物論)〉에 "큰 땅덩어리가 기운을 내뿜으면 그 이름을 바람이라고 한다."라는 말이 있다.

94 조조(刁調) : 바람이 지나간 뒤에 나뭇가지들이 간들거리는 모습을 뜻하는 의태어이다. 《장자》〈제물론(齊物論)〉에 "그대는 유독 보지 못했는가, 바람이 지나가고 나서 나뭇가지들이 아직도 살랑살랑 산들산들 흔들리는 그 모습을.〔獨不見之調調之刁刁乎〕"이라는 표현이 나온다.

실로 자취 없이 사라질 조짐이로다 實兆眹於無迹
푸르고 푸른 저 갈대에 蒼蒼其葭
자욱이 서리가 내림이여 貿貿其霜
응징할 날이 가까이 오니 厥懲伊邇
그 기미가 환히 드러났네[95] 厥機孔彰
엄연히 관문을 처닫으면서 有儼其閉
얼음이 어는 시절이 오면 有冱其氷
그 기운 더욱 늠름해지며 氣之凜凜
단단하게 꽁꽁 얼어붙으리라 堅之凌凌
흥망성쇠 치고받는 원인은 바로 其消長戰薄之胚胎
너나없이 부여받은 똑같은 욕망 乃物我之一天
하지만 발로 밟고 눈으로 보면서도 然足蹈而目視
그 추이와 변천을 아는 자 드무나니 鮮能知其推遷
자신의 조행을 전혀 단속함이 없이 操履無方
중황[96]처럼 달려 나가 돌아오지 않는 자가 奔中黃而不復者
또 어찌 예측하랴, 이슬방울이 바뀌어서 又安測圓轉之密移
서리와 얼음으로 서로 교차하는 줄을 霜氷之交因哉
크게는 집안을 망치고 大則亡家
작게는 자신을 망치나니 小而亡身

95 푸르고……드러났네 : 지금의 권세가 영원할 것 같지만, 이제 몰락할 기미가 서서히 보인다는 말이다. 《시경》 〈진풍(秦風) 겸가(蒹葭)〉는 양공(襄公)의 난정(亂政)을 풍자한 시인데, 그 첫머리에 "저 갈대 푸르고 푸른데, 흰 이슬 내리다가 서리로 변했구나.〔蒹葭蒼蒼, 白露爲霜.〕"라는 말이 나온다.

96 중황(中黃) : 옛날의 용사(勇士)인 중황백(中黃伯)을 말한다.

이것이 어찌 이상[97]의 욕심이 끝이 없고	豈非吏商之無厭
확금을 하며 상인은 안 보여서가 아니랴[98]	攫金之昧市也
자기가 지은 대로 화를 받거늘	孽由己作
피할 줄을 알지 못하다니	而莫之逭
아	吁
어찌 하늘이 우리를 보지 않는다 하랴	豈天之不我視也
이것이 《역》을 지은 군자가	此作易君子
서리와 얼음으로 비유한 깊은 뜻이니	深有寓於霜氷
학자가 이에 경계하지 않으면 되겠는가	學者盍於此乎勉止

97 이상(吏商) : 관리로 있으면서 장사꾼처럼 사적인 이익을 챙기는 자를 말한다.

98 확금(攫金)을……아니랴 : 황금에 눈이 뒤집힌 자는 황금만 눈에 보일 뿐 다른 것은 보이지 않는다는 말이다. 어떤 사람이 의관(衣冠)을 정제하고 시장의 금은방에 들어가서 확금, 즉 황금을 움켜쥐고 나오다가 붙잡혔는데, 왜 그런 어이없는 일을 했느냐고 묻자 "사람은 안 보이고 금만 보였다."라고 대답했다는 이야기가 전한다. 《列子 說符》

몽잠

蒙箴

강의 듣는 학생들 가운데 한 사람도 도학(道學)에 뜻을 둔 자가 없기에 잠을 지어서 경계하였다.

이상한 일이로다	異哉
몽이 몽을 짓다니[99]	蒙之爲蒙
방달한 인재는	放達之才[100]
시와 술에 몽이 되고	爲詩酒所蒙
청허한 무리는	淸虛之徒
불교와 노장에 몽이 되네	爲佛老所蒙
비둔[101]은 강산의 몽이요	肥遯爲江山之蒙
공명은 이록의 몽이며	功名爲利祿之蒙
상인은 시정의 몽이요	商賈爲市井之蒙

99 몽(蒙)이 몽을 짓다니 : 대관재 자신도 몽하기는 마찬가지인데, 학생들을 깨우쳐 보겠다고 몽잠을 짓는다는 것이 이상하게 느껴지기도 한다는 말이다. 몽에는 '어리다', '어리석다', '뒤집어쓰다', '빠져들다' 등등의 뜻이 들어 있다. 혹시 대관재의 기질로 볼 때, 몽현(蒙縣) 출신으로 몽수(蒙叟)라고 칭해지는 장자(莊子)에 은근히 자신을 비겼는지도 모를 일이다.

100 才 : 대본에는 '木'으로 되어 있는데, 문맥에 근거하여 '才'로 바로잡았다.

101 비둔(肥遯) : 살진 은둔이라는 뜻으로, 자발적으로 세상을 피해 물러나 여유롭게 사는 생활을 말하는데, 《주역》 〈둔괘(遯卦) 상구(上九)〉에서 이런 은둔은 이롭지 않음이 없다고 높이 평가하고 있다.

호걸은 성색의 몽이니	豪俠爲聲色之蒙
몽은 각기 다른 몽이라도	蒙雖異蒙
몽함이 되는 것은 마찬가지라	同其所蒙
관이 먼지를 몽하면	冠蒙其塵
으레 그 몽을 털어 내고	必拂其蒙
옷이 때를 몽하면	衣蒙其垢
그 몽을 씻어 내곤 하는데	必洗其蒙
우리 한마음의 몽은	一心之蒙
외물에 몽함이 된 것이거늘	爲物之蒙
《희역》의 양몽[102]에 귀머거리요	聾羲易之養蒙
횡거의 〈정몽〉[103]에 소경이로다	盲橫渠之正蒙
본체의 밝음은 해와 달처럼 밝은데	本體之明卽日月之明
구름과 안개가 몽하고	而雲霧蒙焉
활기가 솟는 것은 깊은 샘물과 같은데	活潑之源卽淵泉之源
진흙과 찌꺼기가 몽하니	而泥滓蒙焉
공맹이 뭇 몽들을 그래서 계발해 줬느니라	此孔孟所以啓其群蒙
만고토록 전해질 이 전범을	萬古彝倫
의지하면 몽하지 않게 되어	賴而不蒙

102 희역(羲易)의 양몽(養蒙) : 동몽(童蒙) 때부터 바른 교육을 해 나가는 것이 성인이 되는 공부라는 《주역》 〈몽괘(蒙卦) 단(彖)〉의 가르침을 말한다. 희역은 복희(伏羲)가 처음 팔괘(八卦)를 그었다고 하여 붙여진 《주역》의 별칭이다.

103 횡거(橫渠)의 정몽(正蒙) : 〈정몽〉은 몽매함을 바로잡아 군자가 되게 한다는 뜻으로, 횡거 장재(張載)의 문집에 나오는 편명인데 《장자전서(張子全書)》 권3과 권4에 실려 있다.

사람들 모두 몽을 깨우치리니	人皆發蒙
누가 전몽[104]하다고 말을 하겠는가	孰云顚蒙
아, 슬프다	嗟嗟乎
선비의 관을 머리에 쓰고	冠章甫之冠
선비의 옷을 몸에 걸친 자가	衣縫掖之衣者
먼지와 때의 몽만 털어 내고 씻어 낼 뿐	徒拂洗其塵垢之蒙
이 마음의 혼몽은 오히려 없애지 않으니	反不祛此心之昏蒙
몽하고 몽함이여	蒙哉蒙哉
이 또한 몽이 아니겠는가	不亦蒙乎

104 전몽(顚蒙) : 공동전몽(倥侗顚蒙)의 준말로, 무지몽매(無知蒙昧)와 같은 뜻이다. 한(漢)나라 양웅(揚雄)의 《법언(法言)》 〈학행(學行)〉 첫머리에 "하늘이 생민을 냄에, 처음에는 무지하고 몽매하였다.〔天降生民, 倥侗顚蒙.〕"라는 말이 나온다.

계구잠[105]
戒懼箴

편안할 때 두려움 없음이	無懼于安
당연하다고 누가 말하는가	誰云常理
위태할 때 두려움 지니면	存懼于危
어찌 지혜 있다고 말하랴	豈曰有知
편안할 때 항상 두려워하면	于安常懼
위태함이 어찌 이를 수 있으리오	危烏可至
위태할 때 비록 두려워하더라도	于危縱懼
편안함에 다시 이를 수 있으리오	安可復止[106]
편안함과 위태함의 기틀은	安危之機
실로 조행(操行)에 달려 있으니	實係操履[107]
철인은 이를 두려워하여	哲人是懼
미연(未然)에 두려워하느니라	懼乎未始

105 계구잠(戒懼箴) : 계구(戒懼)는 계신 공구(戒愼恐懼)의 준말이다. 《중용장구(中庸章句)》 제1장의 "도라는 것은 잠시도 떠날 수가 없는 것이다. 떠날 수가 있다면 그것은 도가 아니다. 그런 까닭에 군자는 보이지 않을 때에도 경계하고 근신하는 것이며, 들리지 않을 때에도 걱정하고 두려워하는 것이다.〔道也者, 不可須臾離也, 可離非道也. 是故君子戒愼乎其所不睹, 恐懼乎其所不聞.〕"라는 말에서 발췌한 것이다.

106 止 : 대본에는 '此'로 되어 있는데, 문맥에 근거하여 '止'로 바로잡았다.

107 履 : 대본에는 '覆'로 되어 있는데, 문맥에 근거하여 '履'로 바로잡았다.

세심당명

洗心堂銘

세심당은 태상시(太常寺)의 주고(酒庫)에 있다.

아	於戲
보는 것을 배우는 자는	學視者
먼저 수레 가득한 땔나무를 보고	先見輿薪
듣는 것을 배우는 자는	學聽者
먼저 종 치는 소리를 듣는다[108]	先聞撞鐘
대저 사람의 마음은	夫人之心
시청을 관리하며 내면에서 주재하는데	管攝乎視聽而主于中
투명하게 맑아서 청정무구하니	湛湛然無垢
저 씻어 내는 일을 어디에다 쓰리오	焉用夫洗爲
다만 야기[109]가 사라지면 천 리를 달리는지라	夜氣潛銷千里馳
눈이 멀어 타인의 금을 손으로 움켜쥐고[110]	視喪而攫人之金

108 보는……듣는다 : 대관재가 《열자(列子)》 〈중니(仲尼)〉에 나오는 말을 그대로 옮겨 인용하였다.

109 야기(夜氣) : 밤사이에 생겨나는 천지의 맑은 기운이라는 뜻으로, 유가(儒家)에서 흔히 사람의 양심(良心)에 비겨서 중하게 여긴다. 새벽에 외물을 접하기 이전에는 이런 마음이 남아 있다가 낮에 불선(不善)한 행위를 함으로 말미암아 점점 사라지게 된다고 하는데, 이것을 제(齊)나라 우산(牛山)의 나무를 기르는 것에 비유해서 자세히 설명한 내용이 《맹자》 〈고자 상(告子上)〉에 보인다.

110 눈이……움켜쥐고 : 확금(攫金)의 고사를 인용한 것이다. 379쪽 주98 참조.

귀가 먹어 권세가 기우는 것도 모르나니	聽閴而懵天之傾
더군다나 수레 가득 땔나무가 보이리오	況於輿薪之形
더군다나 종 치는 소리가 들리리오	況於撞鐘之鳴
텅 비어 있는 한 몸 가운데에	枵然一身
오직 죽지 않는 것이 허령하다지만[111]	唯不亡者虛靈
물욕이 잠식하면 가려서 덮어 버리나니	物欲食而蒙蔽
먼저 씻어 내어 광명을 회복치 않으리오	盍先洗而反明
나와 같은 자는	若余者
어떻게 하느냐 하면	爲如何哉
혼돈을 벗으로 삼고	混沌爲友
취향에 마음을 오롯이 하여	凝心醉鄕
바야흐로 귀로 보고 눈으로 들으며[112]	方將耳視而目聽
미망을 부여안고 좌망을 하는지라[113]	抱迷罔而坐忘

111 오직……허령하다지만 : 육신이 죽어도 죽지 않고 존재하는 것이 바로 마음인데, 이 마음이 본래는 '텅 비고 신령스러워 어둡지 않다〔虛靈不昧〕'는 말이다. 죽지 않는다는 것은 《노자(老子)》 33장의 "죽어도 죽지 않음이 오래 사는 것이다.〔死而不亡者壽〕"라는 말을 전용한 것이다. 허령불매는 《대학장구(大學章句)》의 명덕(明德)을 설명한 주희(朱熹)의 주석에 나오는 용어이다.

112 귀로……들으며 : 보고 듣는 것을 정신 작용의 하나로 종속시켜 마음이 주재함으로써 귀와 눈이라는 감각 기관의 제한을 받지 않는 도가(道家)의 수양의 경계 중의 하나이다. 노담(老聃)의 제자인 항창자(亢倉子)가 노담의 도를 터득하여 "귀로 보고 눈으로 들을 수 있었다."라는 말이 《열자》 〈중니〉에 나온다.

113 미망(迷罔)을……하는지라 : 굳이 세속을 벗어나지 않고 미혹과 번뇌로 가득 찬 이 풍진세상 속에 그대로 살면서도 물아일체(物我一體)의 삼매경에 잠겨 선열(禪悅)을 느낄 수 있다는 말로, 불가의 진속불이(眞俗不二), 수파불리(水波不離) 사상과 일맥상

적적하고 막막한 경지에서 寂乎漠乎
인간의 득실을 알지 못하니 不知人間之得失
또 어찌 마음 씻는 방법을 논할 겨를이 있으리오
又奚暇論洗心之方也哉

통하는 언급이다. 미망은 미혹(迷惑), 기망(欺罔)의 뜻이다. 좌망(坐忘)은 주객(主客), 선악, 시비 등 상대적 차별을 모두 극복 지양하고 자연의 대도(大道)와 합치하는 고양된 정신 상태를 말하는데, 《장자(莊子)》 〈대종사(大宗師)〉에 이에 대한 자세한 설명이 나온다.

사순[114]이 지은 〈만리현 삼가계〉에 제하다
題思順萬里峴三家誡

내가 시제(時祭) 때문에 가묘(家廟)에 갔다가 사순이 지은 글을 보게 되었는데, 수묵(手墨)이 흥건히 젖어 있고 규계(規戒)하는 뜻이 간절하기에 눈물을 훔치며 슬피 읊조리다가, 거친 글을 엮어서 자손들이 가업을 이어 나가는 전범(典範)으로 삼게 하였다.

형제가 터 잡고 건물을 지어	兄弟卜築
고기비늘처럼 늘어선 다락들	鱗鱗列臺
으리으리한 저택은 아니더라도	雖非甲第
비바람에 어찌 무너지기야 하랴	風雨焉頹
자손들에게 대대로 전해질수록	傳至雲仍
선을 쌓아 터전이 더 넓어지도록	積善增基
인 자를 쓰는 것[115] 귀찮아하지 말라는	毋煩書忍
밝은 규계를 어찌 지키지 않을쏘냐	盍守明規

114 사순(思順) : 심정(沈貞)의 아들 심사순이다.

115 인(忍)……것 : 서로 참으며 화목하게 사는 것을 비유하는 말이다. 당 고종(唐高宗) 때 장공예(張公藝)의 집안이 9대가 함께 살면서도 화목하기로 유명하였는데, 황제가 그 비결을 묻자 인 자를 100여 번 써서 바친 고사에서 나온 것이다. 《小學 善行》

〈삼가계〉 뒤에 붙인 발문 附跋三家誡

수경(守慶)[116]

도성 서쪽 산에	城西有山
수목이 울창하게 우거지고	樹木蒼蒼
오른쪽 산자락 구불구불 벋어	右股逶迤
그 위치 양지바른 곳에	厥土面陽
옛날 우리 선군께서	昔我先君
형제분들과 함께	曁其伯叔
집 지어 함께 사시려고	爰始爰謀
연달아 가옥 세 채 세우시면서	聯架三屋
담장 쌓는 일뿐만이 아니라	匪特垣墉
실로 집터 잡고 구축하는 일까지	實惟堂構
규모를 정하는 것을 먼저 하고	底法在先
수성을 하는 것은 뒤에 남겨 두셨다오	守成在後
숙부님의 〈삼가계〉 교훈을 보면	叔兮有訓
고원하지 않은 쉬운 말씀으로	非遠非高
처음 시작하는 일의 어려움을	創造之艱
자손들에게 들어 보여 주셨나니	揭示兒曹
아, 내가 보잘것없는 후손으로	嗟余眇末
감히 이 교훈을 본받지 않으리오	敢不是規
새와 쥐들은 누가 없애며	鳥鼠疇去
바람과 비는 누가 막을거나[117]	風雨疇庇

116 수경(守慶) : 심사순의 형인 심사손(沈思遜)의 아들이다.

밭 일구고 수확을 기다리나니　菑而待穫
수확을 소홀히 할 수 있으리오[118]　穫其可忽
선을 쌓으면 경사가 전해진다는　善積慶流
이 말을 내가 들었나니　我聞斯說
근면과 검소에 힘쓰고　惟勤惟儉
경계하고 공경히 하여　戒之敬之
아들 손자 대대로 전하면서　傳子若孫
부디 이 터전 버리지 말기를　庶不棄基

117 새와……막을거나 : 새 집을 지은 기쁨을 노래한 《시경》 〈소아(小雅) 사간(斯干)〉에 "바람과 비도 이제는 막게 되고, 새와 쥐들도 모두 없앴나니, 이곳은 군자가 사는 곳이라오.〔風雨攸除, 鳥鼠攸去, 君子攸芋.〕"라는 구절이 있다.

118 밭……있으리오 : 선조의 사업을 후손이 잘 계승 발전시켜야 한다는 말이다. 《서경》 〈대고(大誥)〉의 "아비가 밭을 일궈도 자식이 씨를 뿌리려 하지 않는데, 하물며 수확을 하려 하겠는가."라는 말을 변용한 것이다.

나에게 세 가지 싫은 것과 세 가지 싫지 않은 것이 있는데, 이를 써서 자서 양준 등에게 보여 주다

余有三厭又有三不厭示子壻楊濬等

한가로이 놀기만 하고 본업을 폐기하여 부모를 영광되게 하지 못하는 것이 첫 번째 싫은 것이요, 먹고 마시기만 하고 늙도록 하나의 기예도 익히지 못하는 것이 두 번째 싫은 것이요, 어버이를 공경하지 않고 제사드리는 일을 태만히 하며 소홀히 하는 것이 세 번째 싫은 것이다.

앉아서 서적을 마주하고 옛사람과 벗으로 지내는 것이 첫 번째 싫지 않은 것이요, 편안히 분수를 지키고 자신을 다독거리며 마음속으로 득실(得失)을 잊어버리는 것이 두 번째 싫지 않은 것이요, 호수와 산을 삼키고 뱉으며 고금을 읊어 노래하는 것이 세 번째 싫지 않은 것이다.

대관재 진상의 반영에 대한 자찬

大觀齋眞像半影自贊

적막하게 말을 잊은	泯默忘言
이름 없는 노인이여	無名之翁
위아래로 걸림 없이	俛仰無礙
툭 터진 하늘이로세	廓然太空
아이들 장난 같은 뜬세상에서	兒戲浮世
자유자재로 오연히 휘파람 불고	嘯傲鴻濛
물외에서 허령하게 노닐면서	靈徹象外[119]
세상을 눈 아래 깔아뭉갰지	牢[120]籠眼底
빗장 한번 잠그면	關楗一閉
열쇠로 누가 풀까	玄鑰誰啓
몸을 꼭꼭 숨겼나니	藏身太深
전체를 보지 못하도록	不露全體

119 象外 : 대본에는 '▨▨'로 되어 있는데, 문맥에 근거하여 '▨▨'에 '象外'를 보충하였다.

120 牢 : 대본에는 '▨'로 되어 있는데, 문맥에 근거하여 '▨'에 '牢'를 보충하였다.

대관자를 전송하는 글[121] 送大觀子序

서경덕(徐敬德)

사람을 보낼 때 뭔가 말을 해 주는 것은 피차 교정(交情)이 심후할 때 행하는 도리이다. 돌아보건대 나는 곤궁하여 주머니에 돈이 한 푼도 없으니, 지(止)라는 한마디 말을 가지고 전별의 선물로 드리고자 한다.

대저 천하의 만물과 만사(萬事)에는 모두 각각 그치는 데가 있다. 하늘은 위에 그친다는 것을 내가 알고 있고, 땅은 아래에 그친다는 것을 내가 알고 있으며, 산이 치솟고 냇물이 흐르며 새가 날고 길짐승이 엎드리는 것에도 각각 그치는 곳이 일정하여 뒤섞이지 않는다는 것을 내가 알고 있다.

우리 사람의 경우에는 더더욱 그치는 것이 없을 수 없는데, 그치는 것이 한 단면만 있는 것이 아니니 각각 그치는 것을 제대로 알아서 그쳐야만 할 것이다. 가령 부자(父子)는 은(恩)에 그치고 군신(君臣)은 의(義)에 그치는 것 등은 모두 천성적인 것으로서 존재 일반에 적용되는 법칙이라고 하겠지만, 음식과 의복의 쓰임이나 시청(視聽)과 언동(言動)의 작용으로 말하더라도 어찌 그쳐야 할 제자리가 없다고 하겠는가.

이를 밀고 나아가면, 움직이는 자는 고요한 곳에 몸을 의탁하고 수고

121 대관자를 전송하는 글 : 이 글에는 지(止)라는 글자가 헤아릴 수 없이 많이 나온다. 한유(韓愈)가 〈송맹동야서(送孟東野序)〉를 지을 때에 명(鳴)이라는 한 글자를 수없이 사용하여 하나의 명문(名文)을 완성하였는데, 서경덕도 어쩌면 이 글을 염두에 두고 지(止)라는 글자로 일관하여 이 글을 완성하지 않았나 싶기도 하다. 서경덕의 문집인 《화담집(花潭集)》 권2에 〈송심교수서(送沈教授序)〉라는 제목으로 이 글이 실려 있다.

하는 자는 편안한 곳으로 돌아가며 뜨거운 것을 쥐면 시원한 물로 나아가고 피곤이 몰려오면 곤히 잠에 떨어지니, 움직이고 수고하는 자는 고요함과 편안함에 그치지 않을 수가 없고 뜨거운 것을 쥐고 피곤이 몰려오는 자는 시원한 물과 잠자는 것에 그치지 않을 수가 없는바, 이는 지혜로운 자를 기다린 뒤에야 그칠 곳을 아는 것이 아니다. 군자가 학문을 귀하게 여기는 것은 학문을 통해 그칠 곳을 알 수 있기 때문이니, 학문을 하고서도 그칠 곳을 알지 못한다면 학문이 없는 것과 무엇이 다르겠는가.

문예(文藝) 그것도 하나의 학문이니, 응당 과정(課程)을 엄격하게 세우고 역량을 총동원하여 반드시 자신이 기약한 목표를 채워야만 한다. 그리고 이를 추구할 적에는 전공하는 기예의 이둔(利鈍)과 성공의 여부만을 살피고 그 이외에는 일체 내려놓아 필요 없는 일로 치부하고 물리쳐야 하니, 이렇게 한다면 어찌 초연(超然)히 그친다고 하는 것을 아는 것이 아니겠는가. 일은 한계가 있기 마련이니 아무렇게나 시종(始終)의 형세를 무시한 채 연장하기만 하면 안 된다.

대관자가 시(詩)를 전공한 측면에 있어서는, 소싯적부터 공력을 들인 것을 늙어서도 그만두지 않아 그 작품들이 아건(雅健)하고 착실하게 되면서 〈국풍(國風)〉과 〈이소(離騷)〉의 차원에 근접하였는바, 이제 일단 탈고를 하게 되었으니 근실했다고 말할 수 있다. 또 벼슬살이의 측면에 있어서는, 작은 관직을 작게 여기지 않고 헌신하여 왕명을 받들면서 흰머리가 되도록 낭관(郎官)의 지위에 머물러 있으면서도 끝내 원망하는 기색이 없었으니 공손했다고 말할 수 있다. 그러다가 개성 교수(開城敎授)의 직책을 맡게 되어서는 하루도 빠짐없이 시험을 보이고 수업을 행하면서 학업을 성취하도록 권면하여, 후진(後進)의 소자(小子)들로 하여금 표범처럼 문채가 변하고 자벌레처럼 몸을 펼쳐 고무하게끔 하였으니 수고했다고 말할 수 있다.

나의 소견으로 살펴보건대, 일흔의 나이에 강강(康强)하니 장수하지 않았다고 말할 수 없고, 관직이 하대부(下大夫)의 뒤에 거하였으니 귀하게 되지 않았다고 말할 수 없고, 또 시 잘하는 것으로 소문이 났으니 이룬 것이 없다고 말할 수도 없다. 장수를 누리고 귀하게 되었을 뿐만 아니라 여기에 또 여사(餘事)인 시문으로 불후(不朽)의 이름을 전하게 되었고 보면, 조금 전에 자신이 기약한 목표를 채워야 한다고 말한 것을 충족하였다고 말해도 좋을 듯싶다. 이 단계를 지나서 앞으로는 선생이 제대로 힘을 발휘할 수 없으리라는 것을 나는 알고 있다. 그렇다면 소요(逍遙)하는 땅에 몸을 깃들이고 담박(澹泊)한 곳에서 정신을 노닐 때가 바로 지금이 아니겠는가.

《역(易)》에 이르기를 "때가 그쳐야 하면 그치고, 때가 행해야 하면 행한다.〔時止則止, 時行則行.〕"라고 하였는데, 이는 대개 때가 행해야 해서 행하는 것은 행하는 단계에서의 그침이요, 때가 그쳐야 해서 그치는 것은 그치는 단계에서의 그침이라는 말이다. 그런데 선생이 이미 '그치는 단계에서의 그침〔止止〕'의 영역에 들어앉게 되었고 보면, 시(詩)도 꼭 고되게 읊을 것이 없고 벼슬살이도 꼭 전속력으로 치달릴 것이 없고 육신 역시 꼭 떨쳐 일어나 귀찮게 움직일 것이 없다고 하겠다. 그러니 또 정신 활동을 어찌 조마조마하여 왔다 갔다 하며 그치지 않는다면 될 말이겠는가.

공자(孔子)도 일단 쇠해진 상태에서는 다시 주공(周公)의 꿈을 꾸지 않았으니,[122] 이는 그쳐야 할 때 그치는 도리를 알았기 때문이다. 소자(邵子 소옹(邵雍))의 시에 이르기를 "글을 읽지 않은 지 20년이다.〔不讀

書來二十年〕"[123]라고 하였으니, 이는 글 읽는 것을 그칠 줄을 안 것이다. 또 이르기를 "한가한데도 청유(淸遊)하지 못하는 것이 첫 번째 미혹이요, 늙었는데도 휴식하지 못하는 것이 두 번째 미혹이다.〔閑而不淸, 是一惑. 老而不歇, 是二惑.〕"[124]라고 하였는데, 이는 한가하면 청유에 그쳐야 하고 늙으면 휴식에 그쳐야 함을 안 것이니, 한가한데 청유하지 못하고 늙어도 휴식하지 못한다면 이것이 미혹이 아니고 무엇이겠는가. 우리 선생이 이미 벌써 노년의 나이에 접어들어 한가한 시간을 얻게 되었고 보면 그야말로 좌망(坐忘)을 하고 정신을 다른 데로 치달리지 말아야 옳으니, 몸과 마음을 가져다가 모두 '생각할 것도 없고 할 것도 없는〔無思無爲〕' 경지에 그쳐야 할 때라고 하겠다.

그런데 내가 말하는 무사무위(無思無爲)의 경지라고 하는 것은 구담(瞿曇 석가)의 적멸(寂滅)이나 노담(老聃)의 허무(虛無)와는 다르고,

122 공자(孔子)도……않았으니 : 《논어》 〈술이(述而)〉에 "내 꿈에 주공이 다시는 보이지 않은 지 오래되었으니, 내가 너무도 쇠해졌나 보다."라고 탄식한 공자의 말이 나온다.

123 글을……20년이다 : 전거 미상이다. 다만 소옹이 새벽에 이슬 머금은 꽃을 보는 것과, 저녁에 바람 맞는 버들가지를 보는 것과, 흰 달을 마주하고 시 읊는 것과, 멋진 손님 잡아 놓고 술 마시는 것 등의 "네 가지 일에 종사해 온 것이 20년인데, 동료 중에 찾아보려 해도 누가 나만큼 잘할는지 모르겠다.〔從事于玆二十年, 欲求同列誰能否.〕"라고 술회한 시가 있는데, 서경덕의 머릿속에 이 시가 잔상(殘像)으로 남아 있다가 이런 방식으로 표현된 것이 아닌가 추측해 본다. 《擊壤集 卷9 林下局事吟》

124 한가한데도……미혹이다 : 《격양집》 권10 〈삼혹(三惑)〉에 "늙었는데도 휴식하지 못하는 것이 첫 번째 미혹이요, 편안한데도 즐기지 못하는 것이 두 번째 미혹이요, 한가한데도 청유하지 못하는 것이 세 번째 미혹이니, 이 세 가지 미혹은 스스로 몸을 해치는 것이다.〔老而不歇是一惑, 安而不樂是二惑, 閑而不淸是三惑, 三者之惑自戕賊.〕"라는 시구가 나온다.

어구(禦寇)의 몰래 사람을 살펴보는 아홉 가지 방법이나 장주(莊周)의 육기(六氣)를 조종하는 술법이나 백양(伯陽)의 연홍(鉛汞)을 복용하는 술수[125]와도 다른 것이다. 그들 자신은 천하의 학문 중에서 자기네 학술보다 더 나은 것은 없다고 생각할지 모르지만, 그들이 하는 바를 객관적으로 고찰해 보건대 대부분 한 모퉁이에 침체됨을 면하지 못하니, 어찌 우리 유자(儒者)의 도(道)가 대중지정(大中至正)하여 체(體)와 용(用)을 갖추고 동(動)과 정(靜)을 하나로 하며 현미무간(顯微無間)[126]한 것과 같다고 하겠는가. 우리가 그쳐야 할 곳은 바로 여기에 있지 저기에 있지 않다.

그렇다면 어떻게 공력을 들여야 '무사무위[127]'의 경지에 이를 수 있겠

125 어구(禦寇)의……술수 : 사람의 마음은 하늘을 알기보다 더 어렵다면서, 그 마음을 관찰하여 제대로 알아내는 방법으로 아홉 가지의 비법을 소개한 이른바 구징(九徵)에 대한 설명이 《장자(莊子)》 〈열어구(列禦寇)〉에 자세히 나온다. 육기는 기후 변화의 여섯 가지 현상을 말하는데, 진인(眞人)은 이 변화를 잘 조절하여 몰고 다닌다는 말이 《장자》 〈소요유(逍遙遊)〉에 나온다. 연홍은 도가(道家)에서 단약(丹藥)을 만드는 재료인 흑연(黑鉛)과 수은을 말한다. 후한(後漢)의 위백양(魏伯陽)이 단약을 제조하는 등 장생불사의 선술(仙術)을 소개한 《참동계(參同契)》라는 책을 저술하였다.

126 현미무간(顯微無間) : 현(顯)과 미(微)에 간격이 없다는 뜻인데, 체와 용의 근원이 하나라는 체용일원(體用一源)과 함께 정주학의 유명한 명제 중의 하나이다. 주희(朱熹)는 이와 관련하여 "지극히 은미한 것〔微〕은 이(理)이고, 지극히 드러난 것〔顯〕은 상(象)이다. 체와 용이 하나의 근원이고, 드러남과 은미함이 간격이 없다. 대개 이(理)의 측면에서 말하면 체에 나아가도 용이 그 안에 들어 있으니 이것이 이른바 일원이요, 상(象)의 측면에서 말하면 현에 나아가도 미가 밖에 있을 수 없으니 이것이 이른바 무간이다."라고 설명하였다. 《晦菴集 卷30 答汪尙書》

127 무위 : 대본에는 '無過'로 되어 있다. 문맥에 근거하여 '過'를 '爲'로 바로잡아 번역하였다.

는가. 그것은 바로 '경(敬)의 자세를 유지하며〔持敬〕' '이치를 관찰하는 것〔觀理〕'이 그 방법이라고 하겠다. 경(敬)이라는 것은 '전일(專一)하게 하여 다른 데로 옮겨 감이 없게 하는 것〔主一無適〕'을 말한다. 하나의 물건을 접하면 접하는 그 물건에 그치고, 하나의 일에 응하면 응하는 그 일에 그쳐서, 다른 것이 개입할 수 없게끔 하면 마음이 전일해질 수가 있다. 그러다가 그 일이 지나가고 그 물건이 떠나가면 곧바로 수렴(收斂)을 해서 담연(湛然)해지는 것이 마치 밝은 거울이 텅 비는 것처럼 되어야 하는 것이다.

그런데 다만 나의 지경(持敬) 공부가 익숙하게 되지 않으면 전일하게 할 때를 당하여 적체되지 않는 경우가 드문데, 적체가 되면 이 역시 누(累)가 되는 것이니 반드시 지경 공부를 오래도록 행하여 정(靜)을 위주로 해서 동(動)을 조종할 수 있게 해야 한다. 그리하여 밖으로 적체되지 아니하고 안으로 침체되지 않아야 하니, 그런 뒤에야 무사무위의 경지를 기대할 수 있는 것이다.

선생이 재(齋)의 편액을 대관(大觀)으로 하였는데, 이른바 대관이라는 것도 '그치는 단계에서의 그침〔止止〕'보다 더 큰 것은 없지 않을까 싶다. 선생은 자못 고인(古人)의 풍도를 지니고 있다. 선생이 처세하는데 모난 것을 깎아 내고 둥글둥글 어울리며 별다르게 세상과 결별하는 행동을 보이지 않으니, 참으로 이른바 '그치는 단계에서의 그치는 장소〔止止之所〕'와 '그치는 단계에서의 그치는 때〔止止之時〕'를 잘 알아서 그칠 수만 있다면 위무(衛武)[128]와 나란히 명성을 드날릴 날도 머지않

128 위무(衛武) : 춘추 시대의 위 무공(衛武公)을 말한다. 그가 95세의 노령에도 불구하고 나라 사람들에게 자신을 일깨울 만한 좋은 말을 해 달라고 당부할 정도로 훌륭한

을 것이다.

그러나 혹시라도 의기양양 휘젓고 다니며 이백(李白)과 두보(杜甫)의 시 세계를 뛰어넘으려고 엿보면서 명구(名句)를 찾으려는 습벽(習癖)이 여전히 남아 있다면 소씨(昭氏)가 거문고를 연주한 것과 매우 비슷하게 되지 않겠는가.[129] 만약 "시는 성정(性情)을 즐겁게 해 줄 수가 있으니 오직 본래의 뜻을 잃지 않게만 하면 될 것이요, 벼슬은 응당 의명(義命 본분)을 편안히 여겨 행해야 하니 죽은 뒤에나 그만두련다." 라고 말한다면, 그것 역시 괜찮으리라고 여겨진다.

내가 바야흐로 《역(易)》을 읽고 있다가 간(艮)의 요사(繇辭)에서 지(止)라는 글자를 얻었기에,[130] 선생이 가는 길에 그 설을 확대 적용하

덕을 지녔으므로 사람들이 그를 칭송했다고 전해지는 《시경》〈위풍(衛風) 기욱(淇奧)〉 첫머리에 "아름답게 문채 나는 우리 님이여, 깎고 다듬은 듯하고 또 쪼고 간 듯하도다.〔有匪君子, 如切如磋, 如琢如磨.〕"라는 명구가 나온다.

129 소씨(昭氏)가……않겠는가 : 자연의 무위대도(無爲大道)는 무시한 채 한쪽에 치우친 세속의 인위적인 세계에 함몰되어 살아가는 것이 아니겠느냐는 말이다. 소씨는 고대 중국의 거문고 연주의 명인인 소문(昭文)을 말한다. 《장자》〈제물론(齊物論)〉에 "성(成)과 휴(虧)에 대한 생각이 있었기 때문에 소씨가 거문고를 연주했던 것이고, 성과 휴에 대한 생각이 없었기 때문에 소씨가 거문고를 연주하지 않은 것이다."라는 말이 나온다. 성과 휴는 이루어짐과 무너짐의 뜻으로, 성공과 실패, 칭찬과 비난 등 세상 사람들의 상대적인 인식 세계를 말한다.

130 간(艮)의……얻었기에 : 요사는 단사(彖辭), 즉 괘사(卦辭)를 말한다. 《주역》〈간괘(艮卦) 단〉은 "간은 그침이다. 때가 그쳐야 하면 그치고, 때가 행해야 하면 행한다. 동과 정이 그 때를 잃지 않으니, 그 도가 광명하다. 그칠 데에 그침은 제자리에 그친다는 것이다.〔艮, 止也. 時止則止, 時行則行. 動靜不失其時, 其道光明. 艮其止, 止其所也.〕"로 되어 있다. 간괘는 일양(一陽)이 상구(上九)에 자리 잡아 더 이상 위로 올라갈 수 없다는 점에서 자체적으로 지(止)의 뜻이 들어 있다고 보는 것이며, 또 간괘

여 전별 선물로 드린다.

또 증정한 절구 세 수 又贈三絶

옛 도성에서 교육한 삼 년의 세월	故國三年教
유생들 학업 성취해서 흐뭇하기만	諸生喜玉成
이별의 회포를 감내하지 못하겠지만	離懷應不耐
양성을 임금님에게 청할 길이 없구나[131]	無路請陽城

화담(花潭) 계곡에서 함께 탁족을 하고	花溪同濯之
자하(紫霞) 동천에서 둘이 술잔을 기울였지	霞洞共傾杯
세상 밖에서 어슬렁거리며 노닐던 곳	象外逍遙處
다른 해 꿈속에 한번 돌아와 배회하리	他年夢一回

푸른 산속에 몇 칸의 누옥	青山數間屋

에는 산(山)의 상(象)이 있는 만큼 산처럼 그 자리에 움직이지 않고 머물러 있다는 뜻이 들어 있다고 보는 것이며, 또 간괘가 동(動)의 상징인 진괘(震卦)의 도괘(倒卦)라는 점에서 부동(不動)의 뜻이 들어 있다고 보는 것이다.

131 이별의……없구나 : 서경덕이 대관재와 이별의 슬픔 속에 헤어지고 싶진 않지만, 그래도 그를 조정에 추천하여 국정을 바로잡게 하고 싶은 마음이 간절한데 자기에게는 그럴 방법이 없어서 안타깝다는 말이다. 양성(陽城)은 한유(韓愈)가 〈쟁신론(爭臣論)〉에서 언급한 간의대부(諫議大夫) 양성을 말한다. 그 글 첫머리에 "양성은 학문이 넓고 견문이 많으나 남에게 알려지기를 구하지 않고 고인(古人)의 도를 행하면서 진주(晉州)의 교외에 거주하였는데, 진주의 야인(野人)들이 그 덕에 감화되어 선량해진 자가 몇천 명이나 되었으므로 대신(大臣)이 소문을 듣고서 그를 천거하니 천자가 그를 간의대부로 삼았다."라는 말이 나온다.

책상 하나에 누런 표지의 책	黃卷一床書
촌 늙은이 소식 묻는 이 있거들랑	有問蒭蕘老
연래에 부쩍 게을러졌더라 전해 주오[132]	年來太懶疏

132 촌……주오 : 이제는 어지간히 목표를 달성해서 별로 할 일이 없기 때문에 마냥 게으름을 피우고 있다는 뜻으로, 학문적 성취에 대한 서경덕 자신의 자부심을 은근히 내보인 표현이다.

《대관재집》 뒤에 쓰다
書大觀齋集後

짐짓 광인인 척 세상을 희롱한 분	淸狂玩世人
행적이 인륜을 혼란케 한 듯도 보이지만	名跡混常倫
원래 흰 눈처럼 밝은 안목이 아니라면	自非靑雪明
진짜인지 가짜인지 누가 엿보기나 할까	誰能窺實賓
영의 어리석음은 혹 수시 때문이요	甯愚或隨時
왕의 천치도 본래 진실이 아니거니[1]	王癡本非眞

1 영(甯)의……아니거니 : 사람들의 눈에는 나라를 구하려는 대관재의 행동이 어리석게 보이고 일상적인 거취가 천치처럼 여겨질 수도 있겠지만 공자(孔子)와 같은 성인에게는 칭송을 받을 것이요, 왕도(王導)와 같은 현인 역시 천치가 아님을 간파할 것이라는 말이다. 영은 춘추 시대 위(衛)나라 대부(大夫)인 영무자(甯武子)이다. 무도한 성공(成公)이 타국에 잡혀가 망국의 위험에 처했을 때에 지혜롭다는 사람들은 이런 때에 활약하는 것은 어리석은 짓이라면서 아무도 나서지 않았으나 영무자가 있는 힘을 다해 목숨을 걸고 임금을 구해 왔는데, 이에 대해서 공자가 "영무자는 나라에 도가 있을 때에는 지혜롭고 나라에 도가 없을 때에는 어리석었으니, 그 지혜로움은 따를 수 있을지라도 그 어리석음은 따를 수 없다."라고 칭찬하였다.《論語 公冶長》 수시(隨時)는 상황에 따라 알맞게 대처한다는 뜻으로,《주역》〈수괘(隨卦) 단(彖)〉의 "상황에 따라 알맞게 대처하는 그 의미가 크다.〔隨時之義, 大矣哉.〕"라는 말에서 나왔다. 나라가 무도한 때에는 숨어 있는 것이 정상적인 법도라고 할 텐데, 그렇게 하지 않은 것은 일면 어리석은 행동으로 보일 수 있다는 뜻으로 사용한 말이다. 왕(王)은 진(晉)나라 왕술(王述)을 말한다. 부귀영달을 꾀하지 않고 사람들의 논쟁에도 끼어들지 않은 채 가만히 보고만

지금 대관자를 살펴보건대	今觀大觀子
보는 것이 범인을 초월했도다	所觀超衆人
문사를 도고 정도로 여기고[2]	文史作屠酤
종신토록 몸을 드러내지 않으면서	終身以隱身
만겁의 시간을 조석쯤으로 치부하고	萬刦付朝暵
천지를 하나의 손가락으로 보았다오[3]	一指覩乾坤
기운을 내뿜어 문장을 만들어 내었나니[4]	噓氣爲文章

있어서 천치라는 평판을 얻었는데, 그가 사도(司徒)인 왕도(王導)의 연(掾)이 되었을 때에 왕도가 다른 것은 언급하지 않고 다만 강동(江東)의 쌀값이 얼마냐고 물어보자 왕술이 비루하게 여겨 눈을 부릅뜨고 대답하지 않으니, 왕도가 "왕연(王掾)이 천치가 아닌데, 사람들은 어째서 천치라고 말하는가."라고 탄식했다는 고사가 전한다. 《晉書 王湛列傳 王述》

2 문사(文史)를……여기고 : 문업(文業)에 종사하는 사람들을 별로 귀하게 여기지 않았다는 말이다. 문사는 문사자(文史者) 즉 문학과 사서(史書) 등 지적 노동에 종사하는 자를 말하고, 도고(屠酤)는 백정과 술장수 등 미천한 직업에 종사하는 사람을 말한다.

3 천지를……보았다오 : 천지간에 존재하는 우열(優劣), 고하(高下) 등 상대적 차별 현상의 이면을 자세히 들여다보면 이는 주객(主客), 물아(物我)를 따로 떼어 생각하는 편향된 인식에서 비롯된 것으로서, 상호 간에 입장을 바꿔 놓고 살펴보면 피차 마찬가지 결과가 될 테니 그런 데에 특별히 의미를 부여할 필요가 없다는 말이다. 하나의 손가락이란 말은 《장자(莊子)》 〈제물론(齊物論)〉의 "나의 손가락을 가지고 남의 손가락이 나의 손가락이 아니라고 설명하기보다는 나의 손가락이 아닌 남의 손가락을 가지고 나의 손가락이 남의 손가락이 아니라고 설명하는 것이 나을 것이고, 나의 말을 가지고 남의 말이 나의 말이 아니라고 설명하기보다는 나의 말이 아닌 남의 말을 가지고 나의 말이 남의 말이 아니라고 설명하는 것이 나을 것이니, 천지는 하나의 손가락이요 만물은 하나의 말이다.〔以指喩指之非指, 不若以非指喩指之非指也, 以馬喩馬之非馬, 不若以非馬喩馬之非馬也. 天地, 一指也; 萬物, 一馬也.〕"라는 말에서 발췌한 것이다.

4 기운을……내었나니 : 대관재의 글을 찬찬히 살펴보면, 마치 용이 기운을 내뿜어서

웅장 오묘한 점을 자세히 논하기 어려우나	雄妙難具論
우언은 장주(莊周)의 수법을 흉내 내었고[5]	寓言似蒙莊
-원문 1자 판독 불가-[6] 굴원(屈原)의 솜씨를 본받으면서	▨章師楚原
차송[7]과 어깨를 견줘 보려 하고	差宋欲齊肩
황소[8]와 수레를 나란히 달리려 하였다네	黃蘇期竝輪
주공과 공자에 의론의 뿌리를 두고	議論根周孔
세상의 교화를 위해 경륜하는가 하면	世敎多彌綸
때때로 익살을 자유자재로 구사하며	有時騁滑稽
하늘을 찌르는 웅변을 토해 내면서	雄辯淩蒼旻

구름을 만들어 낸 뒤에 이 구름을 타고 올라가 신묘막측한 변화를 일으키는 것과 같아서 신령하면서도 기괴한 인상을 받는다는 말이다. 한유(韓愈)의 〈잡설(雜說)〉에 "용이 기운을 내뿜어 구름을 만들어 내니 구름은 참으로 용만큼 신령하지는 못하다고 하겠지만, 용이 이 기운 덩어리에 편승하여 아득히 하늘 끝까지 올라가서는 일월에 근접하여 그 광명을 덮어 버리고 천둥 번개를 일으켜 신묘한 변화를 부리며 대지에 물을 쏟아부어 능곡을 삼켜 버리게 하는 만큼, 이 구름 또한 신령하고 괴이하다고 할 수 있다."라는 말이 나온다.

5 우언(寓言)은……내었고 : 대관재의 글은 《장자》의 내용을 잘 파악해야 이해 가능한 부분이 많다. 우언이란 직접적으로 자기의 뜻을 드러내지 않고 외물(外物)을 빌려 간접적으로 표현하는 방식을 말하는데, 장주가 이 우언에 대해서 "나의 글 가운데 열에 아홉은 우언이다."라고 전제하고는 "친아버지가 자기 자식을 위해 직접 중매를 하지 않는 것은 친아버지가 자기 자식을 칭찬하는 것보다는 다른 사람이 중매를 하며 칭찬해 주는 것이 훨씬 낫기 때문이니, 마찬가지로 내가 우언을 많이 쓰는 것도 나의 책임이라기보다는 내 글을 읽는 사람들 때문이라고 해야 할 것이다."라고 말하였다. 《莊子 外物》

6 원문……불가 : 원문은 '▨章'이다. '章'은 원문의 문제로 번역하지 않았다.

7 차송(差宋) : 경차(景差)와 송옥(宋玉)을 말한다. 두 사람 모두 전국 시대 초(楚)나라 시인으로, 굴원(屈原)의 제자이다.

8 황소(黃蘇) : 송나라 문인인 황정견(黃庭堅)과 소식(蘇軾)을 말한다.

이완과 긴장을 문무처럼 행하였나니[9] 弛張文武爲
도에 어찌 순수하지 못했다 하랴 於道豈未淳
당시에 공경과 재상들을 상대하면서 當時公相間
주고받은 진주 같은 시문이 많았느니라 唱酬富珠珍
옷차림도 예스럽고 생김새도 예스러워서 衣古貌亦古
조무래기들이 많이도 입방아를 찧었으나 多被群兒嗔
어찌 알았으랴, 동방에 태어나신 분이 豈知東方生
바로 세성의 신이시라는 것을[10] 乃是歲星神
우리 윤생은 아름다운 택상[11]으로 尹生佳宅相
학문을 좋아하는 오늘날의 왕균[12]이라 好學今王筠

9 이완과……행하였나니 : 옛날 주(周)나라 문왕(文王)이나 무왕(武王)처럼 긴장과 이완의 강약을 조절하며 조화를 모색했다는 말이다. 《예기》〈잡기 하(雜記下)〉에 "활줄을 팽팽하게 잡아당기기만 하고 풀어 줄 줄을 모르면 문왕이나 무왕이라도 어떻게 다스릴 수가 없다. 또 풀어 주기만 하고 팽팽하게 당기지 않는 것은 문왕과 무왕이 하지 않는 바이다. 한 번 당겼다가 한 번 풀어 주곤 하는 그것이 바로 문왕과 무왕의 도이다."라는 말이 나온다.

10 어찌……것을 : 대관재가 임금의 최측근으로 등용되었다면 동방삭(東方朔)처럼 비범한 자질을 발휘하며 풍간(諷諫)을 했을 텐데, 이런 사실을 아무도 알아채지 못했다는 말이다. 한 무제(漢武帝)의 시종신인 동방삭이 죽은 뒤, 18년간 보이지 않던 세성(歲星)이 비로소 하늘에 보이자 무제가 "내 옆에 있던 동방삭이 세성인 줄을 지금까지도 몰랐구나."라고 탄식했다는 설화가 한나라 곽헌(郭憲)의 《동방삭전(東方朔傳)》에 전한다.

11 윤생(尹生)은 아름다운 택상(宅相) : 윤생은 윤대승(尹大承)을 말한다. 택상은 외손(外孫)의 별칭이다. 진(晉)나라 위서(魏舒)가 어려서 외가인 영씨(寧氏)의 집에서 자랐는데, 그 집터의 미래를 점친 자[相宅者]가 '장차 귀한 외손이 나오게 될 것'이라고 예언한 대로 위서가 나중에 사도(司徒)의 지위에까지 올랐다는 고사에서 유래하여 상택(相宅) 혹은 택상이 외손의 뜻으로 쓰이게 되었다. 《晉書 魏舒列傳》

대관재의 유문을 한데 모아서	裒集其遺文
무궁히 전하도록 간행하였다오	繡梓傳無垠
응당 알리라, 천년이 지난 뒤에	應知千載後
원기가 우진[13]에서 사라질 줄을	冤氣消牛津
아는 자가 알아주길 기다리노니	以俟知者知
공이 어찌 남들의 말을 개의하리오	公何恤人言
종전에 태사공이 지은 서책도	從來太史書
선포된 것은 외손의 손을 빌렸더니라[14]	宣布由外孫

만력(萬曆) 5년(1577, 선조10) 정축년 후(後)4월 하순에 약봉(藥峯) 김극일(金克一)이 삼가 쓰다.

12 왕균(王筠) : 남조(南朝) 양(梁)나라 때의 문장가이자 정치가인데, 윤대승이 대관재를 많이 닮았다는 뜻으로 인용하였다. 심약(沈約)이 왕균을 만나 보고는 "왕랑(王郞)은 이마가 원공(袁公)과 비슷할 뿐만 아니라 풍치까지도 모두 닮아 가려고 한다."라고 칭찬한 고사에서 유래하여 외조부를 빼닮은 외손을 비유하는 말로 원액(袁額)이라는 말이 쓰이곤 한다. 원공은 남조 송(南朝宋)의 재상을 지낸 원찬(袁粲)을 가리킨다. 《南史 王曇首列傳 王筠》

13 우진(牛津) : 은하수가 있는 두우(斗牛)의 나루라는 뜻으로, 하늘처럼 높은 임금이 거처하는 대궐 혹은 조정을 가리킨다. 옛날 은하수와 통해 있는 뱃길로 뗏목을 타고 하늘로 올라가 견우와 직녀를 만나 보고 왔다는 전설에서 유래한 것이다. 《博物志 卷10》

14 종전에……빌렸더니라 : 태사공(太史公) 즉 사마천(司馬遷)의 불후의 명저인 《사기(史記)》가 사람들에게 알려지지 않고 있다가 한 선제(漢宣帝) 때에 이르러 그의 외손인 양운(楊惲)에 의해 세상에 선포된 것처럼, 대관재의 저술 역시 외손인 윤대승에 의해 세상에 유행하게 되었다는 말이다. 대관재의 문집은 1577년에 윤대승에 의해 성주(星州)의 자택에서 4권 2책의 목판본으로 간행되었다.

《대관재난고》에 쓰다
大觀齋亂稿識

대저 옛사람들이 선현(先賢)의 작품을 수집하여 불후(不朽)하게 되기를 도모했던 것은 아름답고 멋들어진 그 시문들이 매몰되어 전해지지 못할 것을 애석하게 여겼기 때문이다. 그리하여 오직 오직 재주 있는 자에게만 허여하고 궁달(窮達)은 따지지 않았기 때문에, 위로 경상(卿相)으로부터 아래로 승려에 이르기까지 세상에 명성을 떨쳤는데도 후세에 전해지지 않는 경우는 대개 드물었다. 이는 중국에서만 그런 것이 아니라 우리 동방도 그러하였다.

그런데 근세 이래로 공정한 법도가 무너지고 끊어지면서 일을 처리할 적에 옛사람들을 본받지 않게 되었으므로, 비록 명성이 한 시대에 으뜸이 되고 재주가 옛사람에게 미치는 자가 있더라도 그가 그 당시에 용납되지 못할 경우에는 유고(遺稿)를 높은 다락 위에 묶어 두고 장독 뚜껑으로 덮는 일을 면하지 못하게끔 되었다. 그래서 호음(湖陰)[15]의 웅혼(雄渾)하고 기건(奇健)한 작품들도 동오(童烏)의 무리[16]가 사재

15 호음(湖陰) : 정사룡(鄭士龍)의 별호이다. 이 글을 쓴 권응인은 그의 문인이다.

16 동오(童烏)의 무리 : 문재(文才)가 뛰어난 자손들을 말한다. 동오는 한(漢)나라 양웅(揚雄)의 아들로, 양웅이 《태현경(太玄經)》을 지을 당시에 9세의 어린 나이에도 불구하고 함께 내용을 토론할 정도로 자질이 우수하였는데 일찍 죽었다고 한다. 《法言 問神》

(私財)를 털어서 판각(板刻)을 해 놓지 않았다면 엄청난 양의 주옥과 같은 시문들이 분명히 텅 빈 골짜기에 던져지고 말았을 것이다.

대관재 선생의 문장은 매우 고매하니, 아름답고 화려함만을 다투는 부류와는 비할 바가 아니다. 그래서 호음과도 서로 어깨를 나란히 할 수가 있으며 기상(氣象)의 측면에서는 오히려 호음을 능가하기도 하는데, 문집의 글을 살펴보면 풍교(風敎)와 관계가 있는 것들도 많다. 그럼에도 불구하고 사람들과 어긋나고 조정에서 배척을 받았으니, 이런 상황에서 그가 지은 것을 간행할 수 없었던 것도 이상한 일은 아니었다.

그리하여 영조(郢調 고전 음악)와 파음(巴音 대중가요)이 구분되지 않고 똑같이 사라질 운명에 처하여 식자들이 탄식을 하자, 외손인 윤상사 대승(尹上舍大承) 씨가 개연히 양운(楊惲)의 뜻[17]을 품고서 시문(詩文) 약간 편을 망라한 뒤에 나에게 편집하게 하고는 또 자서(自書)를 써 달라고 부탁하였다. 선생은 바로 나의 선인(先人)[18]과 함께 급제하여 조정에 오른 친우이시고 윤 상사 역시 나와 동향(同鄕)의 인연이 있는 만큼, 내가 글 실력이 졸렬하다는 핑계를 대고 그만둘 수가 없었다. 이에 문득 눈이 어두운 것도 잊어버린 채 교정하고 정서하여 책으로 만들어서 돌려주었더니, 그 즉시로 판각하는 공장(工匠)을 모집하고 집에서 목판본을 간행하여 오래도록 전해지게 하였다. 아, 이 얼마나 아름다운 일인가.

선생의 성은 심씨(沈氏)요, 휘(諱)는 의(義)이며, 자(字)는 의지(義

17 양운(楊惲)의 뜻 : 외조(外祖)의 문집을 간행하려는 뜻을 말한다. 405쪽 주14 참조.

18 나의 선인(先人) : 권희맹(權希孟, 1475~1525)을 말한다. 1507년(중종2) 증광별시 문과에 대관재와 함께 급제하였다. 권응인은 그의 서자이다.

之)이다. 대관(大觀)은 그의 호(號)이다. 밖으로는 비록 자신을 감추고 드러내지 않았으나, 속으로는 한세상을 겨나 쭉정이처럼 하찮게 여겼는데, 용재(容齋 이행(李荇))가 평한 말을 보면 그의 문장이 어떠한지를 알 수 있고, 화담(花潭 서경덕(徐敬德))이 깊이 허여한 것을 보면 그 사람됨을 또한 알 수 있을 것이다.

만력(萬曆) 기원 5년(1577, 선조10), 정축년 12월 하순에 영가(永嘉 안동(安東))의 후인 송계거사(松磎居士) 권응인(權應仁)이 삼가 쓰다.

지은이 **심의(沈義)**

1475(성종6)~?. 조선 중기의 문신으로 자는 의지(義之), 호는 대관재(大觀齋), 본관은 풍산(豊山)이다. 아버지는 풍산군(豊山君) 심응(沈膺)이고 어머니는 서문한(徐文翰)의 딸이다. 1507년(중종2)에 증광 문과(增廣文科)에 병과(丙科)로 급제한 뒤 예문관 검열(藝文館檢閱)이 되었고 김정(金淨) 등과 함께 사가독서(賜暇讀書)를 하였다. 1509년 윤대(輪對)에서 이조 좌랑(吏曹佐郎)으로 '군약신강(君弱臣强)'을 진언했다가 여주부 교수(廬州府敎授)로 좌천되었다. 그러나 이때 〈십의잠(十宜箴)〉을 올려 중종의 신임을 회복하고 사헌부 감찰(司憲府監察)로 발탁되었고, 이후 공조 좌랑(工曹佐郎)이 되었으나 관물을 절취하였다는 탄핵을 받고 파직되었다. 개성부 교수(開城府敎授), 성균관 전적(成均館典籍), 소격서 영(昭格署令) 등을 역임하였다. 문장에 뛰어나 명문(名文)인 〈대관부(大觀賦)〉, 〈소관부(小觀賦)〉 등을 저술하였다. 저서로는 《대관재난고》, 《대관재몽유록》 등이 있다.

옮긴이 **이상현(李相鉉)**

한문고전번역가로, 1949년 전주에서 출생하였다. 모친은 거출(巨出)이라고 불렀다. 종말론에 빠져들어 종교학과에 들어갔다가 자아모순동일률의 그물을 찢고 빠져나왔으며, 불교대학원에서 한국 불교의 대중화를 꾀하며 삼계교(三階敎)를 연구하여 발표하였다. 기자 생활 중에 새종교 현장을 취재·발굴하고, 역사 유적 탐방 기행문을 발간하였다. 해직된 뒤에 한문 고전의 세계에 뛰어들어 강의와 번역에 종사하였다. 조선왕조실록 번역에 참여하였으며, 한국문집총간 중 《가정집》, 《간이집》, 《계곡집》, 《고산유고》, 《고운집》, 《녹문집》, 《도은집》, 《목은집》, 《상촌집》, 《죽석관유집》, 《택당집》, 《포저집》 등을, 한국불교전서 중 《기암집》, 《몽암대사문집》, 《무용당유고》, 《부휴당대사집》, 《사명당대사집》, 《월파집》, 《청허당집》, 《침굉집》 등을 번역하였다.

대관재난고 2
심의 지음 | 이상현 옮김

2023년 12월 31일 초판 1쇄 발행

발행인 김언종 | 발행처 한국고전번역원
등록 2008. 3. 12. 제25100-2018-000049호
주소 (03310) 서울시 은평구 진관1로 85
전화 02-350-4800 | 팩스 02-350-4994 | 홈페이지 www.itkc.or.kr

연구총괄 정영미 | 연구책임 장희성 | 연구기획 강지원 | 자문 정선용

책임편집 이선주 | 편집진행 신진호 서윤이
교정 김상순 송숙희 이재황 | 조판 김지현 | 제작 조은지
디자인 씨디자인 | 인쇄 명일인쇄

값 20,000원
ISBN 978-89-284-1100-9 94810
978-89-284-1092-7 (세트)